Die Ausbürgerung illoyaler Staatsangehöriger

Kölner Schriften zu Recht und Staat

Herausgegeben von
Prof. Dr. Hartmut Schiedermair und
Prof. Dr. Bernhard Kempen

Band 52

PL ACADEMIC RESEARCH

Gesine Anna Eva Krohne

Die Ausbürgerung illoyaler Staatsangehöriger

Geltendes Verfassungsrecht, internationaler Rechtsvergleich und rechtspolitische Reformperspektiven

PL ACADEMIC RESEARCH

Bibliografische Information der Deutschen Nationalbibliothek
Die Deutsche Nationalbibliothek verzeichnet diese Publikation in der Deutschen Nationalbibliografie; detaillierte bibliografische Daten sind im Internet über http://dnb.d-nb.de abrufbar.

Zugl.: Bonn, Univ., Diss., 2013

Abbildung auf dem Umschlag:
Historisches Universitätssiegel
der Universität zu Köln.

Gedruckt auf alterungsbeständigem,
säurefreiem Papier.

D 5
ISSN 1433-0253
ISBN978-3-631-64345-7 (Print)
E-ISBN 978-3-653-03412-7 (E-Book)
DOI 10.3726/978-3-653-03412-7

PL Academic Research ist ein Imprint der Peter Lang GmbH.

Peter Lang – Frankfurt am Main · Bern · Bruxelles · New York ·
Oxford · Warszawa · Wien

Dieses Buch erscheint in einer Herausgeberreihe bei PL Academic Research und wurde vor dem Erscheinen peer reviewed.

www.peterlang.com

Meinen Eltern

Vorwort

Die vorliegende Arbeit wurde im Sommersemester 2013 von der Rechtswissenschaftlichen Fakultät der Rheinischen Friedrich-Wilhelms-Universität Bonn als Dissertation angenommen und für den Druck leicht überarbeitet.

Die veröffentlichte Fassung befindet sich auf dem Stand von August 2012. Später erschienene Literatur und Rechtsprechung konnte nur noch vereinzelt berücksichtigt werden.

Mein besonderer Dank gilt meinem Doktorvater, Herrn Prof. Dr. Christian Hillgruber, der mich bei der Wahl des Themas unterstützte und mir bei der Bearbeitung stets für fachliche Diskussionen und wertvolle Anregungen zur Verfügung stand. Ich danke ihm auch für die sehr zügige Erstellung des Erstgutachtens.

Herrn Prof. Dr. Klaus F. Gärditz danke ich für die schnelle und anregende Zweitbegutachtung.

Als Herausgebern danke ich Herrn Prof. Dr. Bernhard Kempen und Herrn Prof. Dr. Hartmut Schiedermair für die Aufnahme in Ihre Schriftenreihe.

Für die finanzielle Unterstützung durch das Promotionsstipendium für junge Rechtswissenschaftlerinnen der Universität Bonn bedanke ich mich ebenso, wie für das Angebot eines Stipendiums durch die Individuellen Graduiertenförderung der Universität Bonn.

Mein herzlichster Dank gilt meinen Eltern für ihren steten Rückhalt und ihre liebevolle Unterstützung aller meiner Vorhaben. Ihnen ist diese Arbeit gewidmet.

Bonn, August 2013

Gesine Anna Eva Krohne

Inhaltsverzeichnis

Abkürzungsverzeichnis

a. A.	andere Ansicht
a. F.	alte(r) Fassung
Abs.	Absatz
AEUV	Vertrag über die Arbeitsweise der Europäischen Union
AJIL	American Journal of International Law (Zeitschrift)
Art.	Artikel
Aufl.	Auflage
BAMF	Bundesamt für Migration und Flüchtlinge
BMI	Bundesministerium des Inneren
BayVGH	Bayrischer Verwaltungsgerichtshof
Bd.	Band
BGBl.	Bundesgesetzblatt
BT	Bundestag
BVerfG	Bundesverfassungsgericht
BVerfGE	Entscheidungen des Bundesverfassungsgerichts
BVerwG	Bundesverwaltungsgericht
BVerwGE	Entscheidungen des Bundesverwaltungsgerichts
BYIL	British Yearbook of International Law
DÖV	Die öffentliche Verwaltung (Zeitschrift)
Drs.	Drucksachen
DVBl	Deutsches Verwaltungsblatt (Zeitschrift)
EGMR	Europäischer Gerichtshof für Menschenrechte
EMRK	Europäische Menschenrechtkonvention
EuGH	Europäischer Gerichtshof
EuGRZ	Europäische Grundrechte Zeitschrift
EuR	Europarecht – Die Zeitschrift
FamRZ	Zeitschrift für Familienrecht
FoR	Forum Recht (Zeitschrift)
GBl.	Gesetzblatt
GG	Grundgesetz für die Bundesrepublik Deutschland
h. M.	herrschende Meinung
Hdb.	Handbuch
Hrsg.	Herausgeber
ICISS	International Commission on Intervention and State Sovereignity

Jura	Juristische Ausbildung (Zeitschrift)
JuS	Juristische Schulung (Zeitschrift)
JZ	JZ Juristenzeitung (Zeitschrift)
LKV	Landes- und Kommunalverwaltung (Zeitschrift)
Max Planck UNYB	Max Planck Yearbook of United Nations Law (Zeitschrift)
m. w. N.	mit weiteren Nachweisen
NJW	Neue Juristische Wochenschrift (Zeitschrift)
NStZ	Neue Zeitschrift für Staatsrecht
NVwZ	Neue Zeitschrift für Verwaltungsrecht
RGBl.	Reichsgesetzblatt
RÜA	Rüküberrnahmeabkommen
RuP	Recht und Poltik (Zeitschrift)
S.	Seite
StAZ	Das Standesamt (Zeitschrift)
v.	von
VGH	Verfassungsgerichtshof
vgl.	vergleiche
ZAR	Zeitschrift für Ausländerrecht und Ausländerpolitik
ZaöRV	Zeitschrift für ausländisches öffentliches Recht und Völkerrecht
ZRP	Zeitschrift für Rechtspolitik

Kapitel 1: Einleitung und Problemaufriss

Die „Drei-Elemente-Lehre“ von GEORG JELLINEK aus dem Jahre 1900 definiert den Staat durch die Elemente Staatsgewalt, Staatsgebiet und Staatsvolk.[1] Dabei ist das Staatsvolk als die Gesamtheit aller natürlichen Personen definiert, welche die jeweilige Staatsangehörigkeit eines Staates inne haben und damit der Personalhoheit dieses Staates unterliegen.[2]

Die Frage, wer sich zu einem Staatsvolk zählen darf, hat somit elementare Bedeutung für den Bestand eines Staates. Das Wesen der Staatsangehörigkeit kann sich nicht in dem bloßen Besitz eines Passes erschöpfen. Vielmehr muss das Verhältnis von Staat und seinen Staatsangehörigen weiter und tiefer reichen, als dies in Zeiten moderner Migrationsbewegungen – gerade auch in der Europäischen Union – vordergründig betrachtet der Fall zu sein scheint.

Nicht nur die Voraussetzungen des bloßen Besitzes der Staatsangehörigkeit, sondern auch die Ausgestaltung des Verhältnisses zwischen dem Staat und seinen Staatsangehörigen sind ureigenste Regelungsmaterie eines Staates und stellen eine wesentliche Grundsatzentscheidung desselben dar. Dies gilt umso mehr, als in der Staatsform der Demokratie die Staatsgewalt vom Volke ausgeht. Gerade in der Demokratie lenkt die Gesamtheit der Staatsangehörigen durch Wahlen die Geschicke des Staates und beeinflusst fundamental das Wesen einer Rechtsordnung.

Grundsätzlich und unstreitig ergibt sich aus der Staatsangehörigkeit (sowohl im staatsrechtlichen als auch im völkerrechtlichen Sinne) die Verpflichtung des Staates, seine Bürger zu schützen.[3] Wie weit dieser Schutz geht und

---

1 JELLINEK, Staatslehre, S. 183, 394 ff., 433; zustimmend: BVerfGE 36,1 (16); E 77, 137 (150); KÄMMERER, in: DOLZER/ GRAßHOF, BK-GG, Art.16 Rn.8 (Stand: 08/2005); ISENSEE, Hdb. Staatsrecht II, § 15 Rn. 24, 49 ff. m.w.N.; MAURER, Staatsrecht I, §1 Rn.6.

2 BVerfGE 83, 37 (50); STERN, Staatsrecht, S.257 f.; WAGNER, LKV 1995, 305 (305).

3 Diese sogenannte „responsibility to protect“ des Staates für seine Bürger ist allgemein anerkannt; vgl. nur STERN, Staatsrecht, S.259; WINKELMANN, „Responsibility to Protect“, S.457 f.; STAHN, AJIL 101 (2007), 99 (99 f.). Neuerdings gewinnt jedoch außerdem die (Rechts-)Meinung vermehrt Anhänger, dass bei dem Ausfall des einzelnen Staates als Beschützer seiner Staatsangehörigen die internationale Staatengemeinschaft die „responsibility to protect“ in Form von militärischen Interventionen bei vermeidbaren humanitären Katastrophen – z.B. bei „ethnischen Säuberungen“ – übernehmen sollte; vgl. hierzu grundlegend ICISS, The Responsibility to Protect; RAUSCH, Responsibility to Protect; WINKELMANN, „Responsibility to Protect“,

welche Pflichten er dem Staat gegenüber seinem Bürger auferlegt, legt im Detail die Verfassung des jeweiligen Landes fest, wird aber auch vom allgemeinen Völkerrecht in einen gewissen Rahmen gefasst.

Die Staatsangehörigkeit kann im Gegenzug jedoch auch Pflichten des Bürgers gegenüber seinem Staat begründen. Aus dem Innehaben der Staatsangehörigkeit ergeben sich von Land zu Land, je nach rechtlicher Ausgestaltung der Staatsangehörigkeit, unterschiedliche Rechte und Pflichten der jeweiligen Staatsangehörigen. Als Beispiel ist hier nur die Wehrpflicht zu nennen, die in verschiedenen Rechtssystemen unterschiedlich geregelt ist.[4]

Welchen Inhalt und Umfang die Pflichten eines Staatsangehörigen gegenüber seinem Staat haben und welcher Rechtsnatur sie sind, ist eine grundlegende Fragestellung dieser Untersuchung.

Aus dem elementaren Verhältnis eines Staates zu seinen Staatsangehörigen, gerade in einem demokratischen Staatsgebilde, ergeben sich jedoch in Zeiten aktueller terroristischer Bedrohungen weitere Fragen, die der eingehenden Untersuchung bedürfen. Agiert ein Ausländer gegen den Bestand des Staates und dessen bestehende Rechtsordnung kann ein Staat seine Territorialhoheit ausüben und den Ausländer des Staatsgebietes verweisen. Wie reagieren unterschiedliche Staats- und Rechtssysteme jedoch, wenn der eigene Staatsangehörige sich gegen den Staat wendet und versucht, die gegebene rechtliche Ordnung gegen den Willen der weit überwiegenden Mehrheit der Staatsangehörigen zu stürzen? Erkennt das jeweilige Rechtssystem die Staatsangehörigkeit des Einzelnen als unantastbares und absolut zu schützendes Gut auch für denjenigen an, der sich gegen das staatsrechtliche Band zwischen Staat und Bürger wendet, oder räumt es als ultimative Sanktion sogar die Möglichkeit des Entzuges der Staatsangehörigkeit ein?

Dabei korreliert die Frage nach der Reichweite der Pflichten des Staatsangehörigen mit der Frage nach der staatlichen Reaktion auf staatsfeindliches Verhalten durch die eigenen Staatsangehörigen. Inwieweit bedeutet der Besitz einer Staatsangehörigkeit, dass den staatlichen Grundsätzen, sprich der Verfassung des Heimatstaates, Treue geschuldet ist?

Im Rahmen dieser Untersuchung werden zur adäquaten Beantwortung der aufgeworfenen Fragestellungen zunächst die grundlegenden Begrifflichkeiten der Staatsangehörigkeit und der Illoyalität zu klären sein. Zur vollständigen

---

S.449 ff.; HILPOLD, Max Planck UNYB 10 (2006), 34 ff.; RENSMANN, ZaöRV 2008, 111 ff.; STAHN, AJIL 101 (2007), 99 ff.

4 WAGNER, LKV 1995, 305 (305).

Darstellung der Staatsangehörigkeit gehören dabei sowohl die geschichtliche Entwicklung als auch die Möglichkeiten des Erwerbs der Staatsangehörigkeit.

Im Folgenden wird aufgezeigt, wie das deutsche Staatsangehörigkeitsrecht aufgebaut ist, welche Verlustmöglichkeiten es vorsieht und in welcher Art und Weise das deutsche Rechtssystem auf staatsfeindliches Verhalten reagiert.

Des Weiteren werden die Lösungen anderer Staaten zu diesen Problemen beleuchtet und in Vergleich zu den deutschen Regelungen gesetzt.

Schließlich wird thematisiert, welche europa- und völkerrechtlichen Voraussetzungen und Konsequenzen der Entzug einer Staatsangehörigkeit hat. Abhängig davon, ob der zu sanktionierende Staatsangehörige die Staatsangehörigkeit ursprünglich durch Geburt oder nachträglich durch Einbürgerung erhalten hat, und je nachdem, ob er Mehrstaater ist oder nur eine Staatsangehörigkeit innehat, ergeben sich unterschiedliche völkerrechtliche Folgeprobleme der Ausbürgerung.

Kapitel 2: Grundlagen

Bevor das Staatsangehörigkeitsrecht in den Rechtssystemen der einzelnen Staaten im Detail dargestellt wird, müssen zunächst grundlegende Aspekte und Begrifflichkeiten geklärt werden, welche den weiteren Überlegungen zugrunde zu legen sind.

I. Die Geschichte der Staatsangehörigkeit

Für die Frage nach der inhaltlichen Ausgestaltung der Staatsangehörigkeit ist von Bedeutung, welche geschichtliche Entwicklung dem modernen Begriff der Staatsangehörigkeit vorangegangen ist.

Seitdem Staaten existieren, gibt es nach der „Drei-Elemente-Lehre" zwangsläufig auch ein zugehöriges Staatsvolk. Die Abgrenzung der eigenen Staatsangehörigen zu solchen Personen, welche nicht dem eigenen Staatsvolk zugerechnet werden, wurde erstmals im Jahre 212 n. Chr. durch den Kaiser CARACALLA in den römischen Bürgerrechten beschrieben.[5] Die sogenannte constitutio Antoniniana verlieh allen freien Bewohnern des römischen Reichs die Civität, das ist das römische Bürgerrecht.[6] Dieses Bürgerrecht war Voraussetzung für die Geschäftsfähigkeit des freien Bürgers und auch für sein Wahlrecht.[7] Der Erwerb der Civität folgte grundsätzlich nach dem Abstammungsprinzip.[8] Sie konnte jedoch auch verliehen werden.[9] Der Verlust der Civität beruhte hauptsächlich auf dem Verlust der Stellung als freier Bürger.[10] So sind die Grundideen des Erwerbs und des Verlust des römischen Bürgerrechts von denen des heutigen Staatsangehörigkeitsrechts nicht allzu weit entfernt.

Erst gegen Ende des 18. Jahrhunderts wurden jedoch vermehrt Gesetze geschaffen, welche konkrete Voraussetzungen für den Erwerb und den Verlust der Staatsangehörigkeit festlegten.[11] Grund für diese Entwicklung war

---

5 MEYER, Römischer Staat, S.430 f.

6 SCHNAPP/ NEUPERT, Jura 2004, 167 (167).

7 Vgl. hierzu KUNKEL/ SCHERMAIER, Römische Rechtsgeschichte, S.15 ff.

8 MOMMSEN, Römisches Staatsrecht, S.17.

9 MOMMSEN, Römisches Staatsrecht, S.18 f.

10 MOMMSEN, Römisches Staatsrecht, S.19 ff.

11 STERN, Staatsrecht, S. 254.

zum einen der aufkommende Nationalgedanke und das damit verbundene Interesse an der Bestimmung des Nationalvolkes in Abgrenzung zu anderen Völkern.[12] Zum anderen wandelte sich das politische Geschehen dahingehend, dass das Staatsvolk selbst vermehrt die Staatsgewalt ausübte.[13] Dies setzte eine genaue Festlegung derjenigen natürlichen Personen voraus, die zu einem Staatsvolk gehörten und damit das Recht hatten, politische Gewalt zum Beispiel in Form von Wahlen auszuüben. Auch der moderne Begriff der Staatsangehörigkeit hat vornehmlich diese Intention.

Als Vorbild der ersten staatsangehörigkeitsrechtlichen Regelungen der Neuzeit gilt die französische Verfassung vom 03. September 1791,[14] in welcher unter dem 2. Titel die Voraussetzungen dafür normiert wurden, wer „citoyen français“, also französischer Bürger und damit Staatsangehöriger war. In dem Allgemeinen Bürgerlichen Gesetzbuch vom 01. Januar 1812 wurde erstmals die österreichische Staatsbürgerschaft kodifiziert. Es folgte die österreichische sog. Dezemberverfassung vom 21. Dezember 1867, die das „Staatsgrundgesetz über die allgemeinen Rechte der Staatsbürger für die im Reichsrate vertretenen Königreiche und Länder“ enthielt. In dessen Art. 1 wird das österreichische Staatsbürgerrecht niedergelegt. Die ersten Regelungen der Staatsangehörigkeit, genauer des Indigenats, in einem deutschen Staat schufen die bayrische Verfassungsurkunde vom 26. Mai 1818 und die Verfassung des Großherzogtums Hessen vom 17. Dezember 1820.[15] Preußen regelte seine Staatsangehörigkeit in dem „Gesetz über den Erwerb und den Verlust der Eigenschaft als preußischer Unterthan sowie über den Eintritt in fremden Staatsdienst“ vom 31. Dezember 1842, welches Vorbild für andere Staatsangehörigkeitsgesetze deutscher Staaten wurde.[16]

---

12 Vgl. RITTSTIEG, NJW 1990, 1401 (1402).

13 RANDELZHOFER, in MAUNZ/DÜRIG, GG, Art.16 Abs.1 Rn.1 ff. (Stand: 09/1983) m.w.N.; FRANZ, ZAR 1988, 148 (148 f.).

14 V. MÜNCH, Staatsangehörigkeit, S.20.

15 V. MÜNCH, Staatsangehörigkeit, S.20.

16 V. MÜNCH, Staatsangehörigkeit, S.20 f.

II. Die Staatsangehörigkeit als rechtlicher Begriff

Die Staatsangehörigkeit selbst wird teilweise als Rechtsverhältnis[17] zwischen dem Bürger und dem Staat, teilweise als rechtlicher Status[18] oder auch als eine Kombination aus beidem[19] angesehen.

Für den Umgang mit der Staatsangehörigkeit als staatsrechtlichem Gebilde ist dabei vor allem von Bedeutung, ob sich aus ihr Rechte und Pflichten sowohl für den Staat als auch für die jeweilige Person ergeben. Definiert man die Staatsangehörigkeit als Rechtsverhältnis, ergeben sich direkt aus diesem Rechtsverhältnis heraus Rechte und Pflichten der Staatsangehörigen. Sieht man dagegen die Staatsangehörigkeit als Status oder als inhaltlich vom Gesetzgeber des Staates auszufüllenden „Bereitschaftsstatus“[20] an, hat dies zur Folge, dass nicht unmittelbar aus der Staatsangehörigkeit selbst Rechte und Pflichten erwachsen. Vielmehr mittelt der Status der Staatsangehörigkeit weitere Rechtsverhältnisse, aus denen dann wiederum Rechte und Pflichten der Beteiligten erwachsen.

Nach beiden Meinungen erwachsen also grundsätzliche Rechte und Pflichten der Beteiligten aus der Staatsangehörigkeit. Nur sind sie, nach der einen Meinung, direkt mit der Staatsangehörigkeit verbunden oder werden, nach anderer Ansicht, durch diese erst vermittelt. Die Unterscheidung zwischen der Staatsangehörigkeit als Status oder als Rechtsverhältnis hat damit im Ergebnis für die Frage, ob Rechte und Pflichten zwischen dem Staat und seinen Angehörigen bestehen, keine Bedeutung, da schlussendlich beide Ansichten davon ausgehen, dass eine Staatsangehörigkeit nicht frei von Rechten und Pflichten existieren kann.

Daneben muss jedoch zusätzlich differenziert werden zwischen dem staatsrechtlichen und dem völkerrechtlichen Begriff der Staatsangehörigkeit.[21]

Die Staatsangehörigkeit ist, da sie zu den grundlegenden Elementen des Staates gehört und diesen mit der Abgrenzung des Staatsvolkes erst definiert,

---

17 BVerfGE 54,53 (70); KOKOTT, in: SACHS, Art.16 Rn.15.

18 BVerfGE 37,217 (239); WENGLER, Staatsangehörigkeit, S.546.

19 RANDELZHOFER, in MAUNZ/DÜRIG, GG, Art.16 Rn.8 (Stand: 09/1983).

20 RANDELZHOFER, in MAUNZ/DÜRIG, GG, Art.16 Rn.9 (Stand: 09/1983); HANNAPPEL, Staatsangehörigkeit, S.12.

21 RANDELZHOFER, in MAUNZ/DÜRIG, GG, Art.16 Rn.9 (Stand: 09/1983); WENGLER, Staatsangehörigkeit, S.547; vgl. auch im Folgenden Kapitel 4

ureigenste Regelungsmaterie des Staates.[22] Sie wird in den einzelnen Staaten oftmals anders und differenzierter abgrenzt als das im allgemeinen Völkerrecht mit seinen grundlegenden Überlegungen möglich ist.[23]

Im Bereich des Völkerrechts erwächst aus der Staatsangehörigkeit das Recht des Heimatstaates, diplomatischen Schutz zugunsten seiner Staatsangehörigen zu gewähren und die Verpflichtung des Heimatstaates, die eigenen Staatsangehörigen im Falle der Ausweisung durch einen fremden anderen Staat, in dem sie sich aufhalten, wieder aufzunehmen.[24] Dies kann jedoch nicht der Staatsangehörige selbst einfordern. Es gibt keinen völkerrechtlichen Anspruch des Staatsangehörigen beispielsweise auf diplomatischen Schutz durch den eigenen Staat.[25] Vielmehr haben nur die Staaten untereinander beziehungsweise gegeneinander entsprechende völkerrechtliche Rechte und Pflichten.[26] Das bedeutet, dass dann, wenn man richtigerweise mit einigen Stimmen in der Literatur eine Unterscheidung zwischen dem völker- und dem staatsrechtlichen Begriff der Staatsangehörigkeit bejaht, es für die Rechte und Pflichten des Staatsangehörigen gegenüber seinem Heimatstaat allein auf den staatsrechtlichen Begriff ankommt.

Das Völkerrecht selbst normiert keine Rechte oder Pflichten zugunsten oder zulasten des einzelnen Staatsangehörigen. Gleichwohl bestimmt es jedoch, wie sich der Staat gegenüber seinen Angehörigen zu verhalten hat, also unter welchen Bedingungen beispielsweise eine Ausbürgerung im völkerrechtlichen Sinne anerkannt werden muss oder nicht.

III. Der Begriff Staatsbürgerschaft

Der Begriff Staatsangehörigkeit wird häufig mit dem Begriff Staatsbürgerschaft gleichgesetzt. Zwischen den Begriffen ist jedoch klarstellend dahingehend zu differenzieren, dass es sich bei der Staatsangehörigkeit um die reine

---

22 BVerfGE 37,217 (218), E 1,322 (328 f.); MAKAROV/ v. MANGOLDT, StAG, Einleitung I, Rn.5 f. (Stand: 01/1984).

23 Vgl. unten Kapitel 4

24 RANDELZHOFER, in MAUNZ/DÜRIG, GG, Art.16 Rn.9 (Stand: 09/1983); KOKOTT, in: SACHS, Art.16 Rn.12.

25 STERN, Staatsrecht, S.258; vgl. auch WAGNER, LKV 1995, 305 (305).

26 RANDELZHOFER, in MAUNZ/DÜRIG, GG, Art.16 Rn.40 (Stand: 09/1983).

Zuordnung zum Staatsvolk und die Begründung der Personalhoheit eines Staates handelt.

Der Staatsbürger ist der „Prototyp des Vollrechtsinhabers“.[27] Ihm stehen alle Individualrechte aus der Verfassung zu, und er nimmt in rechtlicher Hinsicht vollumfänglich am öffentlichen Leben teil.[28] Seine Rechtspositionen spalten sich auf in die individuellen Abwehrrechte und Grundfreiheiten (status negativus), die politischen Partizipations- und Gestaltungsrechte (status activus) und die Schutz- und Teilhaberechte (status positivus).

Die Staatsangehörigkeit ist grundsätzlich die Voraussetzung für die Staatsbürgerschaft. Eine Besonderheit stellt hier der europäische Unionsbürger dar, welcher das Kommunalwahlrecht auch in anderen Unionsländern inne hat, obwohl er deren Staatsangehörigkeit nicht besitzt.[29]

Während andere Länder nur Teilen ihrer Staatsangehörigen alle Staatsbürgerrechte einräumen, kennt die Bundesrepublik Deutschland diese Unterscheidung nicht. Lediglich in Art. 33 GG spricht das Grundgesetz überhaupt von Staatsbürgern. Das Grundgesetz der Bundesrepublik Deutschland setzt damit Staatsangehörigkeit und Staatsbürgerschaft gleich: durch die deutsche Staatsangehörigkeit werden zugleich – wenigstens potentiell[30] – alle Rechte und Pflichten eines Bürgers begründet. Trotzdem soll innerhalb dieser Untersuchung richtigerweise stets von der Staatsangehörigkeit und nicht von der Staatsbürgerschaft die Rede sein.

IV. Grundsätzliches zum Erwerb der Staatsangehörigkeit

Wird der Verlust der Staatsangehörigkeit thematisiert, muss auch der Erwerb derselben dargestellt werden. Denn nur wer eine Staatsangehörigkeit besitzt, kann diese auch verlieren. Und je nachdem, auf welche Weise die Staatsangehörigkeit erworben wurde, kann dies Konsequenzen für die Möglichkeiten

27 GRAWERT, Der Staat 23 (1984), 179 (181).

28 V. MÜNCH, Staatsangehörigkeit, S.18.

29 Vgl. unten Kapitel 4

30 So setzt beispielsweise das aktive Wahlrecht zusätzlich zum Besitz der deutschen Staatsangehörigkeit die Vollendung des 18.Lebensjahrs voraus. Auch andere Rechte und Pflichten kennen weitere Voraussetzungen neben dem Besitz der deutschen Staatsangehörigkeit.

und Formen des Verlustes haben, wie im Folgenden noch darzustellen sein wird.

Der Erwerb einer Staatsangehörigkeit kann in unterschiedlicher Weise erfolgen und zwar durch Geburt (originärer Erwerb) oder durch Einbürgerung (derivativer Erwerb).[31]

Während es im Falle der Einbürgerung in den verschiedenen Rechtssystemen einzelner Staaten sehr unterschiedliche Voraussetzungen für den Erhalt der jeweiligen Staatsbürgerschaft gibt, ist der Erwerb der Staatsangehörigkeit durch Geburt auf zwei grundlegende Prinzipien beschränkt: Bei dem Abstammungsprinzip (ius sanguinis) folgt die Staatsangehörigkeit der Kinder der Staatsangehörigkeit der Eltern.[32] Gegenstück zum Abstammungsprinzip ist das Territorialprinzip (ius soli), wonach das Kind durch seine Geburt die Staatsangehörigkeit des Landes erhält, auf dessen Staatsgebiet es geboren wurde.[33]

Durch das Nebeneinander dieser beiden Prinzipien kann es zu der Besonderheit der mehrfachen Staatsbürgerschaft (Mehrstaatigkeit), aber auch der Staatenlosigkeit kommen. Als Beispiel ist das Kind zu nennen, dessen Eltern die Staatsangehörigkeit eines Landes besitzen, in dem das Abstammungsprinzip gilt, das jedoch in einem Land geboren wird, in dem das Territorialprinzip angewandt wird. Dieses Kind erwirbt bei seiner Geburt durch Abstammung die Staatsangehörigkeit seiner Eltern und durch den Ort der Geburt die Staatsangehörigkeit des Landes, auf dessen Territorium es geboren wurde. Es besitzt demnach zwei Staatsangehörigkeiten.

Andererseits erwirbt ein ausländisches Kind, welches in einem Land geboren wird, in dem das Abstammungsprinzip gilt, nicht kraft Gesetz dessen Staatsangehörigkeit durch Geburt im Inland. Haben die Eltern dieses Kindes nun auch noch die Staatsangehörigkeit eines Landes inne, in dem das Territorialprinzip gilt, erwirbt das Kind grundsätzlich gar keine Staatsangehörigkeit, da es nicht auf dem Territorium des Landes seiner Eltern geboren wurde. Das

---

31 Stern, Staatsrecht, S.254.

32 In einigen Staaten wird hier noch unterschieden zwischen ehelichen und außerehelichen Kindern, der Staatsangehörigkeit der Mutter oder des Vaters.

33 Ziemske, ZRP 1993, 334 (334).

bedeutet, dieses Kind hat keinerlei rechtliche Bindung zu einem Staat: es ist staatenlos.[34]

Um solche Fälle der Mehrstaatlichkeit oder der Staatenlosigkeit weitgehend zu vermeiden, wurden im letzten Jahrhundert vermehrt völkerrechtliche Verträge abgeschlossen, durch welche derartige Sonderfälle geregelt werden sollten. Als Beispiel sind das Übereinkommen zur Verminderung der Staatenlosigkeit vom 30. August 1961,[35] das Übereinkommen über die Verringerung der Mehrstaatigkeit und über die Wehrpflicht von Mehrstaatern vom 6. Mai 1963[36] und das Übereinkommen zur Verringerung der Fälle von Staatenlosigkeit vom 13. September 1973[37] zu nennen.

Neben solchen völkerrechtlichen Verpflichtungen sind die Vermeidung von Mehrstaatigkeit oder Staatenlosigkeit immer wieder als rechtspolitische Ziele der jeweiligen Staaten bei der Analyse von staatsangehörigkeitsrechtlichen Fragestellungen zu beachten.

V. Illoyalität

Grundsätzlich zu klären bleibt außerdem die Frage, welchen Verhalten eines Staatsangehörigen als illoyal anzusehen ist.

Loyalität wird definiert als Treue gegenüber einer Verpflichtung im Verhältnis zu einer übergeordneten Gewalt.[38] Wer illoyal ist, bricht mit dieser Treue.

In der Geschichte des Staatsrechts ist die Idee der Treue und auch des Gehorsams im öffentlich-rechtlichen Sinne zurückzuführen auf die Zeit der Lehnsherrschaft. Der Vasall oder Untertan schuldete dem Lehnsherrn Treue und Gehorsam. Dabei ging es insbesondere um die Gefolgschaft in Zeiten kriegerischer Auseinandersetzungen.[39] Die Gegenleistungen des Lehnsherrn

34 In den meisten Staatsangehörigkeitsgesetzen wird in diesem Fall eine Ausnahme vom reinen Abstammungsprinzip gemacht und dem Kind kraft ius soli die Staatsangehörigkeit des Landes verliehen, in dessen Staatsgebiet es geboren wurde.

35 BGBl. II 1977, S.598 ff.

36 BGBl. II 1969, S.1954 ff.

37 BGBl. II 1977, S.613 ff.

38 LUCHTERHAND, Loyalität, S.18.

39 GRAWERT, Staatsangehörigkeit, S.106 f.

waren Schutz und die Gewährleistung des Lebensunterhaltes des Untertanen, beispielsweise durch das Zurverfügungstellen von Ländereien.

Der Grundgedanke des Untertanengehorsams ging auch mit der Herausbildung von Nationalstaaten nicht unter, sondern wurde nunmehr auf diese projiziert. Eine Ausbildung der Treuepflicht war insbesondere und zuvörderst die Wehrpflicht der Bürger. Auch hier war und ist eine Gegenleistung zur Treue gegenüber dem Staat der Schutz des Einzelnen im Aus- und Inland.[40] Im Ausland gewährt der Staat konsularischen und diplomatischen Schutz. Im Inland nutzt der Staat die ihm übertragene Staatsgewalt dazu, eine Rechtsordnung zu etablieren und durchzusetzen.

Im speziellen Fall der Demokratie erfolgt die Übertragung der Staatsgewalt auf den Staat aus dem Willen der Mehrheit heraus. Gesetze sind damit immer auch ein Ausdruck einer durch Recht geformten Gesellschaftsform, die sich ein (demokratisch handelndes) Staatsvolk selbst gibt und geben möchte. Das Staatsvolk legitimiert die bestehende Verfassung, die darauf fußenden Gesetze und das Handeln des Staates. Von dem Bürger einer demokratischen Gesellschaftsform wird damit nicht die Treue allein gegenüber dem Staat als solchem, sondern explizit gegenüber der durch den Staat verfassungsgemäß und damit demokratisch legitimiert ausgeübten Staatsmacht, das beinhaltet auch die gegebenen Gesetze, gefordert. Die Loyalität eines Staatsangehörigen zu einem Staat bestimmt sich folglich nach den demokratisch legitimierten weil verfassungsgemäßen Gesetzen, die sich das jeweilige Staatsvolk durch seine Verfassung selbst gegeben hat.

Das Grundgesetz der Bundesrepublik Deutschland regelt ein System der Freiheiten des Einzelnen, welche jedoch seine Grenzen dort finden, wo das Recht des anderen beginnt. Die Gesetze normieren den Ausgleich der Freiheiten der Einzelnen. Diesen Gesetzen schuldet der deutsche Staatsangehörige Treue, genauer: Loyalität.[41]

Die Gesetzestreue und damit der Gehorsam gegenüber den Gesetzen eines Staates ist die Grundlage für jede Form staatlicher Macht. Ohne Loyalität gegenüber den Gesetzen sind entweder der Zusammenbruch der Rechtsordnung und die Schaffung eines neuen Systems oder aber Selbstjustiz und die Wiederkehr des „Rechts des Stärkeren“ die Folgen. Der Staat als Form des Zusammenlebens wird in letzterem Fall überflüssig. Erst durch die Übertragung

---

40 Vgl. auch GRAWERT, Staatsangehörigkeit, S.110 ff.

41 „Treue“ wird ausdrücklich in den Landesverfassungen Bayerns (Art. 117), Bremens (Art. 9) und von Rheinland-Pfalz (Art. 20) gefordert.

der Gewalt auf den Staat, verbunden mit der tatsächlichen Ausübung dieser Gewalt durch den Staat in kontrollierter Form, erhalten der Staat und die ihn definierenden Elemente (das ist auch die Staatsangehörigkeit) ihre Daseinsberechtigung.

Im Rahmen einer Demokratie tritt das Mehrheitsprinzip hinzu. Die Staatsgewalt wird hier auf Grundlage der durch die Mehrheit bestimmten Regeln ausgeübt. Minderheiten müssen sich dabei den Regeln der Mehrheit dem Grunde nach unterordnen. Gerade von ihnen wird eine Akzeptanz der durch die Mehrheit im Rahmen der verfassungsrechtlichen Vorgaben geschaffenen Gesetze gefordert.

Über die Akzeptanz hinaus wird die Befolgung der Gesetze gefordert. Die Loyalität gegenüber einem Staat und seinem Rechtssystem zeigt sich dabei als Wille des Einzelnen, Gesetze zu akzeptieren und zu befolgen. Loyalität ist somit die subjektive Seite der Legalität, die Erkenntnis und Anerkenntnis des Einzelnen, dass eine Legalität notwendig und zum gemeinsamen Zusammenleben im Staat unverzichtbar ist.[42]

Dabei darf und wird nicht gefordert, dass der Einzelne den Inhalt jedes Gesetzes positiv befürworten muss: „Die Bürger sind rechtlich nicht gehalten, die Wertsetzungen der Verfassung persönlich zu teilen. Das Grundgesetz baut zwar auf der Erwartung auf, dass die Bürger die allgemeinen Werte der Verfassung akzeptieren und verwirklichen, erzwingt die Werteloyalität aber nicht. Die Bürger sind daher auch frei, grundlegende Wertungen der Verfassung in Frage zu stellen, solange sie dadurch Rechtsgüter anderer nicht gefährden. Die plurale Demokratie des Grundgesetzes vertraut auf die Fähigkeit der Gesamtheit der Bürger, sich mit Kritik an der Verfassung auseinander zu setzen und sie dadurch abzuwehren.“[43] Die deutsche Rechtsordnung, namentlich die Verfassung, schafft gerade auch für Minderheiten einen geschützten Raum in dem sie ihre Ansichten äußern, in Form von Versammlungen der Öffentlichkeit kund tun und so am demokratischen Prozess mitwirken können. Kritik am System und seinen Ausprägungen im vorgegebenen Rahmen dürfen nicht unterbunden werden und sind durch das Grundgesetz Deutschlands ausdrücklich geschützt, wie Art. 8 Abs. 1 und Art. 5 Abs. 1 S. 1 GG beispielhaft zei-

42 LUCHTERHAND, Loyalität, S.18 f.

43 BVerfG, Beschluss vom 24.03.2001 – 1 BvQ 13/01 –, Rn.24 (zitiert nach juris), JuS 2001, 911 f.; nahezu wortgleich auch: BVerfG, Beschluss vom 15.09.2008 – 1 BvR 1565/05 –, Rn.11 (zitiert nach juris), JuS 2009, 950 f.; BVerfGE 124, 300 (320) – Wunsiedel.

gen.[44] Es muss aber verlangt werden, dass die Einhaltung der Gesetze subjektiv von jedem Einzelnen als notwendige Voraussetzung für den Erhalt des Staates erkannt und befolgt wird.

Im Grundgesetz der Bundesrepublik Deutschland wird die Gesetzestreue seiner Staatsangehörigen als selbstverständlich vorausgesetzt. Lediglich in Art. 33 Abs. 1 GG werden sowohl die staatsbürgerlichen Rechte als auch die Pflichten des Staatsbürgers angeführt. Allein die staatliche Gewalt wird in Art. 20 Abs. 3 GG eindringlich an ihre Bindung an Recht und Gesetz erinnert.

Illoyal gegenüber einem Staat handelt damit, wer sich grundsätzlich gegen den Staat und seinen Bestand wendet. Wer davon überzeugt ist, dass die Befolgung von Gesetzen und Regeln, die sich die demokratische Mehrheit der Bevölkerung selbst gegeben haben, für ihn nicht in Betracht kommt und dies auch „auslebt“ indem er sich gegen diese Rechts- und Werteordnung wendet, stellt eine Gefahr für den Bestand der Gemeinschaft dar. Wer damit einen demokratischen Rechtsstaat in seinem Bestand grundsätzlich und aktiv kämpferisch ablehnt, muss sich gefallen lassen, dass sich der Staat dagegen zur Wehr setzt.

Die dramatischste Form der Ablehnung eines Staates und darauf basierender illoyaler Handlungen eines Staatsangehörigen stellt der Terrorismus dar, wobei eine international allgemein anerkannte Definition von Terrorismus bislang nicht gefunden wurde. Nach WALTER beinhalten die meisten Definitionen von Terrorismus neben dem objektiven Element der Begehung eines schweren Verbrechens auch eine subjektive Seite. Objektiv ist eine gewalttätige Handlung gegen Personen oder Sachen erforderlich, das heißt eine schwere Straftat gegen Leib und Leben von Personen oder die Gewalt gegen wichtige Gemeinschaftseinrichtungen.[45] Entscheidend ist hierbei aber das subjektive Ziel der Straftaten: sie sollen dazu führen, dass Staaten oder internationale Organisationen unter Druck gesetzt und zu bestimmten Handlungen veranlasst werden.[46] Hinter den Straftaten steckt immer auch eine politische, religiöse oder sonstige ideologische Motivation.

---

44 Vgl. hierzu auch die Kritik von BRAUN, Ad Legendum 1/2012, 1 (6) an der „Political Correctness“, wonach andere Meinungen unabhängig von gesetzlichen Regelungen aufgrund von rein moralischen Ansichten unterdrückt werden. Richtigerweise müssen also Moralansichten und Staatliches getrennt werden, solange die Moralansicht nicht durch Mehrheitsbeschluss in geschriebenes Recht erwachsen ist.

45 WALTER, Terrorism, S.27 f., 34.

46 WALTER, Terrorism, S.28 ff., 34.

Die erste Definition des Terrorismus auf internationaler Ebene mit ganz ähnlichen Voraussetzungen wagte die UN in ihrer Sicherheitsratsresolutionen zur Bekämpfung der Terrorismusfinanzierung[47] in Art. 2 Abs. 1 lit. b):

> „(...) eine andere Handlung vorzunehmen, die den Tod oder eine schwere Körperverletzung einer Zivilperson oder einer anderen Person, die bei einem bewaffneten Konflikt nicht aktiv an den Feindseligkeiten teilnimmt, herbeiführen soll, wenn diese Handlung aufgrund ihres Wesens oder der Umstände darauf abzielt, die Bevölkerung einzuschüchtern oder eine Regierung oder internationale Organisation zu einem Tun oder Unterlassen zu nötigen."

Nur solche extremsten Ausprägungen von Illoyalität, in der Form von Terrorismus, der Ablehnung des staatlichen Systems als Ganzes oder der durch die Verfassung verbürgten Rechte, sind für die zu untersuchende Frage nach der Möglichkeit der Ausbürgerung eigener Staatsangehöriger relevant. Nicht jede Form von Illoyalität, also von positiver Gesetzesuntreue, kann eine Ausbürgerung rechtfertigen. Dies ergibt sich bereits aus dem Prinzip der Verhältnismäßigkeit. In der vorliegenden Arbeit soll deshalb auch jene Grenze aufgezeigt werden, ab welcher andere Staaten und ihre Rechtssysteme von einer so starken Form der Illoyalität ausgehen, dass eine Ausweisung des illoyalen Staatsangehörigen in Betracht gezogen wird. Untersucht wird auch, welche Handlungsformen das deutsche Rechtssystem bislang für diese extremsten Formen der Illoyalität, wie beispielsweise Terrorismus, kennt.

---

47 Convention on the Suppression of Financing of Terrorism, New York, 09.12.1999, UN Resolution 54/109: Internationales Übereinkommen zur Bekämpfung der Finanzierung des Terrorismus; durch die Bundesrepublik Deutschland mit Gesetz vom 19.12.2003 ratifiziert, BGBl. II, S.1923 ff.

Kapitel 3: Die deutsche Staatsangehörigkeit

Die deutsche Staatsangehörigkeit wird durch diverse Vorschriften des deutschen Rechts mit Inhalt gefüllt. Erwerb und Verlust der Staatsangehörigkeit bestimmen sich zuvörderst nach dem Staatsangehörigkeitsgesetz (StAG).[48] Grundlegend geschützt wird die Staatsangehörigkeit durch Art. 16 des Grundgesetzes. Die deutsche Staatsangehörigkeit verleiht seinem Träger Pflichten,[49] aber insbesondere auch spezielle Rechte gegenüber der Bundesrepublik Deutschland, wie die sogenannten Deutschengrundrechte. Nur Deutsche im Sinne des Art. 116 GG (das sind deutsche Staatsangehörige und Statusdeutsche) können sich auf die Versammlungsfreiheit, die Vereinigungsfreiheit, das Recht auf Freizügigkeit, die Berufsfreiheit, das Auslieferungsverbot und das Widerstandsrecht (Art. 20 Abs. 4 GG) berufen, haben das aktive und das passive Wahlrecht inne und das Recht auf den Zugang zu öffentlichen Ämtern. Diese Ausschließlichkeit erfährt jedoch Einschränkungen durch die europäischen Regelungen zur Unionsbürgerschaft, wonach die dort verankerten Bürgerrechte teilweise zu einer Gleichstellung von ausländischen Unionsbürgern und deutschen Staatsangehörigen führen.[50] Umgekehrt gilt dies aber auch für deutsche Staatsangehörige, welche die Unionsbürgerschaft in Folge der deutschen Staatsangehörigkeit besitzen, in anderen europäischen Staaten. Ob jemand die deutsche Staatsangehörigkeit besitzt oder nicht, hat demzufolge tagtäglich für das Leben jeder Person in Deutschland konkrete praktische Bedeutung.

Die Geschichte der deutschen Staatsangehörigkeit spiegelt stets auch die Geschichte und Entwicklung des deutschen Staates wieder. Da in Deutschland bis zum heutigen Tage das Abstammungsprinzip wenn nicht mehr das einzige, so doch immer noch das vorherrschende Prinzip im Staatsangehörigkeitsrecht ist, ist auch die geschichtliche Entwicklung des Staatsangehörigkeitsrechts von entscheidender Bedeutung. Die Staatsangehörigkeit der Eltern bestimmt maßgeblich die Staatsangehörigkeit der Kinder und Enkelkinder. Weit zurückliegende Ein- oder Ausbürgerungen wirken damit auch noch in den

48 Vom 22.07.1913, RGBl. I, S.583, in der im BGBl. III, Gliederungsnummer 102-1, veröffentlichten bereinigten Fassung.

49 Die Wehrpflicht gemäß Art. 12a GG, bislang die klassische staatsbürgerliche Pflicht, wurde inzwischen ausgesetzt.

50 Vgl. zur Unionsbürgerschaft im Folgenden Kapitel 4 II.

nachfolgenden Generationen fort. Das Staatsangehörigkeitsrecht muss folglich stets vor seinem geschichtlichen Hintergrund betrachtet werden.

Das deutsche Staatsangehörigkeitsrecht entwickelte sich aus den verschiedenen Untertanenbegriffen der einzelnen deutschen Fürstentümer und Staaten hin zur doppelten Reichs- und Landesangehörigkeit im Rahmen des Norddeutschen Bundes von 1866 bis 1871 und des Deutschen Kaiserreichs bis zur Weimarer Republik.[51] Im Dritten Reich wurden dann die einzelnen Länder aufgelöst, womit auch die Landesangehörigkeit entfiel. Nach dem Zweiten Weltkrieg stellte sich die Frage, ob die deutsche Staatsangehörigkeit fortbestand oder erst mit der Gründung der Bundesrepublik Deutschland neu geschaffen wurde. Mit der Gründung der DDR stellte sich die Frage nach dem Fortbestand einer einheitlichen deutschen Staatsangehörigkeit trotz der Teilung Deutschlands. Mit der Wiedervereinigung Deutschlands stellt sich dieses Problem nicht mehr. Nunmehr wird der Gehalt der deutschen Staatsangehörigkeit mit der immer stärker werdenden Position der Europäischen Union und damit der Unionsbürgerschaft vor neue Herausforderungen gestellt.

Im folgenden Kapitel sollen zunächst die historische Entwicklung und der aktuelle rechtliche Rahmen der Staatsangehörigkeit in Deutschland im Detail beleuchtet und grundlegende Prinzipien dargelegt werden. Des Weiteren soll der status quo des deutschen Staatsangehörigkeitsrechtes – insbesondere im Hinblick auf seine Verlustmöglichkeiten – betrachtet werden; ebenso wie die Vorkehrungen der deutschen Rechtsordnung gegen sie unterwanderende Bestrebungen durch Aus- und Inländer.

I. Geschichtliche Entwicklung

Das moderne deutsche Staatsangehörigkeitsrecht hat seine Wurzeln im 19. Jahrhundert. Erstmals in der Verfassung des Königreichs Baiern von 1818, in der Verfassung des Großherzogtums Hessen aus dem Jahre 1820, in der Festsetzung von Erwerbs- und Verlusttatbeständen im preußischen „Gesetz über die Erwerbung und den Verlust der Eigenschaft als preußischer Unterthan sowie über den Eintritt in fremden Staatsdienst" aus dem Jahre 1842 und in dem Untertanenrecht im Königreiche Sachsen vom 2. Juli 1852 finden sich im deutschsprachigen Raum Regelungen, welche die Staatsangehörigkeit betreffen. Einheitliche gesetzliche Vorschriften, welche

51 EHMANN/ STARK, Staatsangehörigkeitsrecht, S.18 f.

schlussendlich länderübergreifende Geltung fanden, schaffte der Norddeutsche Bund 1870 durch das erste Reichs- und Staatsangehörigkeitsrecht vom 1. Juni 1870.[52]

Im Jahre 1914[53] schließlich trat der Vorläufer des heutigen StAG in Kraft, das Reichs- und Staatsangehörigkeitsgesetz (kurz: RuStAG), welches in seinem Kern, insbesondere mit dem Grundprinzip der Verleihung der Staatsangehörigkeit aufgrund Abstammung, bis heute Bestand hat. Das RuStAG wurde im Jahre 2000 jedoch in „Staatsangehörigkeitsgesetz" (kurz: StAG) umbenannt.[54] Das Deutsche Reich war ein Bundesstaat, gebildet aus den einzelnen Ländern. Die damalige Staatsangehörigkeit fußte auf der Länderzugehörigkeit, welche die Bundesstaatszugehörigkeit vermittelte.[55] Einige wenige Ausnahmefälle einer ausschließlichen Reichsangehörigkeit fanden sich in den §§ 33 bis 35 RuStAG, betreffend Einbürgerungen in Kolonialgebieten und Wiedereinbürgerungen außerhalb des Reichgebietes.[56] Die Verfassung des deutschen Reiches vom 16. April 1871 kannte, vergleichbar mit den heutigen Regelungen der Europäischen Union, in Art. 3 die Vorschrift, „dass der Angehörige [...] eines jeden Bundesstaates in jedem anderen Bundesstaate als Inländer zu behandeln" und in wesentlichen Punkten wie dieser zu behandeln war. Es wurde für ganz Deutschland ein „gemeinsames Indigenat" festgestellt. Einbürgerungen erfolgten über die einzelnen Länder, wobei die anderen Länder ein Vetorecht besaßen.[57]

Nach dem Ersten Weltkrieg bestand das RuStAG nahezu unverändert fort. Auch wenn Art. 110 der Weimarer Verfassung von einem Bundesstaat ausging, blieb es doch einfachgesetzlich durch die Regelungen des RuStaG dabei, dass die Länder die Reichszugehörigkeit mittelten.

In den Vorschriften und Regelungen über den Erwerb und den Verlust der deutschen Staatsangehörigkeit spiegelte sich auch stets deutlich die jeweilige

---

52 WAGNER, LKV 1995, 305 (306).

53 RGBl. 1913, S.583.

54 „Gesetz zur Reform des Staatsangehörigkeitsrechts", BGBl. I 1999, S.1618.

55 Eine vergleichbare Konstellation findet sich heute bei der Unionsbürgerschaft, welche nur durch die Staatsangehörigkeit der Länder der Europäischen Unions gemittelt wird. Eine reine Unionsbürgerschaft existiert nicht.

56 Vgl. EHMANN/ STARK, Staatsangehörigkeitsrecht, S. 17.

57 Noch bei der Einbürgerung ADOLF HITLERS bestand dieses Vetorecht. Um es zu umgehen wurde HITLER die deutsche Staatsangehörigkeit verliehen, indem ihm ein Posten in einem Landesministerium zugänglich gemacht wurde. Vgl. hierzu ausführlich V. MÜNCH, Staatsangehörigkeit, S.44 ff.

politische Ausrichtung Deutschlands wieder. Besonders prägnant zeigt sich dies in der Zeit des Nationalsozialismus. Den Nationalsozialisten diente die Verleihung oder die Aberkennung der deutschen Staatsangehörigkeit dazu, lediglich „erwünschte" Volksgruppen und -ethnien an den Bürgerrechen teilhaben zu lassen. Der Entzug der Staatsangehörigkeit diente als scharfe Sanktion und beraubte Menschen ganz bewusst und gewollt ihrer staatlichen Identität. Nach dem Zweiten Weltkrieg zog die Bundesrepublik Deutschland in Art. 16 Abs. 1 GG hieraus Konsequenzen, indem ein Entzug der Staatsangehörigkeit insgesamt verboten wurde und ein Verlust nur aufgrund Gesetz und unter Vermeidung von Staatenlosigkeit erfolgen sollte.[58] Eine entscheidende und durchaus sinnvolle Änderung des RuStAG unter nationalsozialistischer Herrschaft, welche nach dem Ende des Zweiten Weltkrieges auch nicht zurückgenommen wurde, war jedoch die Aufhebung der Landesangehörigkeit und die Schaffung einer deutschlandweiten unmittelbaren Staatsangehörigkeit.

Nach dem Ende des Nationalsozialismus und mit der Geburtsstunde der Bundesrepublik Deutschland stellte sich die Frage, ob die deutsche Staatsangehörigkeit fortbestand oder mit der Entstehung der Bundesrepublik neu geschaffen wurde.

Das Rechtssubjekt des deutschen Staates bestand auch nach dem Untergang des Dritten Reichs fort. Auch wenn das deutsche Staatsvolk in diesem Zeitpunkt seine Staatsgewalt nicht ausüben konnte und das Staatsgebiet besetzt war, wurde der deutsche Staat in seiner Rechtspersönlichkeit nicht zerschlagen.[59] Mit der Gründung der Bunderepublik Deutschland fand vielmehr eine Reorganisation und Rekonstituierung des deutschen Staates statt.[60] Auch das deutsche Staatsvolk bestand nach dem Vorgesagten fort. Die deutsche Staatsangehörigkeit stellte insoweit eine Zuordnungsgröße dar, die nun als Bezugsobjekt die Bundesrepublik Deutschland fand. Dies zeigt sich auch darin, dass das Staatsangehörigkeitsgesetz von 1913 dem Grunde nach weiter galt und Einbürgerungen vor 1945 auch weiterhin geltend gemacht werden konnten.

---

58 Zur Unterscheidung von Entzug und Verlust vgl. Kapitel 3 II. 3.

59 HILLGRUBER, Hdb. Staatsrecht II, §32 Rn.6 f.; SCHMID, in: Bundesarchiv, Der Parlamentarische Rat, S.24 f.; BROCKMANN, in: Bundesarchiv, Der Parlamentarische Rat, S.143; SEEBOHM, in: Bundesarchiv, Der Parlamentarische Rat, S.198.

60 HILLGRUBER, Hdb. Staatsrecht II, §32 Rn.2 und 6; SCHMID, in: Bundesarchiv, Der Parlamentarische Rat, S.26, 181.

Nach 1949 brachten insbesondere die Reformen in den Jahren 1974, 2000, 2004 und 2008 weitreichende Veränderungen des RuStAG mit sich. Durch das Gesetz zur Änderung des Reichs- und Staatsangehörigkeitsgesetzes vom 20. Dezember 1974[61] wurde der Entscheidung des Bundesverfassungsgerichts vom 6. August 1974[62] Rechnung getragen und Mann und Frau sowie das eheliche und das nicht eheliche Kind gleichgestellt.[63]

Die Teilung Deutschlands brachte neue Probleme in der Frage der Staatsangehörigkeit mit sich. Während die DDR sich mit Hilfe von Gesetzesänderungen[64] rückwirkend auf den Zeitpunkt der Gründung der DDR[65] eine eigene, von der Bundesrepublik unabhängige Staatsangehörigkeit geben wollte, ging die herrschende Meinung in der Bundesrepublik vom Fortbestand einer einheitlichen deutschen Staatsangehörigkeit aus.[66] Dank der Wiedervereinigung Deutschlands hat sich dieser Rechtsstreit jedoch mittlerweile erledigt und ist nur noch von historischem Interesse.

Die jüngsten Entwicklungen im deutschen Staatsangehörigkeitsrecht spiegeln die Integrationspolitik der letzten Jahre wieder, welche eine erleichterte Einbürgerung und die Loslösung von den bislang ausschließlichen Prinzipien der Staatsangehörigkeit aufgrund Abstammung und der absoluten Vermeidung von Mehrstaatigkeit zur Folge hat. So wurde am 15. Juli 1999 das Gesetz zur Reform des Staatsangehörigkeitsrechts erlassen, welches nicht nur zu der bereits genannten Namensänderung führte, sondern unter anderem

---

61 BGBl. I, S.3714.

62 BGBl. I, S.1933.

63 Vgl. hierzu Kapitel 3 III. 2.

64 Vgl. nur das Gesetz über die Staatsbürgerschaft der Deutschen Demokratischen Republik (StBG) vom 20.02.1967, GBl.-DDR I S. 3.

65 „§ 1 StGB DDR: „Staatsbürger der Deutschen Demokratischen Republik ist, wer
a) zum Zeitpunkt der Gründung der Deutschen Demokratischen Republik deutscher Staatsangehöriger war, in der Deutschen Demokratischen Republik seinen Wohnsitz oder ständigen Aufenthalt hatte und die Staatsbürgerschaft der Deutschen Demokratischen Republik seitdem nicht verloren hat;
b) zum Zeitpunkt der Gründung der Deutschen Demokratischen Republik deutscher Staatsangehöriger war, seinen Wohnsitz oder ständigen Aufenthalt außerhalb der Deutschen Demokratischen Republik hatte, danach keine andere Staatsbürgerschaft erworben hat und entsprechend seinem Willen durch Registrierung bei einem dafür zuständigen Organ der Deutschen Demokratischen Republik als Bürger der Deutschen Demokratischen Republik geführt wird;
c) (...).“

66 Vgl. hierzu ausführlich STERN, DVBl 1982, 165 ff.

auch den § 40a neu in das StAG einfügte, wonach deutsche Volkszugehörige im Sinne des Art. 116 Abs. 1 GG die deutsche Staatsangehörigkeit erlangen. Wichtigster Punkt dieser Reform war jedoch die Kodifizierung des ius-soli-Prinzips für Neugeborene in § 4 Abs. 3 StAG,[67] sowie rückwirkend auch für Kinder unter 10 Jahren gemäß § 40b StAG. Des Weiteren wurde in § 10 StAG auch die Anspruchseinbürgerung eingeführt.

Weitere Änderungen erfuhr das StAG durch das Zuwanderungsgesetz vom 30. Juli 2004[68] und das Gesetz zur Umsetzung aufenthalts- und asylrechtlicher Richtlinien des Europäischen Union vom 19. August 2007,[69] was zum einen zu kürzeren Daueraufenthaltserfordernissen, zum anderen aber zu einer erhöhten Anforderung an Integrationsleistungen, wie die Teilnahme an Integrationskursen,[70] führte.

Die neuste – wenn auch sicherlich nicht die letzte – entscheidende Veränderung erfuhr das deutsche Staatsangehörigkeitsgesetz durch das Gesetz zur Änderung des StAG vom 05. Februar 2009.[71] Hiermit wurde die bis dahin in Rechtsprechung und Literatur höchst umstrittene Rücknahme der Einbürgerung aufgrund arglistiger Täuschung bzw. der Anfechtung der Vaterschaft geregelt.[72]

II. Die deutsche Staatsangehörigkeit nach dem Grundgesetz

Die Bundesrepublik Deutschland hat aktuell gut 81,8 Millionen Einwohner.[73] Davon haben ca. 15,7 Millionen Deutsche einen Migrationshintergrund. Darunter sind alle deutschen Staatsangehörigen gefasst, die nach 1949 zuwanderten, sowie alle in Deutschland geborenen Ausländer oder Deutsche mit mindestens einem zugewanderten oder in Deutschland als Ausländer geborenen Elternteil.[74] Gut 7,2 Millionen Einwohner der Bundesrepublik sind aus-

67 Vgl. im Folgenden Kapitel 3 IV. 6.

68 BGBl. I, S.1950,1996.

69 BGBl. I, S.1970.

70 Vgl. BMI, Vorläufige Anwendungshinweise StAG, Nr.10.3.1

71 BGBl. I, S. 158.

72 Vgl. hierzu Kapitel 3 IV. 7.

73 Statistisches Bundesamt, Jahrbuch 2011, S.28.

74 BAMF, Integrationsreport 2008, S. 14.

ländische Staatsangehörige, wobei im Jahre 2009 rund 96.000 Einbürgerungen vollzogen wurden.[75] Nach der Zunahme von Einbürgerungen im Jahre 2000 – das ist das Jahr nach der großen Reform des Staatsangehörigkeitsgesetzes, welche zu einer künstlichen Erhöhung der Einbürgerungszahlen führte – gingen die Einbürgerungen stetig zurück, scheinen sich aber mittlerweile wieder auf einem konstanten Niveau von um die 100.000 pro Jahr zu befinden.[76]

Der rechtliche Rahmen für die deutsche Staatsangehörigkeit, welche damit rund 74,6 Millionen Bürger in Deutschland inne haben, bestimmt sich grundsätzlich und grundlegend nach dem Grundgesetz der Bundesrepublik Deutschland und hier insbesondere nach den Art. 16 und 116 GG. Konkrete Ausgestaltungen zu den Rechtsfragen des Erwerbs und des Verlustes der deutschen Staatsangehörigkeit werden im Staatsangehörigkeitsgesetz vorgenommen.[77]

1. Art. 116 GG

Seiner Präambel zufolge gilt das Grundgesetz der Bundesrepublik Deutschland für das gesamte deutsche Volk. Wer letzterem angehört, also Deutscher im Sinne des Grundgesetzes ist, bestimmt sich zunächst nach Art. 116 Abs. 1 GG. Danach ist die Tatsache, Deutscher zu sein, nicht gleichzusetzen mit dem Innehaben der deutschen Staatsangehörigkeit. Vielmehr kennt das Grundgesetz außer dem deutschen Staatsangehörigen noch den sogenannten „Statusdeutschen".[78] Das sind Flüchtlinge oder Vertriebene deutscher Volkszugehörigkeit, die „in dem Gebiete des Deutschen Reiches nach dem Stand vom 31. Dezember 1937 Aufnahme gefunden haben". Wer in diesem Sinne deutscher Volkszugehöriger ist, wird in § 6 BVFG näher definiert. Die Eigenschaft, Statusdeutscher zu sein, wird an die Ehegatten und Abkömmlinge weitergegeben.

Erfolgte während des Dritten Reiches jedoch eine Einbürgerung, erwarb der Betroffene wirksam die deutsche Staatsangehörigkeit und hat diese an seine Abkömmlinge weiter gegeben.[79] Dies gilt auch für die Sammel- und

75 Statistisches Bundesamt, Jahrbuch 2011, S.28.
76 BAMF, Integrationsreport 2008, S. 17.
77 Vgl. Kapitel 3 III. und IV.
78 STERN, Staatsrecht, S.258; vgl. auch WAGNER, LKV 1995, 305 (306 f.).
79 Vgl. zum Abstammungsprinzip im Folgenden Kapitel 3 III. 1.

Zwangseinbürgerungen der Jahre 1938 bis 1945.[80] Den Betroffenen stand es frei, die deutsche Staatsangehörigkeit gemäß den §§ 1 Abs. 1 und 5 Abs. 1 des 1. StAngRegG[81] wieder auszuschlagen. Ausgenommen davon waren lediglich die Sammeleinbürgerungen in Österreich durch die Verordnungen vom 3. Juli 1938[82] und vom 30. Juni 1939.[83] Gemäß § 1 des 2. StAngRegG[84] wurden diese Einbürgerungen mit Wirkung vom 27. April 1945 aufgehoben, es sei denn, der seit 1945 in Deutschland wohnhafte Betroffene erklärte, dass er die deutsche Staatsangehörigkeit rückwirkend wieder erwerben wolle, § 2 des 2. StAngRegG.

Durch das Gesetz zur Reform des Staatsangehörigkeitsrechts vom 15. Juli 1999[85] wurde die Anzahl der Statusdeutschen auf ein Minimum reduziert: durch Einführung des § 40a StAG wurde allen Statusdeutschen zum 1. August 1999 die deutsche Staatsangehörigkeit verliehen. Außerdem sieht § 7 StAG nun für alle Statusdeutschen und deren Kinder den Erwerb der deutschen Staatsangehörigkeit mit dem Erhalt einer Bescheinigung nach § 15 BVG vor. Ziel dieser Regelungen war die Entlastung der Einbürgerungsbehörden von dem Verfahren der Anspruchseinbürgerung Statusdeutscher nach § 6 des 1. StAngRegG a. F. Lediglich Spätaussiedler gemäß § 4 BVG, die noch keine Bescheinigung über ihren Status gemäß § 15 BVG erhalten haben, sind noch Statusdeutsche in diesem Sinne.

Dies alles zeigt, dass durch die Regelung des Art. 116 GG Abs. 1 GG die Völkerbewegungen durch Flucht und Vertreibung in den Zeiten des Dritten Reichs einer Regelung zugeführt werden sollen. Des Weiteren enthält Art. 116 in Abs. 2 eine Wiedergutmachung für nationalsozialistisches Unrecht im Rahmen des Staatsangehörigkeitsrechts.[86] Durch das „Gesetz über den Widerruf von Einbürgerungen und die Aberkennung der deutschen Staatsangehörigkeit" vom 14. Juli 1933[87] und die 11. Verordnung zum Reichsbürger-

---

80 Vgl. dazu die Aufzählung in §1 Abs.1 lit.a) bis f) des 1.StAngRegG.

81 Vom 22.02.1955, BGBl. I, S.65; aufgehoben mit Wirkung zum 15.12.2010 durch Art.2 des Gesetzes vom 08.12.2010, BGBl. I, 1864.

82 RGBl., S.790.

83 RGBl., S.1072.

84 Vom 07.05.1956, BGBl. I S. 431; aufgehoben mit Wirkung zum 15.12.2010 durch Art.3 des Gesetzes vom 08.12.2010, BGBl. I, 1864.

85 BGBl I, S.1618.

86 KÄMMERER, in: DOLZER/ GRAßHOF, BK-GG, Art.16 Rn.6 (Stand: 08/2005); ZIEMSKE, ZRP 1994, 229 (229).

87 RGBl. 1933, S.480.

gesetz vom 25. November 1941[88] erfolgten vielfach Ausbürgerungen deutscher Staatsangehöriger aus politischen, rassischen oder religiösen Gründen. Durch Abs. 2 des Art. 116 GG soll verhindert werden, dass das durch diese Zwangsausbürgerungen erfolgte Unrecht weiter fortwirkt. Denn die Zwangsausbürgerungen des nationalsozialistischen Regimes sind drastisches Unrecht und als von Anfang an nichtig anzusehen, wie das Bundesverfassungsgericht in seiner Entscheidung vom 14. Februar 1968 bestätigte.[89] Aus politischen, rassischen oder religiösen Gründen ausgebürgerte Staatsangehörige werden deshalb wieder eingebürgert, wenn sie einen diesbezüglichen Willen durch einen entsprechenden Antrag oder die Aufnahme des Wohnsitzes in Deutschland bekunden. Die erneute Annahme der deutschen Staatsangehörigkeit soll jedoch nicht erzwungen werden.[90]

2. Art. 16 Abs. 1 GG

Die deutsche Staatsangehörigkeit unterliegt verfassungsrechtlichem Schutz durch Art. 16 Abs. 1 GG. Ein Entzug der deutschen Staatsangehörigkeit wird danach zur Gänze untersagt; ein Verlust ist nur unter den engen Voraussetzungen des Art. 16 Abs. 1 S. 2 GG möglich. Art. 16 Abs. 1 GG schützt allerdings nur die deutsche Staatsangehörigkeit, nicht aber die deutsche Volkszugehörigkeit. Er gilt deshalb nicht für Statusdeutsche.[91]

a) Entstehungsgeschichte[92]

In der 25. Sitzung des Grundsatzausschusses des Parlamentarischen Rates am 24. November 1948 wurde durch den Abgeordneten Prof. HERMANN VON MANGOLDT der Vorschlag unterbreitet, erstmalig in der Geschichte der deutschen Verfassungen einen speziellen Schutz vor willkürlichen Ausbürgerungen zu schaffen. Hintergrund für diese Überlegungen waren die Sammel- und

88 RGBl. 1941, S.722.

89 BVerfGE 23, 98 (110).

90 Vgl. die Ausführungen der Abgeordneten in der 20. Sitzung des Hauptausschusses des Parlamentarischen Rates am 07.12.1948, Sten. Berichte, S. 226 f.

91 HAILBRONNER, in: HAILBRONNER/ RENNER, StAG, Art.16 GG Rn.8; MAKAROV/ V. MANGOLDT, StAG, Art.16 Rn.6 (Stand: 12/1997).

92 Hierzu ausführlich MAKAROV/ V. MANGOLDT, StAG, Art.16 Rn.1 ff. (Stand: 12/1997).

Massenausbürgerungen zur Zeit des Dritten Reiches.[93] Durch das „Gesetz über den Widerruf von Einbürgerungen und die Aberkennung der deutschen Staatsangehörigkeit" vom 14. Juli 1933[94] und die 11. Verordnung zum Reichsbürgergesetz vom 25. November 1941[95] verloren vor allem politische Oppositionelle und Deutsche jüdischer Religionszugehörigkeit ihre Staatsangehörigkeit. Durch die Schaffung des Art. 16 Abs. 1 GG wollte man derartige willkürlichen Ausbürgerungen, die häufig als Werkzeug totalitärer Staaten dienen, für verfassungswidrig erklären. Seine Vorlage fand Art. 16 Abs. 1 GG in dem Entwurf des heutigen Art. 15 der Allgemeinen Menschenrechtserklärung der UN.[96] In seiner ursprünglichen Fassung lautete Art. 16 Abs. 1 GG:

> „Niemand darf willkürlich seiner Bundesangehörigkeit beraubt werden. Durch Gesetz darf der Verlust der Staatsangehörigkeit nur für die Fälle vorgesehen werden, in denen der Betroffene bereits eine andere Staatsangehörigkeit erworben hat."

In weiteren Sitzungen des Grundsatzausschusses und des Hauptausschusses wurde dieser Wortlaut jedoch überarbeitet. So wurde der Begriff der „Bundesangehörigkeit" unter der Berücksichtigung der getroffenen Wortwahl in der Präambel des Grundgesetzes durch den Begriff der „Staatsangehörigkeit" ersetzt. Mit der Streichung des Wortes „willkürlich" sollte zum Ausdruck kommen, dass die Staatsangehörigkeit aus den oben genannten Gründen überhaupt nicht entzogen werden dürfe.[97]

In der 3. Lesung des Hauptausschusses des Parlamentarischen Rates vom 8. Februar 1949 wurde schließlich die heute gültige Fassung des Art. 16 Abs. 1 GG angenommen:

> „Die deutsche Staatsangehörigkeit darf nicht entzogen werden. Der Verlust der Staatsangehörigkeit darf nur auf Grund eines Gesetzes und gegen den Willen des Betroffenen nur dann eintreten, wenn der Betroffene dadurch nicht staatenlos wird."

---

93 KÄMMERER, in: DOLZER/ GRAßHOF, BK-GG, Art.16 Rn.6 (Stand: 08/2005); ZIEMSKE, ZRP 1993, 334 (335).

94 RGBl. 1933, S.480.

95 RGBl. 1941, S.722.

96 „Jeder hat das Recht auf eine Staatsangehörigkeit. Niemandem darf seine Staatsangehörigkeit willkürlich entzogen noch das Recht versagt werden, seine Staatsangehörigkeit zu wechseln."

97 HAILBRONNER, in: HAILBRONNER/ RENNER, StAG, Art.16 GG Rn.4.

b) Art. 16 Abs. 1 als institutionelle Garantie

Art. 16 Abs. 1 GG stellt ein subjektives Abwehrrecht des Bürgers gegen den Staat dar.[98] Allerdings enthält er keinerlei Ansprüche auf die Einbürgerung oder die Entlassung aus der Staatsangehörigkeit. Solche ergeben sich lediglich aus einfachgesetzlichen Vorschriften.[99]

Umstritten ist, ob in Art. 16 Abs. 1 GG auch eine institutionelle Garantie der deutschen Staatsangehörigkeit zu sehen ist und welche Inhalte unter den Schutzbereich dieses Artikels fallen. Diskutiert wird bereits, ob der Bestand der deutschen Staatsangehörigkeit überhaupt in Art. 16 Abs. 1 GG verankert ist. Weitergehend werden als Kernelemente des Schutzbereichs des Art. 16 Abs. 1 GG die Einheitlichkeit der deutschen Staatsangehörigkeit, das Abstammungsprinzip und der Grundsatz der Vermeidung von Mehrstaatigkeit erwogen. Für die Fragestellung, welche grundlegenden Werteentscheidungen die deutsche Verfassung im Hinblick auf seine Staatsangehörigkeit trifft, ist die Reichweite des grundrechtlichen Schutzes aus Art. 16 Abs. 1 GG von entscheidender Bedeutung.

Nach VON MANGOLDT ergibt sich die Garantie des Bestandes der deutschen Staatsangehörigkeit und der damit verbundenen Rechte aus Art. 116 Abs. 1 GG und den Deutschengrundrechten Art. 8, 9, 11 und 12 GG.[100] Hintergrund hierfür sei, dass die Tatsache, dass es eine deutsche Staatsangehörigkeit gebe, in Art. 116 Abs. 1 GG geregelt werde und die Rechte eines deutschen Staatsangehörigen sich direkt aus den jeweiligen Deutschengrundrechten ergäben. Eine Garantie stelle Art. 16 Abs. 1 GG nur insoweit dar, als er den Entzug der deutschen Staatsangehörigkeit verbiete. Dies belege auch der Sinn und Zweck, weshalb Art. 16 Abs. 1 GG in das Grundgesetz aufgenommen worden sei.

Der historische Hintergrund des Art. 16 Abs. 1 GG spricht jedoch eine andere Sprache: in dem Grundsatzausschuss wurde Art. 16 Abs. 1 GG ausdrücklich deshalb eingebracht, damit der Bürger Sicherheit im Bezug auf den Bestand seiner Staatsangehörigkeit besitzt. Art. 116 Abs. 1 GG hingegen will den durch den Zweiten Weltkrieg verursachten chaotischen Verhältnissen und dem juristischen Unrecht dieser Zeit gerecht werden. Die Erwähnung der deutschen Staatsangehörigkeit in Abs. 1 dient nur der Abgrenzung derselben

98 MAKAROV/ V. MANGOLDT, StAG, Art.16 Rn.3 (Stand: 12/1997).

99 Vgl. hierzu Kapitel 3 III. 6. und IV.

100 MAKAROV/ V. MANGOLDT, StAG, Art.16 Rn.5 (Stand: 12/1997).

zu dem Konstrukt der Statusdeutschen-Eigenschaft. Richtigerweise ist deshalb in Art. 16 Abs. 1 GG eine institutionelle Garantie der deutschen Staatsangehörigkeit zu sehen.[101]

Gesteht man dem Art. 16 Abs. 1 GG demzufolge zu, als institutionelle Garantie die deutsche Staatsangehörigkeit zu garantieren, bleibt zu klären, wie weit der Schutz dieser institutionellen Garantie reicht, also in welcher Weise er auszufüllen ist.

(1) Bestand der deutschen Staatsangehörigkeit

Weitgehend übereinstimmend wird die reine Existenz der „deutschen Staatsangehörigkeit" an sich als durch Art. 16 Abs. 1 GG geschützt angesehen, das heißt, es wird garantiert, dass es immer eine deutsche Staatsangehörigkeit geben wird, solange der deutsche Staat besteht.[102] Diese Feststellung ist zwar richtig, jedoch nur von geringer Bedeutung für das Verständnis von den Inhalten der deutschen Staatsangehörigkeit, da das Vorhandensein einer Staatsangehörigkeit nach der Drei-Elemente-Lehre ohnehin grundlegende Voraussetzung für die Existenz eines Staates ist.[103] Zudem garantiert bereits Art. 19 Abs. 2 GG den Wesensgehalt jedes Grundrechtes und damit auch die Existenz einer deutschen Staatsangehörigkeit in Art. 16 Abs. 1 GG.[104]

(2) Einheitlichkeit

Neben dem reinen Fortbestand werden weitere wesentliche Elemente des Kernbereichs der Institution „Staatsangehörigkeit" diskutiert. So könne an dem Wortlaut des Art. 16 Abs. 1 GG „...der deutschen Staatsangehörigkeit..." ihre Einheitlichkeit festgemacht werden.[105] Auch die der deutschen Verfassung zugrunde liegenden Vorstellung einer allen Menschen gleichermaßen zustehenden Würde in Art. 1 Abs. 1 GG und der allgemeine Gleich-

---

101 So auch ISENSEE, Hdb. Staatsrecht II, § 15 Rn.41; KÄMMERER, in: DOLZER/ GRAßHOF, BK-GG, Art.16 Rn.29 (Stand: 08/2005); HAILBRONNER, in: HAILBRONNER/ RENNER, StAG, Art.16 GG Rn.11; HUBER/ BUTZKE, NJW 1999, 2769 (2771); SCHOLZ/ UHLE, NJW 1999, 1510 (1511).

102 ZIEMSKE, ZRP 1994, 229 (230).

103 BECKER, in: V. MANGOLDT/ KLEIN, GG, Art.16 Abs.1 Rn.17.

104 Vgl. HUBER/ BUTZKE, NJW 1999, 2769 (2771).

105 KÄMMERER, in: DOLZER/ GRAßHOF, BK-GG, Art.16 Rn.29 (Stand: 08/2005); HUBER/ BUTZKE, NJW 1999, 2769 (2771); SCHOLZ/ UHLE, NJW 1999, 1510 (1511).

heitsgrundsatz des Art. 3 GG würden dies nahe legen.[106] Konsequent fortgedacht hätte dies zur Folge, dass alle deutschen Staatsangehörigen im Hinblick auf ihre Staatsangehörigkeit ausnahmslos gleich gehandelt werden müssten, auch bei dem Verlust der Staatsangehörigkeit. Dass jedoch nicht alle Staatsangehörigkeiten durchweg den gleichen Voraussetzungen unterliegen, zeigen bereits die unterschiedlichen Erwerbsmöglichkeiten des einfachen Staatsangehörigkeitsrechts. Die Einheitlichkeit der Staatsangehörigkeit ist genauso wenig absolut wie es der Gleichheitssatz des Art. 3 Abs. 1 GG ist. Dieser garantiert lediglich einen Schutz vor unsachlichen und unverhältnismäßigen Differenzierungen, also ein Willkürverbot.[107] Eine Ungleichbehandlung aus sachlichem Grund ist dem Grundgesetz hingegen keineswegs fremd und kann verfassungsrechtlich gerechtfertigt sein. Im Hinblick auf die Annahme der Einheitlichkeit der Staatsangehörigkeit bedeutet dies, dass eine Differenzierung zwischen verschiedenen Staatsangehörigen auch bei dem Verlust der Staatsangehörigkeit verfassungsrechtlich gerechtfertigt sein kann, wenn es hierfür einen sachlichen Grund gibt, der in angemessener Weise das Interesse des betroffenen Staatsangehörigen überwiegt.

(3) Abstammungsprinzip und Mehrstaatigkeit

Auch das im Staatsangehörigkeitsrecht vorherrschende Abstammungsprinzip und der Grundsatz der Vermeidung von Mehrstaatigkeit[108] werden mitunter als von dem Schutzbereich der institutionellen Garantie des Art. 16 Abs. 1 GG erfasst angesehen.[109] Wäre dies richtig, wäre die Einbürgerung aufgrund des Territorialprinzips oder unter Hinnahme von Mehrstaatigkeit grundsätzlich mit der Verfassung nicht zu vereinbaren, was auch Konsequenzen für die Begründung des Verlustes einer somit verfassungswidrig erworbenen Staatsangehörigkeit mit sich bringen würde.

Praktisch relevant wurde die Auseinandersetzung mit dem Abstammungsprinzip und der Vermeidung von Mehrstaatigkeit bei der Einführung von Elementen des Territorialprinzips in das StAG durch das „Gesetz zur Re-

---

106 SCHÄTZEL, Staatsangehörigkeitsrecht, S.78; HUBER/ BUTZKE, NJW 1999, 2769 (2771).

107 Siehe hierzu nur BVerfGE 55, 72 (90); E 90, 145 (196).

108 Vgl. im Detail Kapitel 3 III. 1. und 3.

109 ZIEMSKE, Staatsangehörigkeit, S. 230 ff.; BLECKMANN, NJW 1990, 1397 (1397 ff.); SCHOLZ/ UHLE, NJW 1999, 1510 (1510); UHLITZ, RuP 1986, 143 (145 ff.).

form des Staatsangehörigkeitsrechts“ vom 15. Juli 1999.[110] Wäre vorgenannter Meinung zu folgen, wäre die neue Regelung des § 4 Abs. 3 StAG verfassungswidrig.

Begründet wird die Unabdingbarkeit des Abstammungsprinzips im deutschen Recht mit den historischen Vorgaben des Reichs- und Staatsangehörigkeitsrechts. In diesem galt nahezu ausschließlich das Abstammungsprinzip.[111] Das Territorialprinzip fand nur als Auffangtatbestand bei Findelkindern Verwendung, welche nach dem Auffinden im Gebiet eines Bundesstaates grundsätzlich als Angehörige desselben galten[112] gemäß § 4 Abs. 2 RuStAG.[113]

Dieses historische Argument allein kann jedoch nicht Grund genug dafür sein, dass auch in Zukunft nur das Abstammungsprinzip seine ausschließliche Geltung haben soll. Mit einfachgesetzlich normierten „Traditionen“ kann aus rechtspolitischen Gründen gebrochen werden. Da sie sich lediglich aus einfachgesetzlichen Vorschriften ableiten, unterliegen solche Regelungen in ihrer Anwendung und Gestaltung grundsätzlich dem Willen des Gesetzgebers.[114]

Etwas anderes würde aber dann gelten, wenn das Abstammungsprinzip als Prinzip von Verfassungsrang anzusehen wäre. Direkt und wortwörtlich wird das Abstammungsprinzip in der Verfassung nicht vorausgesetzt. Jedoch wird angeführt, dass allein das Abstammungsprinzip garantiere, dass die deutsche Staatsangehörigkeit nur an solche Kinder weitergegeben werde, welche mit der Erziehung durch ihre deutschen Eltern von Geburt an auch die deutsche Kultur erlernten.[115] So wird mitunter darauf abgestellt, dass im Grundgesetz der Bundesrepublik das Nationalstaatsprinzip verankert sei.[116] Unter einer

---

110 BGBl. I 1999, S.1618.

111 Vgl. zu der Entstehung des Reichs- und Staatsangehörigkeitsrechts GOSEWINKEL, Staatsangehörigkeit.

112 Zu der damals geltenden Unterscheidung zwischen Bundesstaats- und Reichsangehörigkeit vgl. oben Kapitel 3 I.

113 LÖWER, ZAR 1993, 156 (157); RENNER, ZAR 1993, 18 (20); SILAGI, StAZ 1993, 309 (310) sehen dies bereits als Argument gegen die historische Ausschließlichkeit des Abstammungsprinzips an.

114 KÄMMERER, in: DOLZER/ GRAßHOF, BK-GG, Art.16 Rn.30 (Stand: 08/2005); HUBER/ BUTZKE, NJW 1999, 2769 (2771).

115 BLECKMANN, NJW 1990, 1397 (1399); vgl. auch BVerfGE 37, 217 (251 f.); HAILBRONNER, NVwZ 2001,1329 (1331); Löwer, ZAR 1993, 156 (157).

116 HILLGRUBER, Hdb. Staatsrecht II, § 32 Rn.1 ff.; ISENSEE, Hdb. Staatsrecht II, § 15 Rn.38.

Nation ist dabei ein Staatsvolk mit einheitlichem kulturellen Hintergrund zu verstehen.[117]

Die deutschen Staatenbünde, Bundesstaaten und schließlich die daraus erwachsene Bundesrepublik Deutschland wurden vom deutschen Volk für das deutsche Volk geschaffen.[118] Die Homogenität des deutschen Kulturkreises,[119] der deutschen Sprache und das daraus folgende Zusammengehörigkeitsgefühl führten überhaupt erst zu einem Zusammenfinden der Deutschen in einem deutschen Staat.[120]

Ein solches Zusammengehörigkeitsgefühl aufgrund einer gleichen Geschichte, eines gemeinsamen entscheidenden Merkmals – wie zum Beispiel die Einwanderung im Falle der USA ein verbindendes Element für die meisten der Staatsangehörigen ist – oder aufgrund der gleichen Sprache und Kultur sind zumeist die Gründe dafür, dass ein Volk sich zu einem solchen ausbildet und schließlich zu einem Staatsvolk zusammenfindet.[121] Das Volk wird so zu einer Nation.

Auch die Verfassung der Bundesrepublik Deutschland geht in seiner Präambel, in Art. 20 Abs. 2 und in Art. 146 GG selbstverständlich davon aus, dass die Verfassung vom deutschen Volk, kraft seiner verfassungsgebenden Gewalt für das deutsche Volk geschaffen wurde. Die deutsche Nation erwähnte die Verfassung in ihrer ursprünglichen Präambel,[122] in der neben der staatlichen auch die nationale Einheit Deutschland angestrebt wurde.[123] Durch Art. 4 Nr. 1 i.V.m. Art. 1 Einigungsvertrag vom 31. August 1990[124] wurde die bis dahin geltende Präambel in den heutigen Wortlaut geändert.[125] Eine neuerliche Verweisung auf eine Nation ist darin nicht mehr zu finden. Weiterhin wird aber hier das deutsche Volk genannt. Selbst wenn man jedoch davon

---

117 Vgl. UHLITZ, RuP 1986, 143 (146).

118 SCHMID, in: Bundesarchiv, Der Parlamentarische Rat, S.22 spricht von „der Entscheidung eines Volkes zu sich selbst“; vgl. auch HILLGRUBER, Hdb. Staatsrecht II, § 32 Rn.17 ff.

119 SCHACHTSCHNEIDER, Res publica res populi, S.1186 f.

120 Vgl. hierzu KIRCHHOF, Hdb. Staatsrecht II, § 21 Rn.74.

121 SCHACHTSCHNEIDER, Res publica res populi, S.1186.

122 In der Fassung vom 23.05.1949; BGBl. I, S.1.

123 Vgl. hierzu auch HOKEMA, Staatsangehörigkeit, S. 111; BLECKMANN, DÖV 1988, 437 (440); ders., NJW 1990, 1397 (1398); UHLITZ, RuP 1986, 143 (145 f.).

124 BGBl. II, S.889.

125 Nunmehr heißt es in der Präambel: „ (…) Die Deutschen in den Ländern (…) haben in freier Selbstbestimmung die Einheit und Freiheit Deutschlands vollendet.“.

ausgeht, dass auch mit der Änderung des Wortlauts der Präambel nicht das dem ursprünglichen Wortlaut zugrunde liegenden Konzept eines einheitlichen deutschen Nationalstaates aufgegeben werden konnte, da dieses als „vorausgesetzte Geschäftsgrundlage des Grundgesetzes“[126] nicht abdingbar war und ist,[127] muss doch gefragt werden, was dies für die Annahme einer (nahezu) ausschließlichen Anwendbarkeit des Abstammungsprinzips mit sich bringt.

Die Zugehörigkeit zum deutschen Kulturkreis wird in Art. 116 Abs. 1 GG in Form der deutschen Volkszugehörigkeit erwähnt.[128] Die Einführung des Art. 116 GG ist bedingt durch die Wirren der Kriegszeiten und soll im Speziellen Kriegsfolgen durch Flucht und Vertreibung sowie Annexion regeln.[129] Er kann deshalb nicht als abschließende Aussage über das Wesen der deutschen Staatsangehörigkeit gewertet werden, zeigt aber, dass zum deutschen Volk nach der Vorstellung der Verfassungsgeber auch derjenige gehören kann, der nicht die deutsche Staatsangehörigkeit inne hat. Daneben umfasst die Regelung des Art. 116 Abs. 1 GG auch die Ehegatten von Statusdeutschen und eröffnet damit ebenfalls Nicht-Volkszugehörigen die Möglichkeit des Erwerbs der deutschen Staatsangehörigkeit. Art. 116 Abs. 1 GG widerlegt auf diese Weise, dass eine deutsche Kulturzugehörigkeit im Sinne der eigenen Abstammung unerlässlich für den Erwerb der deutschen Staatsangehörigkeit ist.[130] Vielmehr reichen „familiäre Bande zur deutschen Kulturnation“[131] aus.

Dies deutet bereits darauf hin, dass das deutsche Volk im Sinne der Verfassung nicht nur die durch Abstammung gesicherte deutsche Nation sein kann. Das deutsche Volk kann und darf sich vielmehr auch durch das Prinzip der Geburt im Inland oder durch Einbürgerungen um solche Staatsangehörigen erweitern, die zwar nicht von der deutschen Nation abstammen, sich ihr aber zuwenden.[132]

Die Präambel in ihrer alten und in ihrer neuen Fassung, Art. 146 GG und auch das Konstrukt der Statusdeutschen in Art. 116 GG zeigen, dass es ein einheitliches deutschen Volk gibt, welches sich durch seine deutsche Kultur

---

126 HILLGRUBER, Hdb. Staatsrecht II, § 32 Rn.15.

127 So auch ISENSEE, Hdb. Staatsrecht II, § 15 Rn.40.

128 HOKEMA, Staatsangehörigkeit, S.111; BLECKMANN, DÖV 1988, 437 (441); ders., NJW 1990, 1397 (1399); UHLITZ, RuP 1986, 143 (145).

129 HAILBRONNER, in: HAILBRONNER/ RENNER, StAG, Art.16 GG Rn.8.

130 HAILBRONNER, in: HAILBRONNER/ RENNER, StAG, Art.16 GG Rn.19; ZULEEG, ZRP 1987, 188 (190).

131 HILLGRUBER, Hdb. Staatsrecht II, § 23 Rn.23.

132 BLECKMANN, NJW 1990 1397 (1398 f.); UHLITZ, RuP 1986, 143 (147, 150).

und Sprache zu einem solchen zusammengefunden und sich die Bundesrepublik Deutschland geschaffen hat. Auch einfachgesetzliche Regelungen, wie Deutschtests bei Einbürgerungswilligen oder die Anwendung des Territorialprinzips lediglich auf solche Kinder, bei welchen eine gewisse Integration in die deutsche Kultur vermutet werden kann, zeigen, dass weiterhin ein homogenes Staatsvolk angestrebt wird. Dies trägt schließlich auch zur Funktionsfähigkeit des Staates bei.[133] Diese Überlegungen schließen jedoch nicht aus, dass sich das deutsche Staatsangehörigkeitsrecht – wenigstens neben dem Abstammungsprinzip – für neue Erwerbstatbestände und Modalitäten öffnen darf.[134]

ISENSEE betont: „Die Präambel zeichnet das Bild des geläuterten, integrationsoffenen, pazifierten Nationalstaates (…)".[135] Das Abstammungsprinzip mag die Kontinuität der deutschen Kulturnation begünstigen, aber nicht ausschließlich bedingen.[136] Für den Erwerb der deutschen Staatsangehörigkeit und damit der Zugehörigkeit zum deutschen Staatsvolk im Sinne des Grundgesetzes reicht es aus, dass eine Hinwendung zur deutschen Kultur und damit zum verbindenden Element des deutschen Staatsvolks vorliegt.[137] Diese Hinwendung kann jedoch auch im Rahmen einer Einbürgerung oder durch Geburt im Inland erfolgen und hängt nicht zwingend von der Abstammung von deutschen Eltern ab.

Dass das Abstammungsprinzip von der institutionellen Garantie des Art. 16 Abs. 1 GG umfasst wird, kann folglich nicht damit begründet werden, dass nur so die deutsche Staatsangehörigkeit an Kinder mit deutscher Kulturzugehörigkeit – weil deutschen Eltern – weitergegeben werde. Der „Legitimationszusammenhang"[138] des deutschen Volkes zu der deutschen Verfassung bricht nicht ab, wenn das Volk als Inhaber der Staatsgewalt sich für die Zulas-

133 Vgl. hierzu SCHACHTSCHNEIDER, Res publica res populi, S.1192.

134 A.A. HILLGRUBER, Hdb. Staatsrecht II, § 15 Rn.20 ff., insbesondere Rn.27.

135 ISENSEE, Hdb. Staatsrecht II, § 15 Rn.42.

136 HILLGRUBER, Hdb. Staatsrecht II, § 15 Rn.22 sieht das Abstammungsprinzip dagegen als „regelhaftes Leitprinzip", welches „nicht aufgegeben werden darf".

137 BLECKMANN, NJW 1990 1397 (1398 f.); UHLITZ, RuP 1986, 143 (147, 150); a.A. GOES, Mehrstaatigkeit, S.71; MANGOLDT, JZ 1995, 965 (970 f.); PREDEICK, DVBl 1991, 623 (630); ZULEEG, ZRP 1987, 188 (190 f.).

138 HILLGRUBER, Hdb. Staatsrecht II, § 15 Rn.20.

sung des Territorialprinzips entscheidet und so neue Staatsangehörige gewinnt.[139]

Das Abstammungsprinzip hat folglich keinen Verfassungsrang, wohl geht die Verfassung aber von einer gewissen Homogenität des deutschen Volkes aufgrund des verbindenden Elements der deutschen Kultur aus.

Das Erfassen des Inhalts der deutschen Kultur ist jedoch, abgesehen von der Einheitlichkeit der Sprache, nur schwer möglich. Als minimaler kultureller beziehungsweise politischer Konsens des deutschen Volkes muss die in der Verfassung verkörperte Rechtsordnung angesehen werden.[140] Das deutsche Staatsangehörigkeitsrecht stellt deshalb auf die Anerkennung der freiheitlichen demokratischen Grundordnung der Bundesrepublik ab, wie insbesondere die Vorschrift des § 10 Abs. 1 Nr. 1 1. HS StAG zeigt.[141] Hier wird ein Bekenntnis zur freiheitlich demokratischen Grundordnung des Grundgesetzes für die Bundesrepublik Deutschland als Voraussetzung für eine Einbürgerung verlangt. Und auch Art. 18 GG schützt insbesondere die freiheitlich demokratische Grundordnung vor dem gegen die Verfassung handelnden Einzeltäter.[142]

Ein Nebeneinander von Abstammungs- und Territorialprinzip kann allerdings zu Fällen der Mehrstaatigkeit führen. Mindestens 1,2 Millionen Deutsche besitzen wenigstens eine weitere Staatsangehörigkeit.[143] Von Relevanz ist deshalb auch die Frage, ob der Grundsatz der Vermeidung von Mehrstaatigkeit Verfassungsrang hat.

---

139 HILLGRUBER, Hdb. Staatsrecht II, § 15 lehnt wohl lediglich eine fundamentale Veränderung des Staatsangehörigkeitsrechts (Rn.21) ab, tritt aber einer behutsamen Fortentwicklung (Rn.20) nicht entgegen.

140 SCHACHTSCHNEIDER, Res publica res populi, S.1191 spricht von der „Homogenität der poliztischen Kultur [als] Voraussetzung der Republik. Menschen, welche frei sind, äußerlich und vor allem innerlich, können in einer Republik zusammenleben, unabhängig davon, welcher Nation sie entstammen; …“; KIRCHHOF, Hdb. Staatsrecht II, § 21 Rn.74 listet neben anderem Freiheit, Gleichheit und Brüderlichkeit, den Gedanken der Demokratie, der Sozialstaatlichkeit und der Republik, die Unveräußerlichkeit von Menschenrechten sowie die in den Grundrechten verbürgten Rechte als Inhalte der deutschen Kulturgemeinschaft auf.

141 Vgl. hierzu zuletzt BayVGH, Urteil vom 19.01.2012, Az.: 5 B 11.732.

142 FRANZ, ZAR 1988, 148 (150); vgl. dazu auch im Folgenden Kapitel 3 V. 1.

143 BAMF, Integrationsreport 2008, S. 25. Da die Entstehung von Mehrstaatigkeit vielfältige Gründe hat, ist eine genaue statistische Erfassung der Anzahl von Mehrstaatern schwierig und erfolgt anhand einer Untergrenzenschätzung; BAMF, Integrationsreport 2008, S. 24.

Hierfür wird angeführt, dass die Zulassung von Mehrstaatigkeit die innere Einheit der deutschen Staatsangehörigkeit gefährden würde.[144] Außerdem ergäben sich Probleme hinsichtlich der Personalhoheiten der einzelnen Staaten zum Beispiel im Bereich der Wehrpflicht und des diplomatischen Schutzes.[145] Weiterhin werden bei Mehrstaatern Loyalitätsprobleme vermutet.[146] In seiner „Übeldoktrin" aus dem Jahre 1974 hat das Bundesverfassungsgericht deshalb betont, dass die mehrfache Staatsangehörigkeit grundsätzlich zu vermeiden sei.[147] Dies alles führt jedoch nicht zwingend dazu, dass der ausschließliche Besitz der deutschen Staatsangehörigkeit ein verfassungsrechtliches Gebot darstellt.[148]

Für die Vermeidung der Mehrstaatigkeit als rechtliches Gebot wurde weiterhin vorgebracht, die Ratifizierung des Mehrstaaterübereinkommens[149] durch die Bundesrepublik führe dazu, dass die Zulassung der Entstehung von mehrfacher Staatsangehörigkeit zu einer Pflichtverletzung der Bundesrepublik führen würde.[150] Schließlich spräche dessen Präambel von der „möglichst weitgehenden Verringerung dieser Fälle" der Mehrstaatigkeit.

Dieses Argument greift jedoch schon deshalb nicht mehr, weil das Mehrstaaterübereinkommen durch Beschluss der Bundesregierung vom 19. September 2001 zum 29. Juni 2002 gekündigt wurde. Stattdessen wurde das Europäische Übereinkommen über die Staatsangehörigkeit vom 6. November 1997 gezeichnet und durch das „Gesetz zu dem Europäischen Übereinkommen vom 6. November 1997 über die Staatsangehörigkeit"[151] ratifiziert.

Grund für die Kündigung des Mehrstaaterübereinkommens von 1963 war vor allem die darin enthaltenen, mit dem novellierten deutschen Staatsangehörigkeitsrecht nicht mehr vereinbaren Regelungen zur Verhinderung von

---

144 SCHOLZ/ UHLE, NJW 1999, 1510 (1514).

145 V. MÜNCH, NJW 1994, 1199 (1199 f.).

146 LÖWER, ZAR 1993, 156 (157); V. MANGOLDT, JZ 1995, 965 (967); ZIEMSKE, ZRP 1993, 334 (336); ders., ZRP 1994, 229 (232).

147 BVerfGE 37,217 (254).

148 HAILBRONNER, in: HAILBRONNER/ RENNER, StAG, Art.16 GG Rn.21.

149 Übereinkommen über die Verringerung der Mehrstaatigkeit und über die Wehrpflicht von Mehrstaatern vom 06.05.1963, ratifiziert durch Gesetz vom 29.09.1969, BGBl. II, S.1953

150 LÖWER, ZAR 1993, 156 (157); SCHOLZ/ UHLE, NJW 1999, 1510 (1514); ZIEMSKE, ZRP 1994, 229 (232).

151 BGBl. II 2004, S.578.

Mehrstaatigkeit.[152] Gerade im europarechtlichen Bereich der Gegenseitigkeitsregelungen im Sinne des § 12 Abs. 2 StAG und durch den 1999 neu eingeführten § 4 Abs. 3 StAG wird Mehrstaatigkeit in Deutschland vermehrt hingenommen. Die Ratifizierung eines Übereinkommens, welches die Möglichkeit der Mehrstaatigkeit ausdrücklich vorsieht und die problematischen Konsequenzen der Mehrstaatigkeit zu regeln versucht, zeigt den Willen Deutschlands, Mehrstaatigkeit weniger strikt zu unterbinden als in der Vergangenheit. Von einer allgemeinen Anerkennung des Verfassungsrangs des Grundsatzes der Einzelstaatlichkeit kann damit keine Rede sein.

Vielmehr gibt das Grundgesetz selbst die Möglichkeit der Mehrstaatigkeit in Art. 116 GG vor, da Statusdeutsche oder frühere deutsche Staatsangehörige die uneingeschränkte Möglichkeit zum Erwerb der deutschen Staatsangehörigkeit erhalten, ohne die Einbürgerungsvoraussetzung des § 10 Abs. 1 Nr. 4 StAG[153] erfüllen zu müssen.[154] Die Wiedergutmachung und Regelung der Folgen des Dritten Reiches sind insoweit als vorrangig vor einem Gebot der Einzelstaatlichkeit anzusehen.[155]

Im Ergebnis ist also festzuhalten, dass die Mehrstaatigkeit in seinen Rechtsfolgen nicht unproblematisch und deshalb in der Praxis nach Möglichkeit zu vermeiden ist. Dies bedeutet jedoch nicht, dass die Einzelstaatlichkeit Verfassungsrang hat und Mehrstaatigkeit in keiner Weise erlaubt ist.[156] Vielmehr unterliegt es dem Willen des Gesetzgebers ob, zum Beispiel durch die Einführung von ius-soli-Tatbeständen, vermehrt Fälle der Mehrstaatigkeit zugelassen werden.

Für ein verfassungsrechtliches Verbot des Nebeneinanders von Abstammungs- und Territorialprinzip spricht demnach auch die daraus erwachsende Folge der Mehrstaatigkeit nicht. Die Ausschließlichkeit des Abstammungsprinzips ist damit nicht Teil der institutionellen Garantie des Art. 16 Abs. 1 GG.

---

152 BT Drs. 15/2145.

153 Das sind der Verlust oder die Aufgabe der bisherigen Staatsangehörigkeit.

154 V. Mangoldt, JZ 1995, 965 (971).

155 Vgl. dazu auch im Folgenden Kapitel 3 II. 2. a) (4) und III. 3.

156 Renner, ZAR 1993, 18 (25).

3. Entziehung und Verlust im Sinne des Art. 16 Abs. 1 GG

In Satz 1 des Art. 16 Abs. 1 GG wird ein absolutes Verbot der Entziehung der deutschen Staatsangehörigkeit normiert. Satz 2 desselben Absatzes dagegen lässt den Verlust der Staatsangehörigkeit in engen Grenzen zu. Es muss deshalb streng unterschieden werden, wann eine Entziehung und wann ein Verlust der Staatsangehörigkeit vorliegt. Der Verlust ist dabei als Auffangtatbestand zu werten und liegt folglich immer dann vor, wenn der Tatbestand der Entziehung nicht greift.[157] Wann jedoch eine Entziehung der deutschen Staatsangehörigkeit gegeben ist, das heißt, wie die Voraussetzungen der Entziehung zu definieren sind, ist umstritten.

(1) Verwaltungs- und Einzelakttheorie

Nach der Verwaltungs- und Einzelakttheorie ist die Entziehung vom Verlust durch formelle Kriterien zu unterscheiden: eine Entziehung ist danach nur dann gegeben, wenn der Verlust der Staatsangehörigkeit durch einen Verwaltungsakt, Richterspruch oder durch ein Sondergesetz erfolgt.[158] Ein Vorteil dieser Theorie sei die eindeutige und klare Möglichkeit der Abgrenzung des Entzuges vom Verlust.

Von Art. 16 Abs. 1 GG sollen und müssen allerdings auch die Verlusttatbestände erfasst werden, die durch ein allgemeines Gesetz festgelegt werden, denn auch sie können willkürliche Klauseln enthalten.[159] Als Beispiel für solche diskriminierenden Vorschriften mit allgemein-gesetzlichem Charakter kann das Gesetz über den Widerruf von Einbürgerungen und die Aberkennung der deutschen Staatsangehörigkeit vom 14. Juli 1933[160] oder die

157 KÄMMERER, in: DOLZER/ GRAßHOF, BK-GG, Art.16 Rn.45 (Stand: 08/2005); RANDELZHOFER, in: MAUNZ/ DÜRIG, GG, Art.16 Abs.1 Rn.55 (Stand: 09/1983); MARX, StAG, Art.16 GG Rn.22; V. ARNAULD, in: V. MÜNCH/ KUNIG, GG, Art.16 Rn.17; KOKOTT, in: SACHS, GG, Art.16 Rn.23; SEIFERT, DÖV 1972, 671 (671).

158 MAKAROV/ V. MANGOLDT, StAG, Art.16 Rn.17 (Stand: 12/1997); MARX, StAG, Art.16 GG Rn.18; KOKOTT, in: SACHS, GG, Art.16 Rn.22; BMI, StAZ 1950, 122; HUBER/ BUTZKE, NJW 1999, 2769 (2770 f.); vgl. auch HAILBRONNER, in: HAILBRONNER/ RENNER, StAG, Art.16 Rn.36;

159 LÜBBE-WOLFF, Jura 1996, 57 (60); SEIFERT, DÖV 1972, 671 (671 f.).

160 RGBl., S.480.

11. Verordnung zum Reichsbürgergesetz vom 25. November 1941[161] genannt werden.

Das Problem willkürlicher Gesetze wollen die Vertreter der Verwaltungs- und Einzelakttheorie lösen, indem sie in dem Fall des diskriminierenden, allgemein-gesetzlichen Verlusttatbestandes auf Art. 3 Abs. 3 GG oder ein vorstaatliches Willkürverbot verweisen.[162]

Es kann jedoch nicht richtig sein, dass der speziellere Tatbestand des Art. 16 Abs. 1 GG dergestalt reduziert wird, dass er seinen ursprünglich anvisierten Zweck, nämlich den Schutz des Staatsangehörigen vor willkürlicher Ausbürgerung, nicht mehr erfüllen kann und auf allgemeine Tatbestände wie den Art. 3 Abs. 3 GG zurückgegriffen werden muss.

Weitere Probleme ergeben sich aus genannter Ansicht, wenn eine Entziehung der Staatsangehörigkeit durch Realakt erfolgt[163] oder aber im Gegenteil die Entziehung durch Verwaltungsakt durch den Betroffenen gewünscht wird, beispielsweise im Fall der Entlassung aus der Staatsangehörigkeit.[164]

Demzufolge bietet die Verwaltungs- und Einzelakttheorie keine befriedigenden Unterscheidungskriterien zwischen Verlust und Entziehung der Staatsangehörigkeit.

(2) Willenstheorie

Andere Stimmen stellen auf den Willen des Betroffenen ab.[165] Tritt der Verlust der Staatsangehörigkeit ohne oder gegen seinen Willen ein, liege eine Entziehung der Staatsangehörigkeit im Sinne des Art.16 Abs.1 GG vor. Argumentiert wird mit dem Wortsinn des Wortes „Entziehung“, welches nach

---

161 RGBl., S.722.

162 MAKAROV/ V. MANGOLDT, StAG, Art.16 Rn.17 (Stand: 12/1997).

163 KÄMMERER, in: DOLZER/ GRAßHOF, BK-GG, Art.16 Rn.47 Fn.209 (Stand: 08/2005) nennt als Beispiel hierfür die 11.Verordnung zum Reichsbürgergesetz vom 25.11.1941: „§ 2 Ein Jude verliert die deutsche Staatsangehörigkeit [...] wenn er seinen gewöhnlichen Aufenthalt später im Ausland nimmt, mit der Verlegung des gewöhnlichen Aufenthalts im Ausland.“, sprich die Staatsangehörigkeit ging mit der Deportation verloren.

164 KÄMMERER, in: DOLZER/ GRAßHOF, BK-GG, Art.16 Rn.47 (Stand: 08/2005); SEIFERT, DÖV 1972, 671 (671).

165 GNATZKY, in: SCHMIDT-BLEIBTREU/ HOFMANN, GG, Art.16 Rn.13; SEIFERT, DÖV 1972, 671 (672); vgl. auch SCHÄTZEL, Staatsangehörigkeitsrecht, S.84 f.

allgemeinem Verständnis immer ein Handeln gegen den Willen desjenigen voraussetze, dem etwas entzogen werde.

Der Gesetzgeber wollte mit der Normierung des Verbots der Entziehung in Art. 16 Abs. 1 S. 1 GG aber nicht alle Tatbestände, welche die Möglichkeit des Verlustes der Staatsangehörigkeit auch ohne Berücksichtigung des Willens des Betroffenen ermöglichten, abschaffen.[166] Dies zeigt insbesondere Art. 16 Abs. 1 S. 2 GG, in dem von der Verfassung die Möglichkeit des Verlustes der deutschen Staatsangehörigkeit gegen den Willen des Betroffenen vorausgesetzt wird.[167]

Um dieses Gegenargument zu entkräften wird geltend gemacht, dass der Wille des Betroffenen nicht auf den Verlust selbst gerichtet sein müsse, sondern es reiche, dass ein Wille zur Verwirklichung der entsprechenden Tatbestandsmerkmale des Verlustes vorliege.[168]

Diese Argumentation ist jedoch als zu konstruiert und, bezüglich des Willens der Betroffenen fiktiv, abzulehnen.[169] Denn nur weil der Wille des Betroffenen zum Beispiel auf den Erwerb einer neuen Staatsangehörigkeit gerichtet ist, bedeutet dies nicht zwangsläufig, dass er auch mit dem, damit grundsätzlich verbundenen, Verlust der deutschen Staatsangehörigkeit gemäß § 17 Nr. 2 i.V.m. § 25 Abs. 1 StAG einverstanden ist.[170] Schwerer wiegen deshalb im Ergebnis die Argumente, die gegen die Willenstheorie angebracht werden können.

(3) Traditionstheorie

Die Vertreter der Traditionstheorie sehen lediglich die traditionellen Tatbestände des Verlustes der Staatsangehörigkeit als verfassungsgemäß an. Wei-

---

166 MAKAROV/ V. MANGOLDT, StAG, Art.16 Rn.14 (Stand: 12/1997); MARX, StAG, Art.16 GG Rn.11; LÜBBE-WOLFF, Jura 1996, 57 (60 f.); SCHOLZ/ UHLE, NJW 1999, 1510 (1511).

167 KÄMMERER, in: DOLZER/ GRAßHOF, BK-GG, Art.16 Rn.48 (Stand: 08/2005); MARX, StAG, Art.16 GG Rn.11; BECKER, in: V. MANGOLDT/ KLEIN, GG, Art.16 Abs.1 Rn.33; LÜBBE-WOLFF, Jura 1996, 57 (60); HUBER/ BUTZKE, NJW 1999, 2769 (2770).

168 BVerfG (K), Beschluss vom 22.06.1990 – 2 BvR 116/90 –, NJW 1990, 2193 (2193 f.); SEIFERT, DÖV 1972, 671 (672).

169 MAKAROV/ V. MANGOLDT, StAG, Art.16 Rn.14 (Stand: 12/1997); HUBER/ BUTZKE, NJW 1999, 2769 (2770); SCHOLZ/ UHLE, NJW 1999, 1510 (1511).

170 Vgl. MAKAROV/ V. MANGOLDT, StAG, Art.16 Rn.14 (Stand: 12/1997).

tergehende Verlustgründe seien als unzulässiger Entzug im Sinne des Art. 16 Abs. 1 S. 1 GG zu werten.[171]

Es stellt sich dann jedoch die Frage, welche der früheren Verlusttatbestände weiterhin fortgelten sollen. So bietet die Geschichte des Reichs- und Staatsangehörigkeitsgesetzes (heute: Staatsangehörigkeitsgesetz) viele Tatbestände, welche mittlerweile als nicht mehr rechtmäßig[172] oder sogar menschenunwürdig[173] angesehen werden.

Die Tradition als Anhaltspunkt für die Verfassungsmäßigkeit eines Verlusttatbestandes muss deshalb als zu ungewiss und vage abgelehnt werden.[174] Davon unabhängig muss dem Gesetzgeber gestattet werden, mit der Tradition zu brechen und Gesetze neu zu gestalten.[175] Nur so kann ein Rechtssystem fortentwickelt und den Bedürfnissen seiner Bürger angepasst werden.

(4) Vermeidbarkeitstheorie (Beeinflussbarkeit)

Als Kriterien für die Unterscheidung von Entziehung und Verlust im Rahmen des Art. 16 Abs. 1 GG werden aber auch die Vermeidbarkeit oder die Beeinflussbarkeit genannt.[176] Danach sei ein Entzug dann anzunehmen, wenn der Betroffene keinerlei Möglichkeit habe, den Verlust der Staatsangehörigkeit zu vermeiden oder durch eigenes Handeln zu beeinflussen. Umgekehrt bedeute dies, dass immer dann ein zulässiger Verlust der Staatsangehörigkeit gegeben

171 PIEROTH/ SCHLINK, Staatsrecht II, Rn.1046; SCHMALUHN, StAZ 1998, 98 (98 f.); in Kombination mit anderen Merkmalen auch HAILBRONNER, in: HAILBRONNER/ RENNER, StAG, Art.16 GG, Rn.42.

172 Vgl. die überkommenen Regelungen zur Staatsangehörigkeit der Frau und des nicht ehelichen Kindes in Kapitel 3 III. 1. und 2.

173 Vgl. das Gesetz über den Widerruf von Einbürgerungen und die Aberkennung der deutschen Staatsangehörigkeit vom 14.07.1933 oder die 11.Verordung zum Reichsbürgergesetz vom 25.11.1941.

174 KÄMMERER, in: DOLZER/ GRAßHOF, BK-GG, Art.16 Rn.50 (Stand: 08/2005); LÜBBE-WOLFF, Jura 1996, 57 (61); SEIFERT, DÖV 1972, 671 (672).

175 BECKER, in: V. MANGOLDT/ KLEIN, GG, Art.16 Abs.1 Rn.34; SEIFERT, DÖV 1972, 671 (672).

176 BVerfG (K), Beschluss vom 22.06.1990 – 2 BvR 116/90 –, NJW 1990, 2193 (2193); KÄMMERER, in: DOLZER/ GRAßHOF, BK-GG, Art.16 Rn.49 (Stand: 08/2005); JARASS/ PIEROTH, GG, Art. 16 Rn.8; BECKER, in: V. MANGOLDT/ KLEIN, GG, Art.16 Abs.1 Rn.35; RANDELZHOFER, in: MAUNZ/ DÜRIG, GG, Art.16 Abs.1 Rn.49 (Stand: 09/1983); SCHOLZ/ UHLE, NJW 1999, 1510 (1511).

sei, wenn der Betroffene durch willentliches Verhalten kausal den Verlust herbeigeführt habe.

Hierbei wird übersehen, dass auch willkürliche und diskriminierende Voraussetzungen von Verlusttatbeständen vermeidbar sein können. So beispielsweise wenn verlangt wird, dass sich der Staatsangehörige auf eine bestimmte Art und Weise verhalten müsse oder gewisse Verhaltensweisen zu unterlassen habe. Als Beispiel für letzteres kann die „Betätigung undeutscher Gesinnung“ oder die Unterlassung „vaterlands- oder regierungskritischer Äußerungen“ genannt werden.[177]

Wie auch bei der Verwaltungsakttheorie wird zur Vermeidung willkürlicher Verlustgründe ein Verweis auf Art. 3 Abs. 3 GG und den Vermeidbarkeitsgrundsatz[178] oder aber der Rückgriff auf allgemein anerkannte Verlustregeln angebracht.[179] Dies ist jedoch, wie bereits gezeigt,[180] abzulehnen, da Art. 16 Abs. 1 GG für den Verlust der Staatsangehörigkeit der speziellere Artikel ist und kein Rückgriff auf allgemeine Grundsätze nötig sein sollte.

Folglich bietet auch das Kriterium der Vermeidbarkeit keine hinreichende Möglichkeit der Unterscheidung zwischen Entziehung und Verlust im Sinne des Art. 16 Abs. 1 GG.

(5) Zumutbarkeitstheorie

Die Vermeidbarkeitstheorie weist also einige Schwächen auf, die jedoch ausgeglichen werden können, indem die Vermeidbarkeitstheorie um das Kriterium der Zumutbarkeit ergänzt wird. Ein Verlust gilt demzufolge nur dann als vermeidbar, wenn die Voraussetzungen der Vermeidung dem Betroffenen auch zumutbar sind.[181] Eine Zumutbarkeit der Vermeidung des Verlusts ist insbesondere dann abzulehnen, wenn die vom Betroffenen geforderte Handlung gegen seine sonstigen Grundrechte verstößt, willkürlich oder diskriminierend ist.

177 LÜBBE-WOLFF, Jura 1996, 57 (61).

178 KÄMMERER, in: DOLZER/ GRAẞHOF, BK-GG, Art.16 Rn.49 (Stand: 08/2005).

179 BECKER, in: V. MANGOLDT/ KLEIN, GG, Art.16 Abs.1 Rn.35.

180 Vgl. Kapitel 3 II. 3. a) und c).

181 BVerfGE 116, 24; BECKER, NVwZ 2006, 304 (306); SCHMAHL, ZAR 2007, 174 (175).

Auch wenn der Zumutbarkeitstheorie vorgeworfen werden muss, dass der Begriff der Zumutbarkeit eine gewisse Unschärfe mit sich bringt,[182] ist diese Theorie doch am ehesten mit dem Wortlaut des Art. 16 Abs. 1 GG vereinbar. Sie stellt auf den Willen des Betroffenen ab, wie dies auch Art. 16 Abs. 1 GG tut, gleicht jedoch die der Willens- oder Vermeidbarkeitstheorie zu recht vorgeworfenen Probleme durch das zusätzliche Kriterium der Zumutbarkeit aus.

Dadurch, dass in die Abwägung der Zumutbarkeit die grundrechtlich zugesicherten Rechte des Betroffenen einfließen, führt die Zumutbarkeitstheorie im Wege der praktischen Konkordanz am ehesten zu richtigen, weil mit dem Gesamtgefüge der Verfassung vereinbaren Ergebnissen. Im Gegensatz zu dem genannten Verweis auf allgemeine Grundsätze greift diese Theorie damit auf die Zumutbarkeit in Form der Grundrechte des Betroffenen zurück. Des Weiteren berücksichtigt diese vorzugswürdige Theorie das gleichwertige Nebeneinander des Art. 16 Abs. 1 GG neben den anderen Grundrechten des Betroffenen. Begriffliche Unklarheiten, die bei einer Einzelfallbetrachtung durch Abwägung der vorhandenen und widerstreitenden Interessen auszugleichen sind, sind der Grundrechtsdogmatik nicht fremd. Erst durch die Berücksichtigung der durch das Grundgesetz geschützten Interessenpositionen kann ein verfassungsgemäßes Ergebnis gefunden werden.

(6) kombinierter Entziehungsbegriff

Ferner wird versucht, einen möglichst weiten Schutzbereich des Art. 16 Abs. 1 GG zu garantieren, indem die oben genannten Meinungen kombiniert werden.[183] Ein verfassungswidriger Entzug der deutschen Staatsangehörigkeit liege danach dann vor, wenn die Staatsangehörigkeit durch Einzelakt, gegen den Willen des Betroffenen, oder ohne dass dieser es beeinflussen könne, oder ohne dass ein in dem aktuellen Rechtssystem und mit Art.15 Abs.2 der Allgemeinen Erklärung der Menschenrechte[184] vereinbarer, üblicher Verlustgrund vorliege, entzogen werde.

Art. 16 Abs. 1 GG müsse – mit dem Willen der Verfassungsgeber – einen möglichst umfassenden Schutz vor einem Missbrauch des Entzuges der Staatsangehörigkeit bieten und solle deshalb weit ausgelegt werden.[185]

---

182 v. Arnauld, in: v. Münch/ Kunig, Art.16 Rn.18.

183 Lübbe-Wolff, Jura 1996, 57 (61 f.); Smaluhn, StAZ 1998, 98 (98 f.).

184 Vom 10.12.1948, Resolution 217 A (III) der Generalversammlung der Vereinten Nationen.

185 Vgl. Marx, StAG, Art.16 GG Rn.12.

Dieser Definition des Entzuges im Sinne des Art. 16 Abs. 1 GG muss allerdings begriffliche Unklarheit[186] und unnötige Überdehnung der Definition des Entzuges[187] vorgeworfen werden.

Außerdem führt eine Kombination der Einzelakts-, Vermeidbarkeits-, und Traditionstheorie nicht dazu, dass deren genannte Mängel behoben werden. Auch der in dieser Theorie besonders betonte Verweis auf Art. 15 Abs. 2 der Allgemeinen Erklärung der Menschenrechte ändert daran nichts, da Art. 16 GG enger als dieser gefasst ist und mehr Schutz bieten soll.[188]

Die Zumutbarkeitstheorie ist deshalb in ihrer größeren Übereinstimmung mit der Grundidee des Abstellens auf den Willen des Betroffenen und der Grundrechtssystematik des Interessenausgleichs der überaus weiten Kombinationstheorie vorzuziehen.

(7) Fazit

Nach Abwägung der dargestellten Theorien, ihrer Vorzüge und Nachteile, ist die Zumutbarkeitstheorie die geeignetste Theorie zur Abgrenzung von Entziehung und Verlust im Sinne des Art. 16 Abs. 1 GG. Nur ihre Definition des Entzugs im Rahmen des Art. 16 Abs. 1 GG wird dem historischen und gegenwärtigen Willen des Gesetzgebers und der Intention der Schutzrichtung des Art. 16 Abs. 1 GG optimal gerecht.

Die Zumutbarkeitstheorie berücksichtigt die Staatsangehörigkeit als wertvolles Gut des Bürgers, welches dieser nur in solchen Fällen verlieren kann, in denen der Verlust vorhersehbar und durch den Bürger beeinflussbar ist. Von besonderer Bedeutung ist jedoch, dass der Zumutbarkeitstheorie folgend der Grundrechtssystematik im Wege der praktischen Konkordanz Rechnung getragen wird. Ein erlaubter Verlust der Staatsangehörigkeit muss sich demnach an den Grundrechten des einzelnen Bürgers messen lassen. Dies führt zu einer zusätzlichen Kontrollinstanz und zu einer Sicherung der Bürgerrechte, denn diese werden mit dem Verlust der Staatsangehörigkeit ebenfalls eingebüßt. Art. 16 Abs. 1 GG ist zwar den anderen Grundrechten nicht vorangestellt, für einige von ihnen ist die Eigenschaft, Deutscher zu sein, jedoch Voraussetzung.

So führt die Definition der Entziehung der deutschen Staatsangehörigkeit über die Vereinbarkeit mit den Grundrechten des Bürgers im Rahmen einer

186 MARX, StAG, Art.16 GG Rn.17

187 KÄMMERER, in: DOLZER/ GRAßHOF, BK-GG, Art.16 Rn.50 (Stand: 08/2005).

188 BECKER, NVwZ 2006, 304 (306).

Zumutbarkeitsprüfung zu dem gewünschten optimalen Schutz des Staatsangehörigen vor willkürlicher, diskriminierender und unrechtmäßiger Ausbürgerung.

III. Die deutsche Staatsangehörigkeit nach dem StAG – Grundprinzipien

Im Detail bestimmen sich der Erwerb und der Verlust der deutschen Staatsagehörigkeit nach dem StAG. Im Rahmen des einfachgesetzlichen deutschen Staatsangehörigkeitsrechts wurden zunächst zwei grundsätzliche Entscheidungen getroffen: Einmal für das Abstammungsprinzip und gegen das Territorialprinzip und zum anderen gegen die Zulassung von Mehrstaatigkeit. Diese einmal getroffenen Grundprinzipien wurden jedoch gerade durch die jüngsten Gesetzesänderungen aufgeweicht. Zu den aktuellsten Diskussionen um das deutsche Staatsangehörigkeitsrecht gehört somit insbesondere die Frage, ob Mehrstaatigkeit nicht nur geduldet, sondern gänzlich und uneingeschränkt zugelassen werden soll.[189]

Um die Regelungen, Veränderungen und die daraus mitunter erwachsenden Probleme im deutschen Staatsangehörigkeitsrecht fundiert darlegen zu können, müssen zunächst die diesem Rechtsgebiet zugrunde liegenden Prinzipien verdeutlicht werden. Dabei ist jedoch zu beachten, dass nach dem Vorgesagtem die einfachgesetzlich getroffenen Entscheidung der Verfolgung bestimmter Prinzipien nicht dazu führt, dass diese verfassungsrechtlich gewährleistet wären.[190] Eine einfachgesetzliche Änderung der im Folgenden darzustellenden Grundprinzipien ist damit jederzeit möglich. Eine Ausnahme hiervon bilden lediglich die verfassungsrechtliche garantierte Vermeidung der Staatenlosigkeit gemäß Art. 16 Abs. 1 S. 2 GG und die Unmittelbarkeit der deutschen Staatsangehörigkeit.

1. Das Abstammungs- und Territorialprinzip

Wie bereits gezeigt kann bei dem Erwerb der Staatsangehörigkeit durch Geburt zwischen dem Abstammungs- und Territorialprinzip unterschieden wer-

189 Vgl. hierzu in Folgenden Kapitel 3 IV. 6. e).

190 Vgl. hierzu oben Kapitel 3 II. 2. b).

den. Im deutschen Staatsangehörigkeitsrecht galt bis zur Reform des Staatsangehörigkeitsgesetzes im Jahre 1999 – abgesehen von dem besonderen Fall des Findelkindes – ausschließlich das Abstammungsprinzip (ius sanguinis), das heißt, dass das Kind bei seiner Geburt nur dann deutscher Staatsangehöriger wird, wenn wenigstens ein Elternteil die deutsche Staatsangehörigkeit besitzt.

Dabei wurde vor dem Jahre 1974 noch zwischen der Staatsangehörigkeit von Mann und Frau und zwischen ehelichen und außerehelichen Kindern unterschieden. So leitete das eheliche Kind seine Staatsangehörigkeit grundsätzlich von der seines Vaters ab (Prinzip a patres), während das außereheliche Kind die Staatsangehörigkeit der Mutter erwarb.[191] Nur durch Legitimation, also durch die nachfolgende Ehe seiner Eltern oder durch gerichtliche Ehelicherklärung, konnte auch das außereheliche Kind die Staatsangehörigkeit des Vaters erlangen.[192]

Mit seiner Entscheidung vom 21. Mai 1974 stellte das Bundesverfassungsgericht die Verfassungswidrigkeit des § 4 Abs. 1 RuStAG in der damaligen Fassung fest, da er gegen Art. 3 Abs. 1 GG und gegen Art. 3 Abs. 2 i.V.m. Art. 6 Abs. 2 GG verstieß. Eheliche Kinder sollten danach sowohl die Staatsangehörigkeit der Mutter als auch die des Vaters erwerben können.

Mit dem Gesetz zur Änderung des Reichs- und Staatsangehörigkeitsgesetzes vom 20. Dezember 1974[193] wurde § 4 Abs. 1 dahingehend neu gefasst:

> „Durch die Geburt erwirbt die Staatsangehörigkeit
> 1. das eheliche Kind, wenn ein Elternteil Deutscher ist,
> 2. das nichteheliche Kind, wenn seine Mutter Deutsche ist."

Auch das Kind aus einer Ehe einer Deutschen mit einem Ausländer wird deshalb nach heutiger Rechtslage deutscher Staatsangehöriger.

Des Weiteren wurde als § 10 eingeführt, dass auch das außereheliche Kind seine Staatsangehörigkeit dann von seinem Vater ableiten kann, wenn der Vater ein solcher im Sinne des Bürgerlichen Gesetzbuches ist. In der heutigen Fassung des § 4 Abs. 1 wurden diese beiden Regelungen zusammengefasst und die staatsangehörigkeitsrechtliche Wirkung der Anerkennung oder Feststellung der Vaterschaft zeitlich auf die Vollendung des 23. Lebensjahres des Kindes begrenzt.

---

191 § 4 RuStAG in der Fassung vom 22.07.1913.

192 § 5 RuStAG in der Fassung vom 22.07.1913.

193 BGBl. I, S.3714.

Durch das Gesetz zur Reform des Staatsangehörigkeitsrechts vom 15. Juli 1999[194] wurden erstmals ius soli-Elemente in das deutsche Staatsangehörigkeitsrecht eingebracht. Gemäß § 4 Abs. 3 StAG kann nun ein Kind durch Geburt auf dem Territorialgebiet der Bundesrepublik Deutschland die deutsche Staatsangehörigkeit erwerben, wenn ein Elternteil seit acht Jahren seinen gewöhnlichen Aufenthalt im Inland hat (Nr. 1) oder eine Aufenthaltserlaubnis besitzt (Nr. 2). Gemäß § 40b StAG konnten bis zum 31. Dezember 2000 auch Kinder unter 10 Jahren rückwirkend von der Regelung des § 4 Abs. 3 StAG profitieren, wenn sie ihren gewöhnlichen Aufenthalt im Inland hatten.

Zielsetzung dieser neuen Gesetzgebung war die Erleichterung der Integration von Kindern, deren Eltern nach Deutschland migriert waren. Durch die Verleihung der Staatsangehörigkeit an in Deutschland geborene Kinder von Ausländern soll ein stärkerer Bezug derselben zu der Bundesrepublik gefördert werden.[195]

Die neuen Regelungen im Staatsangehörigkeitsrecht führten in den Jahren 2000 und 2001 zu einem sprunghaften Anstieg der Einbürgerungen auf rund 187.000 bzw. 178.000 pro Jahr.[196]

Nachteilige Folge dieser Neuregelung ist allerdings die Zunahme von Mehrstaatigkeit und den damit verbundenen Problemen der Konkurrenz der Personalhoheiten der Staaten. Diese Probleme sollten durch die Optionsregelung des § 29 StAG dergestalt eingeschränkt werden, dass die Mehrstaatigkeit nur zeitlich begrenzt – nämlich bis zum 23. Lebensjahr des Kindes – hingenommen wird. Danach muss grundsätzlich eine Entscheidung für eine Staatsangehörigkeit getroffen werden oder eine Beibehaltungsgenehmigung zwecks dem Beibehalt beider Staatsangehörigkeiten gestellt werden, § 29 Abs. 3 StAG.[197]

2. Die Staatsangehörigkeit der Ehefrau

In der ursprünglichen Fassung des RuStAG aus dem Jahre 1913 folgte die Staatsangehörigkeit der Frau bei der Eheschließung immer der Staatsangehhö-

194 BGBl. I, S.1618.

195 BT Drs. 14/744.

196 BAMF, Integrationsreport 2008, S. 17.

197 Vgl. hierzu Kapitel 3 IV. 6.

rigkeit des Mannes.[198] Durch die Gleichstellung von Mann und Frau im Laufe des 20. Jahrhunderts hat sich diese Rechtslage jedoch grundlegend verändert.

Im Jahre 1957, mit dem Übereinkommen über die Staatsangehörigkeit verheirateter Frauen vom 20. Februar,[199] wurde in der Bundesrepublik Deutschland erstmals das Recht der Frau auf eine eigenständige, vom Ehemann unabhängige Staatsangehörigkeit anerkannt. Die Ehefrau sollte die Möglichkeit erhalten, auf dem Wege der erleichterten Einbürgerung die Staatsangehörigkeit des Ehemannes anzunehmen (Artikel 3 Abs. 1). Jedoch sollte es der Ehefrau freistehen, auch eine andere Staatsangehörigkeit als die ihres Mannes zu haben. Eine Eheschließung mit einem Ausländer sollte keinen gesetzlichen Verlust der Staatsangehörigkeit der Ehefrau mehr zur Folge haben (Artikel 1). Dieses Übereinkommen wurde jedoch erst mit dem Gesetz vom 27. August 1973 ratifiziert.

Durch das „Gesetz zur Änderung des Reichs- und Staatsangehörigkeitsgesetzes“ vom 8. September 1969[200], wurden § 3 Nr. 3 und § 6 des RuStAG in der Fassung vom 22. Februar 1913 aufgehoben. Die Voraussetzungen der Einbürgerung in § 9 RuStAG wurden dahingehend geändert, dass durch eine Eheschließung eine Einbürgerung des ausländischen Ehegatten möglich wurde. Eine geschlechtsspezifische Festlegung der in der Ehe geltenden Staatsangehörigkeit wurde aufgehoben und im Gesetzeswortlaut des StAG wird nun geschlechtsneutral von dem „Ehegatten“ gesprochen.

3. Die Mehrstaatigkeit

Erfüllt ein Kind ausländischer Eltern die Voraussetzungen des § 4 Abs. 3 StAG, erwirbt es durch Geburt im Inland die deutsche Staatsangehörigkeit. Besitzen die Eltern dieses Kindes die Staatsangehörigkeit eines Landes, in welchem das Abstammungsprinzip gilt, wird das Kind somit zum Mehrstaater. Es erwirbt die Staatsangehörigkeit der Eltern kraft Abstammung und die deutsche Staatsangehörigkeit kraft Geburt im Inland. Damit aber zum einen die Familieneinheit hinsichtlich der Staatsangehörigkeit gewahrt bleibt[201] und zum anderen die Integration des Kindes – gemäß der Intention des Gesetzge-

198 § 3 Nr.3 i.V.m. § 6 sowie § 10 RuStAG in der Fassung vom 22.07.1913.

199 BGBl. II 1973, S.1249 ff.

200 BGBl. I, S.1581 ff.

201 BERNSDORFF, Ausländerintegration, S.345 ff.; vgl. auch FRANZ, ZAR 1988, 148(150); PREDEICK, DVBl 1991, 623 (625 ff.).

bers zum § 4 Abs. 3 StAG – gefördert wird, wird diese Mehrstaatigkeit nur zeitlich befristet hingenommen. Nach Eintritt der Volljährigkeit muss sich das Kind gemäß § 29 Abs. 1 bis 3 StAG für eine der Staatsbürgerschaften entscheiden und verliert damit die andere.

Eine unbefristet fortdauernde Mehrstaatigkeit ist grundsätzlich nicht gewünscht, da sie zu einer Kollision der Pflichten des Staatsangehörigen führen kann, zum Beispiel wenn mehrere Wehrpflichten bestehen.[202] Außerdem wird die Personalhoheit eines Landes in nicht unerheblicher Weise eingeschränkt, sobald mehrere Staaten ihre Personalhoheit an einer Person ausüben möchten.[203]

Ausnahmsweise jedoch wird die Mehrstaatigkeit unter engen Voraussetzungen dann geduldet, wenn höherrangige Interessen dies bedingen.[204] Zu nennen ist hier die Wiedergutmachung nationalsozialistischen Unrecht im Rahmen des Art. 116 Abs. 2 GG.[205] Oder aber die Gleichberechtigung der Frau gemäß Art. 3 Abs. 2 S. 1 GG, der zufolge das Kind seine Staatsangehörigkeit gleichermaßen von Mutter und Vater vermittelt bekommen darf.[206] Aber auch die Gleichstellung ehelicher und nichtehelicher Kinder gemäß Art. 6 Abs. 5 GG kann zu Fällen der Mehrstaatigkeit führen,[207] da das nichteheliche Kind seine Staatsangehörigkeit bei Geltung des Abstammungsprinzips auch von seinem Vater ableiten darf.[208]

§ 12 StAG regelt weitere Fälle, in denen eine Mehrstaatigkeit nach dem Willen des Gesetzgebers hinzunehmen ist, beispielsweise wenn eine Entlassung aus der Staatsangehörigkeit nach dem Landesrecht nicht vorgesehen sein sollte. Manche Staaten, wie zum Beispiel Algerien, verweigern in nahezu jedem Fall die Entlassung aus ihrer Staatsangehörigkeit.[209] § 12 Abs. 1 Nr. 1 und 2 StAG sehen für diese Fälle der rechtlichen oder tatsächlichen Unmöglichkeit der Aufgabe der ausländischen Staatsangehörigkeit trotzdem die Möglichkeit der Einbürgerung unter der Hinnahme von Mehrstaatigkeit vor.

---

202 v. Mangoldt, JZ 1995, 965 (966 f.).

203 BVerfGE 37,217 (254 f.); BVerwGE 64,7 (10); Blumewitz, ZAR 1993, 151 (156); v. Mangoldt, JZ 1995, 965 (967 f.); Wagner, LKV 1995, 305 (306).

204 Renner, ZAR 1993, 18 (22); Ziemske, ZRP 1994, 229 (230).

205 v. Mangoldt, JZ 1995, 965 (972).

206 BVerfGE 37,217 (239 ff.); v. Mangoldt, JZ 1995, 965 (970).

207 Ziemske, ZRP 1994, 229 (230).

208 Vgl. oben Kapitel 3 III. 1.

209 Weitere Staaten sind: Afghanistan, Eritrea, Iran, Kuba, Libanon, Marokko, Syrien und Tunesien; BMI, Vorläufige Anwendungshinweise StAG, Nr.12.1.2.2.

Unzumutbare Bedingungen des § 12 Abs. 1 Nr. 3 StAG können insbesondere dann gegeben sein, wenn der ausländische Staat einer Entlassung aus der Staatsangehörigkeit nur gegen Zahlung eines Geldbetrages zustimmt – wie zum Beispiel Jordanien – und es dem Ausländer aufgrund seiner wirtschaftlichen Lage unmöglich ist, dieses Geld aufzubringen.[210] Eine noch zu erfolgende Ableistung der Wehrpflicht oder eine ersatzweise Zahlung eines Geldbetrages als Voraussetzung für eine Entlassung aus der Staatsangehörigkeit – wie in der Türkei üblich –, wird von der Bundesrepublik jedoch, mit Ausnahmen,[211] nicht als unzumutbare Bedingung im Sinne des § 12 Abs. 1 Nr. 3 angesehen. Grund dafür ist die Anerkennung der Wehrpflicht als verfassungsgemäße Bürgerpflicht, wie Art. 12a GG zeigt.

Hingenommen wird die Mehrstaatigkeit auch bei der Einbürgerung von EU-Ausländern und Schweizern gemäß § 12 Abs. 2 StAG.

Diese vielfältigen Ausnahmen vom generellen Grundsatz der Vermeidung von Mehrstaatigkeit führen in der tatsächlichen Einbürgerungspraxis dazu, dass In letzter Zeit nahezu 46 % der Einbürgerungen unter Beibehaltung einer weiteren – zumeist europäischen – Staatsangehörigkeit erfolgen.[212] Neuere politische Bestrebungen wollten deshalb die Optionspflicht des § 29 StAG abzuschaffen und sich so generell zur Duldung der Mehrstaatigkeit zu bekennen. Im Ergebnis waren die entsprechenden politischen Vorschläge jedoch nicht von Erfolg.[213]

4. Die Staatenlosigkeit

Aber nicht nur die Mehrstaatigkeit wird im deutschen Staatsangehörigkeitsrecht grundsätzlich versucht zu vermeiden, auch die Staatenlosigkeit soll, wie Art. 16 Abs. 1 S. 2 GG bereits zeigt, verhindert werden. Staatenlos ist eine Person dann, wenn sie keinerlei rechtliche Beziehung oder Bindung zu einem Staat besitzt und es damit am Schutz, den die Zugehörigkeit zu einem Staatsvolk bietet, mangelt.[214] Dabei ist zu unterscheiden zwischen De-jure- und De-facto-Staatenlosen. De-jure-Staatenlose sind als solche Personen zu definie-

210 Entscheidend ist das durchschnittliche Bruttomonatseinkommen des Einzubürgernden; BMI, Vorläufige Anwendungshinweise StAG, Nr.12.1.2.3.2.1.

211 Vgl. dazu BMI, Vorläufige Anwendungshinweise StAG, Nr.12.1.2.3.2.2.

212 BAMF, Integrationsreport 2008, S. 26.

213 Vgl. hierzu im Detail Kapitel 3 IV. 6. e).

214 STERN, Staatrecht, S.255.

ren, die kein Staat aufgrund seines Rechts als Staatsangehörige ansieht.[215] Bei De-facto-Staatenlosen werden die Betroffenen durch ihren Heimatstaat zwar formal noch als Staatsangehörige anerkannt, ihre daraus erwachsenden Rechte und der staatliche Schutz werden ihnen jedoch verwehrt.[216] Nur De-jure-Staatenlose sind solche des Art. 1 Abs. 1 des Übereinkommens über die Rechtsstellung der Staatenlosen[217] und des § 3 Abs. 1 AslyVfG.[218]

Gemäß § 1 Abs. 2 AuslG ist jeder Ausländer, „der nicht Deutscher im Sinne des Artikels 116 Abs. 1 des Grundgesetzes ist". Auch der Staatenlose gilt somit im deutschen Recht als Ausländer und unterliegt den entsprechenden Vorschriften des AuslG und des AufenthG. Für den Staatenlosen gelten jedoch des Weiteren spezielle Vorschriften, insbesondere aufgrund Art. 27 und 28 des Übereinkommens über die Rechtsstellung der Staatenlosen.

Gemäß § 4 Abs. 1 Nr. 5 i.V.m. § 1 Abs. 4 AufenthaltsVO stellt die Bundesrepublik den im Hoheitsgebiet wohnenden Staatenlosen ein Passersatzdokument aus. Dieses kann sowohl als Reise- als auch als Personalausweis genutzt werden. Die Befugnis zur Feststellung der Staatenlosigkeit hat grundsätzlich die örtlich zuständige Ausländerbehörde gemäß § 71 Abs. 1 S. 1 i.V.m. § 49 Abs. 2 AufenthG. Sie überprüft die durch den Ausländer im Rahmen des § 49 Abs. 1 AufenthG gemachten Angaben zu seiner Staatsangehörigkeit. Bei der Angabe der Staatenlosigkeit überprüft die Ausländerbehörde eine mögliche Staatsangehörigkeit des Landes, in dem der Ausländer vor seiner Einreise in die Bundesrepublik seinen gewöhnlichen Aufenthalt hatte.[219] Können keinerlei Anhaltspunkte für eine Staatsangehörigkeit gefunden werden, wird von Staatenlosigkeit ausgegangen.[220]

Die Prüfung der Staatsangehörigkeit kann aber auch durch die Auslandsvertretungen im Ausland (§ 71 Abs. 2, Abs. 4 S. 3 AufenthG), die Bundespolizei oder sonstige „mit der polizeilichen Kontrolle des grenzüberschreitenden Verkehrs beauftragten Behörden"[221] an der Grenze (§ 71 Abs. 3, Abs. 4 S. 1

---

215 EPPING/ GLORIA, in: IPSEN, Völkerrecht, § 24 Rn.26.

216 EPPING/ GLORIA, in: IPSEN, Völkerrecht, § 24 Rn.30; DIENELT, in: RENNER, AuslR, § 1 AufenthG, Rn.28.

217 Vom 28.09.1954, BGBl. II 1976, S.473, durch Gesetz vom 12.04.1976 in Deutschland ratifiziert.

218 BVerwGE 92, 116 (119); DIENELT, in: RENNER, AuslR, § 1 AufenthG, Rn.28.

219 MARX, Hdb Flüchtlingsanerkennung, § 71 Rn.15.

220 MARX, Hdb Flüchtlingsanerkennung, § 71 Rn.19.

221 Hier ist insbesondere die Hamburger Wasserschutzpolizei zu erwähnen, welche den grenzüberschreitenden Verkehr im Hamburger Hafen überwacht.

AufenthG) und durch die Länderpolizei bei der Aufenthaltsbeendigung (§ 71 Abs. 4 S. 1, 2. HS AufenthG) erfolgen.

Weiterhin kann eine gesonderte Prüfung der Staatsangehörigkeit durch das Bundesamt für Migration und Flüchtlinge durchgeführt werden. Jene ist jedoch nur im Rahmen der Prüfung politischer Verfolgung oder sonstiger Abschiebungsverbote und der zu erlassenden Ausreiseaufforderung und Abschiebungsandrohung durch ebendiese Behörde bindend.[222]

In Ermangelung einer eindeutigen Statistik wird die Anzahl der Staatenlosen weltweit auf ca. 11 bis 12 Millionen geschätzt.[223] Staatenlose haben im Gegensatz zu ausländischen Staatsangehörigen keinen Heimatstaat, welcher ihnen diplomatischen oder sonstigen Schutz bieten kann.[224] Durch Art. 11 des Übereinkommens zur Verminderung der Staatenlosigkeit vom 30. August 1961[225] wurde deshalb angestrebt, bei den Vereinten Nationen eine Stelle einzurichten, an die sich Staatenlose wenden können und die ihre Rechte vertritt. Durch verschiedene Resolutionen[226] der Generalversammlung der Vereinten Nationen wurde der Flüchtlingskommissar (United Nations High Commissioner for Refugees) zu dieser Anlaufstelle für Staatenlose bestimmt.

5. Die Unmittelbarkeit der deutschen Staatsangehörigkeit

Aufgrund der Besonderheiten der deutschen Staatsgeschichte wurde erst im Jahre 1934 eine unmittelbare und einheitliche deutsche Reichs-, später Staatszugehörigkeit geschaffen. Bis zu diesem Zeitpunkt mittelten die jeweiligen Länder über die Länderzugehörigkeit die Reichszugehörigkeit. Deutscher war nach § 1 RuStAG in der Fassung vom 22. Juli 1912 „wer die Staatsangehörigkeit in einem Bundesstaate […] besitzt.“ Grundsätzlich war der Betroffene also Staatsangehöriger eines Bundeslandes, und erst dadurch wurde er auch Reichsangehöriger.

---

222 Schriftliche Auskunft von Herrn Harmut Sprung, Leiter der Abteilung 4 des Bundesamtes für Migration und Flüchtlinge, 90343 Nürnberg, vom 12.09.2007.

223 http://www.unhcr.de/mandat/staatenlose.html, abgerufen am 24.03.2012, 19.00 Uhr.

224 Wagner, LKV 1995,305 (306).

225 BGBl. II 1977, S.598.

226 UN GA, Res.3274 (XXIX) vom 10.12.1974; Res.31/36 vom 30.11.1976; Res.50/152 vom 9.2.1996.

Aufgrund der nationalsozialistischen Intention, ein einheitliches Reich zu schaffen und der darauf folgenden Auflösung der Länder am 30. Januar 1933 änderte sich dies. Durch die Verordnung über die deutsche Staatsangehörigkeit vom 5. Februar 1934 wurde die, die Reichszugehörigkeit vermittelnde Landeszugehörigkeit abgeschafft und durch eine unmittelbare Reichszugehörigkeit ersetzt. Diese entscheidende Neuregelung des Staatsangehörigkeitsrechtes wurde auch mit Gründung der Bundesrepublik Deutschland im Jahre 1949 und der Wiederherstellung der Länder beibehalten.

Bis zum Jahre 1994 standen Länderzugehörigkeit und deutsche Staatsangehörigkeit nebeneinander. Gemäß Art. 74 Nr. 8 GG a. F. unterlag die Länderzugehörigkeit der konkurrierenden Gesetzgebung, von welcher aber kein Gebrauch gemacht wurde. Weder die Länder noch der Bund erließen spezielle Gesetze zur Länderzugehörigkeit. Durch das Gesetz vom 27. Oktober 1994[227] wurde Art. 74 Nr. 8 GG aufgehoben. Die Verfassung der Bundesrepublik kennt demnach nur noch die einheitliche deutsche Staatsangehörigkeit, welche gemäß Art. 73 Nr. 2 GG der ausschließlichen Bundesgesetzgebung unterliegt.

6. Ermessens- und Anspruchseinbürgerung

Neben der Geburt ist die Einbürgerung ein möglicher Erwerbstatbestand des deutschen Staatsangehörigkeitsrechts. Die Einbürgerung steht gemäß § 8 StAG im pflichtgemäßen Ermessen der zuständigen Behörde. Entsprechende Verwaltungsvorschriften von Bund und Ländern konkretisieren dieses Ermessen.

Ausnahmsweise kann jedoch auch ein Anspruch auf Einbürgerung bestehen. Gemäß § 86 AuslG kann ein Ausländer[228] nach 8 Jahren rechtmäßigen Aufenthalts in der Bundesrepublik einen Einbürgerungsanspruch geltend machen. Der heimatlose Ausländer[229] hat bereits nach 7 Jahren einen Anspruch auf Einbürgerung, wenn er die Voraussetzungen des § 21 Abs. 1 HAuslG[230] erfüllt. Statusdeutsche hatten bis zum Erlass des „Gesetzes zur Reform der Staatsangehörigkeit“ vom 15. Juli 1999 einen Einbürgerungsanspruch gemäß

227 BGBl. I, S.3146.

228 Im Sinne des § 1 Abs.2 AuslG.

229 Im Sinne des § 1 Abs.1 AuslG.

230 Gesetz über die Rechtsstellung heimatloser Ausländer im Bundesgebiet vom 25.04.1951, BGBl. I, S.269.

§ 6 des 1. StAngRegG. Zur Entlastung der Einbürgerungsbehörden von der daraus folgenden langwierigen Einzelfallprüfung wurde § 6 des 1. StAngRegG jedoch mit Wirkung zum 1. August 1999 aufgehoben.

Weitere Ansprüche auf Einbürgerungen stehen denjenigen zu, welche aus politischen, rassischen oder religiösen Gründen in der Zeit des Dritten Reiches eine andere Staatsangehörigkeit erworben haben,[231] sowie denjenigen, welche aus rassischen Gründen von den Sammeleinbürgerungen in den Jahren 1938 bis 1945 ausgeschlossen wurden, obwohl sie ihren dauernden Aufenthalt in Deutschland haben.[232]

IV. Der Verlust der deutschen Staatsangehörigkeit

Ungeachtet der strengen Anforderungen die Art. 16 Abs. 1 GG insoweit stellt, gibt es in der Bundesrepublik Deutschland durchaus die Möglichkeit, seine Staatsangehörigkeit zu verlieren.

Spezialgesetzliche Tatbestände für den Verlust der deutschen Staatsangehörigkeit finden sich in § 17 StAG. Sie gelten gemäß § 1 StAG nur für deutsche Staatsangehörige, nicht aber für Statusdeutsche. Allerdings werden die gesetzlichen Verlusttatbestände des StAG teilweise auf Statusdeutsche entsprechend angewandt.[233] Voraussetzung dafür ist, dass es sich um Verlusttatbestände ipso jure handelt, die eine zwingende Rechtsfolge einer Handlung des Betroffenen sind.[234] Praktische Relevanz kommt der entsprechenden Anwendung des § 17 StAG auf Statusdeutsche jedoch kaum mehr zu, da ihre Zahl seit den Neuregelungen in § 7 und § 40a StAG im Jahre 1999[235] verschwindend gering ist.[236]

Weitere Verlustgründe finden sich nach richtiger Meinung in generellen Vorschriften, wie der Anfechtung relevanter Verwaltungsakte oder der Widerruf derselben. Durch die Einführung des § 35 StAG hat der deutsche Gesetzgeber auf die höchstrichterliche Rechtsprechung reagiert und die Mög-

---

231 §12 des 1.StARegG.

232 §11 des 1.StARegG.

233 BMI, Vorläufige Anwendungshinweise StAG, Nr.1.1.

234 Renner/ Maaßen, in: Hailbronner/ Renner, StAG, § 18 StAG Rn.5.

235 BGBl. I, S.1618.

236 Vgl. hierzu Kapitel 3 II. 1.

lichkeit der rückwirkenden Rücknahme der Einbürgerung aufgrund einer unter Täuschung erschlichenen Einbürgerung vorgesehen.

1. § 17 Nr. 1 StAG: Entlassung

Gemäß § 17 Nr. 1 i.V.m. §§ 18 bis 24 StAG kann der Staatsangehörige aus der deutschen Staatsangehörigkeit entlassen werden, wenn er den Erwerb einer ausländischen Staatsangehörigkeit angestrebt. Liegen die Voraussetzungen der §§ 18, 22 StAG vor, besteht gemäß Nr. 18 Abs. 1 S. 5 StAR-VwV ein Rechtsanspruch auf Entlassung.

In dem Zeitraum zwischen der Entlassung aus der deutschen und dem Erwerb der ausländischen Staatsangehörigkeit ist eine kurzfristige Staatenlosigkeit des Betroffenen möglich.[237] Durch die Regelung des § 24 StAG soll aber einer Entlassung in die endgültige Staatenlosigkeit entgegengewirkt werden. Hiernach gilt die Entlassung als nicht erfolgt, wenn die ausländische Staatsangehörigkeit nicht innerhalb eines Jahres nach der Entlassung aus der deutschen Staatsangehörigkeit erworben wird. § 24 StAG geht insofern über das durch Art. 16 Abs. 1 S. 2 2. HS GG Geforderte hinaus. Schließlich erfolgt die Entlassung aus der Staatsangehörigkeit auf Antrag und damit mit dem Willen des Betroffenen.

Das Grundgesetz hingegen verlangt die Verhinderung von Staatenlosigkeit nur bei Verlust der deutschen Staatsangehörigkeit gegen den Willen des Betroffenen. Die Regelung des § 24 StAG wird also nicht zwingend durch die Verfassung vorgegeben, trägt jedoch dem grundsätzlichen Wunsch des Gesetzgebers Rechnung, Staatenlosigkeit möglichst zu vermeiden.[238]

Die Entlassung von Personen, die unter elterlicher Sorge oder unter Vormundschaft stehen, also insbesondere von Kindern, erfordert grundsätzlich eine Genehmigung des Vormundschaftsgerichts. Wird die Genehmigung verweigert und trotzdem eine ausländische Staatsangehörigkeit erteilt, führt dies zur Mehrstaatigkeit des Kindes.

Vor der Entlassung Wehrpflichtiger im Sinne der §§ 1, 3 und 49 WehrpflichtG wurde durch die für das jeweilige Einbürgerungsamt der Stadt zuständigen Bezirksregierung das Kreiswehrersatzamt gehört und um die

---

237 Vgl. RENNER/ MAAẞEN, in: HAILBRONNER/ RENNER, StAG, § 18 Rn.10.

238 Vgl. zu den entsprechenden völkerrechtlichen Verpflichtungen Deutschlands im Folgenden Kapitel 4 II. 3. b) und III. 2. c).

Ausstellung einer Unbedenklichkeitsbescheinigung ersucht.[239] Bei noch abzuleistender Wehrpflicht wurde diese verweigert, und es war keine Entlassung aus der Staatsangehörigkeit möglich, § 22 Abs. 1 Nr. 2 StAG. Wegen der Aussetzung der allgemeinen Wehrpflicht ist diese Regelung des StAG jedoch derzeit nicht von Bedeutung.

Die Entlassung ist außerdem nicht möglich bei Bestehen eines öffentlich-rechtlichen Dienst- oder Amtsverhältnisses, § 22 Abs. 1 Nr. 1 StAG.

Da es sich bei der Entlassung aus der deutschen Staatsangehörigkeit nicht um einen Verlusttatbestand kraft Gesetz handelt, werden die genannten Vorschriften nicht auf Statusdeutsche angewandt.[240]

2. § 17 Nr. 2 StAG: Erwerb einer ausländischen Staatsangehörigkeit

§ 17 Nr. 2 i.V.m. § 25 StAG sieht den Verlust der deutschen Staatsangehörigkeit bei dem Erwerb einer ausländischen Staatsangehörigkeit vor. Da es sich hierbei um einen Verlust der Staatsangehörigkeit kraft Gesetz handelt, gilt § 25 StAG entsprechend für Statusdeutsche.[241]

Der Erwerb der ausländischen Staatsangehörigkeit muss auf einer freien Willensentscheidung und einer bewussten Hinwendung zu einem neuen Staat beruhen. Unerheblich ist hingegen der Wille oder die Kenntnis bezüglich der sich anschließenden Rechtsfolge des Verlustes der deutschen Staatsangehörigkeit.[242] Von § 25 StAG wird deshalb zuvörderst der Erwerb der ausländischen Staatsangehörigkeit aufgrund eines entsprechenden Antrages erfasst. Aber auch bei einem gesetzlichen Erwerb einer ausländischen Staatsangehörigkeit – zum Beispiel bei der Eheschließung mit einem Ausländer – liegt ein freiwilliger Erwerb der ausländischen Staatsangehörigkeit vor, wenn der Betroffene die Möglichkeit hat, gegen die fremde Staatsangehörigkeit zu optieren.[243] Denn die bewusste und freiwillige Wahl der ausländischen Staatsangehörigkeit steht einer Beantragung derselben gleich. Ein bloßer Verzicht auf

239 RENNER/ MAAßEN, in: HAILBRONNER/ RENNER, StAG, §22 StAG Rn.11.

240 BMI, Vorläufige Anwendungshinweise StAG, Nr.18.

241 BVerwGE 71,301 (305); E 8,340 (341 f.); Marx, StAG, §25 RuStAG Rn.6; BMI, Vorläufige Anwendungshinweise StAG, Nr.25.1.1.

242 RENNER/ MAAßEN, in: HAILBRONNER/ RENNER, StAG, §25 Rn.14.

243 RENNER/ MAAßEN, in: HAILBRONNER/ RENNER, StAG, §25 Rn.12; Marx, StAG, § 25 RuStAG Rn.29.

die Ausschlagung einer ausländischen Staatsangehörigkeit dagegen ist kein bewusstes und zielgerichtetes Handeln und dementsprechend kein Antrag im Sinne des § 25 Abs. 1 StAG.[244]

Weiterhin muss der Erwerb der ausländischen Staatsangehörigkeit effektiv und tatsächlich erfolgen. Dies ist dann nicht der Fall, wenn die erworbene ausländische Staatsangehörigkeit keine, dem verfassungsrechtlichen[245] Verständnis von der Staatsangehörigkeit entsprechende, Rechte verleiht, oder der verleihende ausländische Staat als solcher nicht anerkannt ist.[246] Als Beispiel dafür ist die palästinensische Staatsangehörigkeit zu nennen, welche keinen diplomatischen Schutz bieten kann und damit eines der wichtigsten Grundrechte des Staatsangehörigen verwehrt.[247] Weiterhin ist das palästinensische Staatsgebiet nicht dauerhaft anerkannt: es fehlt folglich mindestens diese Voraussetzung für die verfassungsrechtliche Einordnung als Staat.[248]

In der alten Fassung des § 25 Abs. 1 StAG wurde außerdem der dauernde Aufenthalt oder Wohnsitz im Ausland für den Verlust der deutschen Staatsangehörigkeit vorausgesetzt. Diese sogenannte „Inlandsklausel" führte aber dazu, dass Ausländer nach ihrer Einbürgerung in Deutschland einen Antrag auf Rückerwerb ihrer ursprünglichen Staatsangehörigkeit stellten. Da sie hierbei ihren Wohnsitz und dauernden Aufenthalt jedoch weiterhin in der Bundesrepublik behielten, wurden sie trotz des Erwerbs der ausländischen Staatsangehörigkeit der deutschen nicht verlustig. Um diesen unerwünschten Fällen der Mehrstaatigkeit zu begegnen, wurde die „Inlandsklausel" zum 1. Januar 2000 aus § 25 Abs. 1 StAG gestrichen.[249]

§ 25 Abs. 2 StAG gibt eine rechtliche Grundlage zur Beibehaltung der deutschen Staatsangehörigkeit trotz Erwerb einer ausländischen Staatsangehörigkeit. Früher konnte nur sehr restriktiv von dieser Möglichkeit Gebrauch gemacht werden, da Artikel 1 Abs. 1 des Mehrstaaterübereinkommens[250] eine grundsätzliche Vermeidung von Mehrstaatigkeit normierte. Seit der Kündi-

---

244 MARX, StAG, § 25 RuStAG Rn.30.

245 Gemeint ist die Verfassung der Bundesrepublik Deutschland.

246 BVerwGE 94,185 (188); RENNER/ MAAßEN, in: HAILBRONNER/ RENNER, StAG, §25 Rn.18; MARX, StAG, § 25 RuStAG Rn.25 ff.

247 OVG Berlin, StAZ 1992, 177 (180).

248 HILF, StAZ 1973, 84 (86).

249 RENNER/ MAAßEN, in: HAILBRONNER/ RENNER, StAG, §25 Rn.3.

250 Übereinkommen über die Verringerung der Mehrstaatigkeit und über die Wehrpflicht von Mehrstaatern vom 06.05.1963, ratifiziert durch Gesetz vom 29.09.1969, BGBl. II, S.1953

gung des Übereinkommens im Jahre 2002 besteht dieses Hindernis nicht mehr.

Voraussetzung für die Erteilung einer Beibehaltungsgenehmigung durch die Einbürgerungsbehörde ist eine fortdauernde Bindung des Antragsstellers an Deutschland. Außerdem erfolgt eine Abwägung öffentlicher und privater Belange durch die Behörde.

Die Bindung des Antragsstellers an Deutschland ist insbesondere bei engen verwandtschaftlichen oder finanziellen Beziehungen zum Inland anzunehmen. Auch bei beruflich bedingten, vorübergehenden Auslandsaufenthalten ist von einer weiterhin bestehenden Verbindung zum Inland auszugehen.[251]

Für die Abwägung der öffentlichen und privaten Belange werden die Grundsätze des § 12 StAG herangezogen, welche in bestimmten Fällen Mehrstaatigkeit zulassen.[252] Dies gilt insbesondere für den Erwerb einer Staatsangehörigkeit eines Mitgliedstaates der Europäischen Union, mit dem eine Gegenseitigkeitsregelung besteht (vergleiche dazu im Umkehrschluss auch § 12 Abs. 2 StAG). Aber auch Personen, die im Grenzgebiet Deutschlands leben und im Nachbarstaat arbeiten, soll die Möglichkeit der doppelten Staatsbürgerschaft eingeräumt werden, wenn ihnen sonst erhebliche berufliche Nachteile drohen.

Die Beibehaltungsgenehmigung wird dann nicht erteilt, wenn der ausländische Staat eine Loyalitätsbekundung in Form eines Eides (Abschwöreid) verlangt. Davon wird nur dann eine Ausnahme gemacht, wenn der ausländische Staat den gleichen Grundsätzen folgt wie die Bundesrepublik Deutschland. Hier ist der Loyalitätseid der USA zu nennen, welcher deshalb einer Beibehaltungsgenehmigung nicht entgegensteht, weil er den Schwörenden zu einer ähnlichen Werteordnung verpflichtet wie sie auch die Verfassung der Bundesrepublik vorgibt.

Praktische Anwendung findet die Beibehaltungsgenehmigung zum Beispiel bei der vorübergehenden Lehr- und Forschungstätigkeit eines Hochschulprofessors im Ausland, für die der ausländische Staat den Erwerb der Staatsangehörigkeit voraussetzt.[253]

---

251 RENNER/ MAAßEN, in: HAILBRONNER/ RENNER, StAG, §25 Rn.42.
252 RENNER/ MAAßEN, in: HAILBRONNER/ RENNER, StAG, §25 Rn.39.
253 Vgl. MARX, StAG, §25 RuStAG Rn.43.

Als ein weiteres Beispiel ist die Frau zu nennen, die in einem islamischen Staat als Ausländerin schwere Nachteile erdulden muss und der deshalb die Möglichkeit zur Rückkehr nach Deutschland nicht genommen werden soll.[254]

§ 25 StAG ist mit dem Grundgesetz vereinbar, da Art. 16 Abs. 1 S. 2 GG von einem Verlust der deutschen Staatsangehörigkeit gegen den Willen des Betroffenen ausgeht. Der Erwerb einer neuen ausländischen Staatsangehörigkeit und damit die Erfüllung des Verlusttatbestandes erfolgt jedoch ausdrücklich mit dem Willen des Betroffenen.[255]

Geht die neu erworbene ausländische Staatsangehörigkeit verloren, lebt die deutsche Staatsangehörigkeit nicht von Rechts wegen wieder auf. Vielmehr muss ein regulärer Einbürgerungsantrag gemäß § 8 StAG gestellt werden.

3. § 17 Nr. 3 StAG: Verzicht

Der Mehrstaater kann auf die deutsche Staatsangehörigkeit gemäß § 17 Nr. 3 i.V.m. § 26 StAG zu verzichten, wenn nicht die in § 22 StAG genannten Versagungsgründe vorliegen. § 26 StAG stellt insofern einen Anspruch dar.[256] Zu beachten ist jedoch, dass die andere Staatsangehörigkeit eine effektive sein muss, also den verfassungsrechtlichen Ansprüchen an den Schutz- und Rechtsumfang einer Staatsangehörigkeit genügen muss.[257]

§ 26 StAG ist nicht analog auf Statusdeutsche anwendbar, da es sich bei dem Verzicht nicht um einen Verlust ipso jure der Staatsangehörigkeit handelt.[258]

---

254 BT Drs. 14/533, S.12.

255 BVerfG (K), Beschluss vom 22.06.1990 – 2 BvR 116/90 –, NJW 1990, 2193 (2193); Marx, StAG, § 25 Rn.4f.

256 Renner/ Maaßen, in: Hailbronner/ Renner, StAG, § 26 Rn.8; Marx, StAG, § 26 RuStAG Rn.15.

257 Renner/ Maaßen, in: Hailbronner/ Renner, StAG, § 26 Rn.5; Marx, StAG, § 26 RuStAG Rn.10.

258 Renner/ Maaßen, in: Hailbronner/ Renner, StAG, § 26 Rn.6.

4. § 17 Nr. 4 StAG: Annahme als Kind durch einen Ausländer

Nach der Vorschrift des § 17 Nr. 4 i.V.m. § 27 StAG verliert die deutsche Staatsangehörigkeit, wer durch einen Ausländer als Kind angenommen wird und dadurch die Staatsangehörigkeit des Annehmenden erhält. Zwingende Voraussetzung für den Verlust der Staatsangehörigkeit nach § 27 StAG ist also, dass der Ausländer durch die Annahme eine effektive ausländische Staatsangehörigkeit auf den Angenommenen überträgt.[259] So wird die Gefahr der Staatenlosigkeit des Angenommenen verhindert. Zu beachten ist weiterhin, dass die Annahme als Kind nach deutschem Recht wirksam sein muss.[260] Liegen diese Voraussetzungen vor, tritt der Verlust der deutschen Staatsangehörigkeit von Rechts wegen ein, das bedeutet, dass § 27 StAG auch auf Statusdeutsche entsprechend anwendbar ist.[261]

Der Verlust der Staatsangehörigkeit tritt nicht ein bei einer Annahme durch einen Mehrstaater, der auch die deutsche Staatsangehörigkeit inne hat[262] oder wenn der Angenommene oder seine Abkömmlinge mit einem deutschen Elternteil verwandt bleiben, § 27 S. 3 StAG.

5. § 17 Nr. 5 StAG: Eintritt in fremde Streitkräfte

Gemäß § 17 Nr. 5 i.V.m. § 28 StAG verliert die deutsche Staatsangehörigkeit, wer in fremde Streitkräfte oder vergleichbare bewaffnete Verbände, wie Polizeisondertruppen, eintritt. Dabei ist zu beachten, dass der Eintritt freiwillig erfolgen muss. Nicht erfasst ist die Befolgung einer ausländischen gesetzlichen Wehrpflicht. Letzterer kann seit dem 1. Januar 2005 nach Zustimmung durch das Kreiswehrersatzamt ohne Verlust der deutschen Staatsangehörigkeit nachgekommen werden.[263] Relevant wird § 28 StAG insbesondere bei

---

259 MARX, StAG, § 27 RuStAG Rn.7.

260 RENNER/ MAAßEN, in: HAILBRONNER/ RENNER, StAG, § 27 Rn.7 ff.; MARX, StAG, § 27 RuStAG Rn.10.

261 RENNER/ MAAßEN, in: HAILBRONNER/ RENNER, StAG, § 27 Rn.4; MARX, StAG, § 27 RuStAG Rn.6.

262 RENNER/ MAAßEN, in: HAILBRONNER/ RENNER, StAG, § 27 Rn.6; MARX, StAG, § 27 RuStAG Rn.7.

263 BMI, Vorläufige Anwendungshinweise StAG, Nr.28.1.

Mehrstaatern, welche die Staatsangehörigkeit von mehreren Staaten mit gesetzlicher Wehrpflicht besitzen.

Nicht nur die Freiwilligkeit des Eintrittes in den fremden Militärdienst ist Bedingung für den Verlust nach § 28 StAG sondern auch, dass der Betroffene bereits vorher die Staatsangehörigkeit des Staates besitzt, in dessen Streitkräften er dienen will.

Der Verlust der deutschen Staatsangehörigkeit tritt nicht ein bei Söldnerdiensten in einem Drittstaat. Grund für diese zunächst eigenwillig erscheinende Regelung ist, dass § 28 StAG nicht die Ableistung eines fremden Militärdienstes unterbinden will, sondern illoyales Verhalten eines Mehrstaaters in Form der Hinwendung zu einem anderen Staat sanktioniert.[264] Durch den freiwilligen Eintritt in die Armee eines anderen Staates macht der Mehrstaater deutlich, dass er sich einem anderen als dem deutschen Staat zugehörig fühlt. Die Ableistung eines freiwilligen Militärdienstes für ein Land ist der willentliche und autonome Entschluss der Hinwendung zu diesem Land und eine Form der Treuebekundung. Der Mehrstaater zeigt durch dieses Verhalten, dass er sich für eine seiner Staatsangehörigkeiten und damit gegen die deutsche Staatsangehörigkeit entschieden hat.[265]

§ 28 StAG verstößt aus diesem Grund auch nicht gegen Art. 16 Abs. 1 S. 2 GG, da der Verlust der deutschen Staatsangehörigkeit nicht gegen den Willen des Betroffenen erfolgt, sondern gerade aufgrund einer freiwilligen Entscheidung desselben eintritt.[266] Aufgrund seiner Mehrstaatigkeit wird der Betroffene auch nicht staatenlos, wenn er die deutsche Staatsangehörigkeit verliert.

Da der Verlust der Staatsangehörigkeit bei einem Eintritt in einen fremden Militärdienst kraft Gesetz erfolgt, ist § 28 StAG auch entsprechend auf Statusdeutsche anwendbar.[267]

Regelungen der Wehrpflicht von Mehrstaatern im Sinne des § 28 S. 2 StAG finden sich Art. 21 und Art. 22 des „Europäischen Übereinkommens über die Staatsangehörigkeit" vom 6. November 1997.[268]

---

264 RENNER/ MAAßEN, in: HAILBRONNER/ RENNER, StAG, § 28 Rn.3.

265 BT Drs. 14/533, S.21; RENNER/ MAAßEN, in: HAILBRONNER/ RENNER, StAG, § 28 Rn.3.

266 RENNER/ MAAßEN, in: HAILBRONNER/ RENNER, StAG, § 28 Rn.6.

267 BMI, Vorläufige Anwendungshinweise StAG, Nr.28.1.

268 Ratifiziert durch Gesetz vom 13.05.2004, BGBl. II, S.578.

MAAẞEN wendet den Verlusttatbestand der §§ 17 Nr. 5 i.V.m. 28 StAG auch auf solche Fälle an, in denen der Mehrstaater mit terroristischen Zielen sich in einem sogenannten Terroristen-Ausbildungslager im Ausland ausbilden lässt und sich hierdurch einem vergleichbaren bewaffneten Verband im Sinne des StAG anschließt.[269] Problematisch erscheint in diesen Fallkonstellationen jedoch die Erfüllung der Voraussetzung einer Hinwendung zu einem anderen Staat, da der mutmaßliche Terrorist sich nicht notwendigerweise den Interessen des ihn ausbildenden Staates verpflichtet sehen muss. Im Zweifel wird man jedoch davon ausgehen müssen, dass der Teilnehmer an einem Terroristen-Ausbildungslager auch die dort vertretenen Ansichten teilt oder wenigstens akzeptiert, so dass in gewissem Sinne eine Hinwendung zu einer anderen als der deutschen staatlichen Ordnung vorliegt, beispielsweise, indem sich der mutmaßliche zukünftige Terrorist organisierten aber länderübergreifend agierenden Terrornetzwerken wie al-Qaida anschließt.

Sowohl Staatsangehörige kraft Geburt als auch kraft Einbürgerung können unter diesen Verlusttatbestand fallen. Allerdings muss der Betroffene neben der deutschen immer auch eine weitere Staatsangehörigkeit besitzen und auch in einen bewaffneten Verband eben dieses Staates eintreten, so dass der Kreis der Anwendungsfälle begrenzt ist. So verloren in der Praxis in der Zeit von August 2007 bis Januar 2011 lediglich in sechs Fällen deutsche Staatsangehörige aufgrund dieses Tatbestandes ihre deutsche Staatsangehörigkeit.[270]

6. § 17 Nr. 6 StAG: Optionsregelung

a) Entstehungsgeschichte

Durch das „Gesetz zur Reform des Staatsangehörigkeitsrechts“ vom 15. Juli 1999[271] wurden, mit dem Ziel der Verbesserung der Integration von Migrantenkindern, erstmals ius soli-Elemente in das deutsche Staatsangehörigkeitsrecht aufgenommen, § 4 Abs. 3 und § 40b StAG.[272] Die daraus entstehenden Fälle der Mehrstaatigkeit sollten jedoch nur zeitlich befristet hinge-

269 MAAẞEN, ZAR 2011, 336 (338).

270 BT Drs. 17/4639, S.27.

271 BGBl. I, S.1618.

272 Vgl. hierzu Kapitel 3 III. 1. und zu der daraus folgenden Optionsregelung Kapitel 3 IV. 6.

nommen werden. Als mögliche Lösungsansätze wurde über die „Kinderstaatsangehörigkeit“ und das „Optionsmodell“ beraten.

Die „Kinderstaatsangehörigkeit“[273] sollte eine staatsangehörigkeitsähnliche Rechtposition sein, welche zum Vollrecht im Sinne des Art. 16 GG erstarken könnte, würde sich der Betroffene innerhalb eines Jahres nach Eintritt der Volljährigkeit für die deutsche Staatsangehörigkeit entscheiden. Eltern sollten die „Kinderstaatsangehörigkeit“ für ihre Kinder beantragen können, wenn diese sich bereits seit 10 Jahren in Deutschland aufhielten und ein Elternteil in Deutschland geboren wurde.

Die Rechtsposition des Kinderstaatsangehörigen sollte ein Mehr gegenüber dem privilegierten Ausländerstatus sein und gewisse Deutschenrechte vermitteln. Gegenüber der deutschen Staatsangehörigkeit im Sinne des Art. 116 Abs. 1 und des Art. 16 Abs. 1 GG sollte die Position der „Kinderstaatsangehörigkeit“ jedoch ein Weniger sein, so dass der Schutz des Grundgesetzes vor Entzug nicht greifen sollte.

Hauptkritikpunkt an der „Kinderstaatsangehörigkeit“ war deshalb, dass sie eine künstliche Umgehung des Art. 16 Abs. 1 GG darstellen würde. Außerdem sei die deutsche Staatsangehörigkeit in Art. 116 Abs. 1 GG abschließend geregelt und verbiete deshalb die Einführung einer neuen Form der Staatsangehörigkeit.

Diesen Kritikpunkten folgend, entschied sich der Gesetzgeber in § 29 StAG zur Einführung des Optionsmodells (auch „Optionszwang“ oder „Entscheidungszwang“ genannt). Nach diesem erwirbt der Betroffene mit seiner Geburt im Inland nach § 4 Abs. 3 StAG die deutsche Staatsangehörigkeit im Sinne des Art. 116 Abs. 1 GG. Allerdings muss er sich bis zum seinem 23. Lebensjahr zwischen der deutschen und der ausländischen Staatsangehörigkeit entscheiden.

b) Tatbestand des § 29 StAG

Das Gesetz kennt drei Fälle des Verlustes der Staatsangehörigkeit durch § 29 StAG: der Betroffene kann sich erstens gegen die deutsche und für die ausländische Staatsangehörigkeit entscheiden, § 29 Abs. 2 S. 1 StAG. Gibt er bis zu seinem 23. Lebensjahr trotz entsprechender Aufforderungen durch die zuständigen Stellen keinerlei Erklärung ab, geht die deutsche Staatsangehörig-

273 HAILBRONNER, in: HAILBRONNER/ RENNER, StAG, Teil I B. Rn.11; vgl. hierzu auch HAILBRONNER, Der Spiegel 1996; JACH, Focus 1994

keit ebenfalls verloren, § 29 Abs. 2 S. 2 StAG. Drittens verliert der Betroffene seine deutsche Staatsangehörigkeit, wenn er zwar erklärt, die deutsche Staatsangehörigkeit beibehalten zu wollen, jedoch bis zu seinem 23. Lebensjahr nicht auf die ausländische Staatsangehörigkeit wirksam verzichtet hat oder keine Genehmigung zur Beibehaltung der ausländischen Staatsangehörigkeit erhalten hat, § 29 Abs. 3 StAG.

Die Beibehaltungsgenehmigung ist gemäß § 29 Abs. 3 und 4 StAG zu erteilen, sobald der Verlust der ausländischen Staatsangehörigkeit nicht möglich oder nicht hinnehmbar ist.

c) Verfahren

Das Verfahren zur Optionsregelung wird wie folgt durchgeführt: Die Meldebehörde informiert die Staatsangehörigkeitsbehörden oder, im Falle des Wegzuges der entsprechenden Person aus Deutschland, das Bundesverwaltungsamt gemäß § 34 StAG über solche Personen, die das 18. Lebensjahr in Kürze vollenden und unter die Optionsregelung des § 29 StAG fallen. Die Staatsangehörigkeitsbehörde oder das Bundesverwaltungsamt wiederum informieren und belehren gemäß § 29 Abs. 5 StAG den Betroffenen unverzüglich nach Vollendung seines 18. Lebensjahres. Bis zur Vollendung seines 21. Lebensjahres hat dieser dann Zeit, einen Antrag auf die Genehmigung der Beibehaltung der deutschen Staatsangehörigkeit zu stellen.

Da nach § 40b StAG im Jahre 2000 auch Kinder bis zum 10. Lebensjahr nach § 4 Abs. 3 StAG eingebürgert werden konnten, hat die Optionspflicht zum ersten Mal im Jahre 2008 praktische Bedeutung erfahren. Bis zum Jahre 2013 müssen die ersten Erklärungen im Sinne des § 29 StAG abgegeben worden sein. In den Jahren 2000 bis 2007 erhielten jährlich zwischen 35.000 und 40.000 Kinder die deutsche Staatsangehörigkeit nach § 4 Abs. 3 S. 1 StAG.[274] In den Jahren 2000 und 2001 kamen noch jeweils über 20.000 Einbürgerungen nach § 40b StAG hinzu, deren Zahl sich jedoch danach immer weiter auf unter Hundert pro Jahr verringerte, aufgrund des Zeitablaufs für die Antragsstellung.[275]

274 BAMF, Integrationsreport 2008, S.27.
275 BAMF, Integrationsreport 2008, S.27.

d) Kritik

Kritisiert wird, das Optionsmodell, das heißt insbesondere die Optionspflicht aus § 29 Abs. 1 bis 3 StAG, verstoße teilweise gegen das Gebot der Einheitlichkeit der Staatsangehörigkeit aus Art. 16 Abs. 1 GG i.V.m. Art. 3 Abs. 1 GG.[276] Nach der Zumutbarkeits- oder modifizierten Vermeidbarkeitstheorie liegt ein gemäß Art. 16 Abs. 1 GG verbotener Entzug der Staatsangehörigkeit dann vor, wenn der Betroffene den Verlust der Staatsangehörigkeit nicht in zumutbarer Weise vermeiden kann. Solange der Optionspflichtige seine Option für oder gegen die deutsche Staatsangehörigkeit aktiv ausübt, wird man darin keinen unzumutbaren und unvermeidbaren Verlust der Staatsangehörigkeit sehen könne. Schließlich hat es der Optionspflichtige selbst in der Hand, zugunsten welcher Staatsangehörigkeit er optiert. Die Ausübung einer Option ist ihm auch zumutbar, da dem Betroffenen hierdurch – in Verbindung mit dem der Optionspflicht zugrunde liegenden ius soli-Erwerb der Staatsangehörigkeit – eine bessere Rechtsposition eingeräumt wird als ohne diese Option. Die Möglichkeit der Beibehaltungsgenehmigung nach § 29 Abs. 3 und 4 StAG trägt dabei dem Grundsatz der Verhältnismäßigkeit Rechnung, da Ausnahmen von der Optionspflicht möglich sind. Durch die Aussicht auf den Erwerb einer Beibehaltungsgenehmigung werden dem Betroffenen ausreichend Möglichkeiten eingeräumt, damit er frei und selbstständig über seine Rechtsposition entscheiden kann.

Problematisch wird ein möglicher Verstoß gegen Art. 16 Abs. 1 GG jedoch insbesondere dann, wenn der Betroffene seine Option nicht ausübt, also durch Untätigkeit seine Staatsangehörigkeit verliert, § 29 Abs. 2 S. 2 StAG.[277] Auch das Untätigbleiben muss jedoch, bei entsprechender Aufforderung und Erinnerung durch die zuständigen Stellen, als ein solcher Akt gewertet werden, der durch den Betroffenen in zumutbarer Weise vermeidbar war, denn es hätte nur eine Erklärung abgegeben werden müssen.[278] Dass auch ein Unterlassen Rechtsfolgen auslösen kann, kennt das deutsche Rechtssystem an mehreren Stellen, insbesondere im Strafrecht. Aufgrund der Gesetzeslage hat ein Untätigbleiben im Falle des § 29 StAG die gleiche Qualität wie eine Hand-

276 Vgl. hierzu MARX, Stellungnahme, S.23 ff.; WALLRABENSTEIN, Stellungnahme, S.4 ff.

277 Vgl. HUBER/ BUTZKE, NJW 1999, 2769 (2773).

278 RENNER/ MAAßEN, in: HAILBRONNER/ RENNER, StAG, § 29 Rn.9; HAILBRONNER, NVwZ 1999, 1273 (1277).

lung. Im Ergebnis kann damit ein Verstoß gegen Art. 16 Abs. 1 GG nicht angenommen werden.[279]

Darin, dass Mehrstaater nach dem ius soli Prinzip gegenüber Mehrstaatern nach dem ius sanguinis Prinzip eine Optionspflicht auferlegt bekommen, liegt auch keine Verletzung des Art. 3 Abs. 1 GG vor. Für die Differenzierung zwischen Mehrstaatern nach dem Abstammungsprinzip und Mehrstaatern nach § 4 Abs. 3 StAG gibt es einen sachlichen Grund in Form der Integrationsannahme.[280] Während das Abstammungsprinzip aufgrund der Tatsache, dass wenigstens ein Elternteil Deutscher ist, zu der Annahme einer Erziehung im Sinne des deutschen Kulturkreises führt, ist dies bei der Staatsangehörigkeit nur aufgrund Geburt im Inland nicht hinreichend gesichert.[281]

Die Optionsmöglichkeit für die deutsche Staatsangehörigkeit stellt jene damit zugleich die Option der Hinwendung zu Deutschland und die Vermutung einer erfolgreichen Integration dar.[282]

Gleichwohl weist das Optionsmodell sicherlich zahlreiche praktische Probleme auf,[283] welche jedoch nichts an der juristischen Rechtsmäßigkeit ändern. Neben dem erheblichen Verwaltungsaufwand, den die Anmahnung der Optionserklärung nach sich zieht, stellt sie in psychologischer Hinsicht oftmals eine Entscheidung für oder gegen die Staatsangehörigkeit der Familie dar. Weiterhin kann es zu dem seltsamen Ergebnis kommen, dass sich der Optionspflichtige bis zu seinem 23. Lebensjahr gegen die deutsche Staatsangehörigkeit entscheidet, seine eventuell bis zu diesem Zeitpunkt geborenen Kinder jedoch durch das Abstammungsprinzip die deutsche Staatsangehörigkeit erwerben.

e) Ausblick

Durch die Parteien SPD[284] bzw. Die Grünen[285] wurden zwei neue Gesetzesentwürfe eingebracht, welche – ebenso wie ein Antrag der Linken[286] – im

279 GÖBEL-ZIMMERMANN/ MASUCH, DÖV 2000, 95 (98).

280 HAILBRONNER, NVwZ 1999, 1273 (1278).

281 BVerfGE 37, 217 (246); RENNER/ MAAßEN, in: HAILBRONNER/ RENNER, StAG, § 29 Rn.12.

282 HAILBRONNER, NVwZ 1999, 1273 (1277); HUBER/ BUTZKE, NJW 1999, 2769 (2774); GÖBEL-ZIMMERMANN/ MASUCH, DÖV 2000, 95 (98); vgl. auch MASING, Staatsangehörigkeitsrecht, S. 47; kritisch hierzu RITTSTIEG, NJW 1990, 1401.

283 DORNIS, ZRP 2001, 547 (548).

284 BT Drs. 17/773.

Wesentlichen zum Ziel hatten, die Optionspflicht zu streichen und so die Mehrstaatigkeit und das ius soli Prinzip generell zuzulassen. Die SPD wünschte sich ein klares Bekenntnis zur Mehrstaatigkeit, denn das Gesetz sehe bereits jetzt derart viele Ausnahmen vor, dass die endgültige Hinnahme der Mehrstaatigkeit nur konsequent sei.[287] Außerdem wäre mit der Verleihung der deutschen Staatsangehörigkeit ein entscheidender Beitrag zur Integration getan.[288] Die Grünen rügen einen Verstoß gegen Art. 3 Abs. 1 GG und merken an, dass die Optionsregelung einmalig in der Welt sei.[289] Nach der SPD sei das Argument der doppelten Wehrpflicht und der Loyalitätsproblematik überholt, da derartige Probleme durch das Europäische Übereinkommen über die Staatsangehörigkeit290 überholt seien.[291] Die Einbürgerung solle vielmehr an die Integration denn an die Aufgabe der alten Staatsangehörigkeit geknüpft sein.[292] Auch verwaltungstechnisch stelle das Optionsmodell einen großen Aufwand dar.[293]

Die Gesetzesentwürfe und der Antrag wurden mit den Stimmen der CDU/CSU und der FDP abgelehnt.[294] Mehrstaatigkeit sei auch weiterhin grundsätzlich zu vermeiden. Für besondere Fälle seien ausreichende Ausnahmetatbestände vorgesehen. Außerdem sollten zunächst die praktischen Auswirkungen der Optionspflicht abgewartet werden.[295]

Im Ergebnis bleibt es also dabei, dass das Optionsmodell zunächst weiter Bestand hat. Ob dies auch bei einem Regierungswechsel gilt, ist allerdings ungewiss.

---

285 BT Drs. 17/542.
286 BT Drs. 17/2351.
287 BT Drs. 17/773, S. 5.
288 BT Drs. 17/773, S. 5.
289 BT Drs. 17/542, S. 4.
290 Vom 06.11.1997, BGBl. II 2004, S.578.
291 BT Drs. 17/773, S. 5.
292 BT Drs. 17/773, S. 5 f.
293 BT Drs. 17/773, S. 7.
294 BT Drs. 17/7675.
295 BT Drs. 17/7675, S. 4 f.

7. § 17 Nr. 7 StAG: Erschlichene Einbürgerung

Die neueste Gesetzesänderung des StAG in seinen § 17 Abs. 1 Nr. 7, Abs. 2 und 3 sowie § 35 und § 42 erfolgte durch das Gesetz zur Änderung des Staatsangehörigkeitsgesetzes vom 05. Februar 2009.[296]

a) Hintergrund der Gesetzesänderung: Rücknahme nach § 48 VwVfG

Vorangegangen war dieser Gesetzesänderung eine umfangreiche Diskussion über die Möglichkeiten und Grenzen der Rücknahme einer durch Täuschung erlangten Einbürgerung nach § 48 VwVfG der Länder, hervorgerufen durch entsprechende Entscheidungen des Bundesverfassungsgerichts und des Bundesverwaltungsgerichts.[297] In seiner Entscheidung vom 24. Mai 2006[298] hatte das Bundesverfassungsgericht eine Rücknahme einer erschlichenen Einbürgerung aufgrund § 48 VwVfG der Länder grundsätzlich für rechtmäßig erklärt, jedoch auch einen Handlungsbedarf des Gesetzgebers aufgezeigt. Da der als Reaktion hierauf eingeführte § 35 StAG die einzige Vorschrift des deutschen Staatsangehörigkeitsrechts ist, welche einer Ausbürgerung wegen illoyalen Handelns wenigstens im Ansatz vergleichbar ist, soll hier auch die der Einführung der Norm vorangegangene Diskussion im Folgenden ausführlich dargestellt werden.

Erfolgte die Einbürgerung aufgrund falscher Angaben durch den Einzubürgernden, war der Verwaltungsakt der Einbürgerung also als rechtswidrig anzusehen, war fraglich, ob § 48 VwVfG der Länder überhaupt anwendbar war, oder ob er von den speziellen Regelungen des StAG verdrängt wurde.

Das StAG war – jedenfalls in seiner alten Fassung – nicht abschließend bezüglich der Regelungsmaterie des Staatsangehörigkeitsrechts, denn es enthielt in seinen §§ 17 ff. nur Regelungen über den Wegfall der deutschen Staatsangehörigkeit aufgrund nachträglich eingetretener Ereignisse. Bezüglich eines Wegfalls aufgrund von Umständen, die bereits zum Zeitpunkt der Verleihung der deutschen Staatsbürgerschaft vorlagen, traf das StAG keinerlei Regelung. Die Herstellung gesetzmäßiger Zustände auf dem Gebiet des Staatsangehörigkeitsrechts war und ist jedoch, aufgrund der bereits dargelegten

296 BGBl I ,S.158 ff.

297 BVerfGE 116, 24; BVerfG (K), Beschluss vom 08.12.2006 – 2 BvR 1339/06 –, NVwZ 2007, 441; BVerwG, Urteil vom 05.09.2006, Az.: 1 C 20.05.

298 BVerfGE 116, 24.

Bedeutung der Staatsangehörigkeit, für einen Staat von großem Interesse. Das StAG konnte deshalb nicht als abschließend bezüglich seiner Verlusttatbestände angesehen werden.[299] Einer grundsätzlichen Anwendbarkeit außerhalb des StAG normierter Regelungen musste zugestimmt werden. Konkret wurde die Anwendbarkeit des § 48 VwVfG der Länder auf erschlichene Einbürgerungen diskutiert.

Dabei wurde die Frage aufgeworfen, ob der Anwendung dieses Landesgesetzes nicht die fehlende Gesetzgebungskompetenz der Länder in Fragen der Staatsangehörigkeit entgegen stand. Die Bundesstaatsangehörigkeit müsse als ausschließliche Regelungsmaterie des Bundes angesehen werden, gemäß Art. 73 Abs. 1 Nr. 2 GG.[300]

Selbst wenn man die Rücknahme der Einbürgerung jedoch nicht als allgemeines Verwaltungsverfahren im Sinne des Art. 84 Abs. 1 GG ansehen wollte, so würden dennoch gemäß Art. 71 GG i.V.m. § 1 Abs. 3 VwVfG des Bundes die Länder ermächtigt, eigene Regeln zur Rücknahme zu treffen.[301] Und diese Rücknahmeregelungen konnten und können sich auf jedweden Rechtsbereich beziehen, der nicht spezialgesetzlich geregelt ist, also auch auf die Rücknahme von Staatsangehörigkeiten.

Dem stand auch der Gesetzesvorbehalt des Art. 16 Abs. 1 GG nicht entgegen, denn nach dem Wortlaut werden keine erhöhten Anforderungen an das einschränkende Gesetz gestellt.[302] Insbesondere sieht Art. 16 Abs. 1 GG nicht vor, dass der das in ihm verbürgte Recht nur durch Bundesgesetz eingeschränkt werden darf.

Und auch systematische Argumente zwingen nicht zu dieser Annahme. Zwar ist die deutsche Staatsangehörigkeit Voraussetzung für die Wahrnehmung von Deutschen-Grundrechten, Art. 16 GG stand und steht aber trotzdem nicht über den anderen Grundrechten. Ihm kommt keine derartige Sonderstellung zu, welche den Gesetzvorbehalt durch Bundesgesetze rechtfertigen würde.[303] Richtigerweise steht der Anwendung des § 48 VwVfG der Länder deshalb keine fehlende Gesetzgebungskompetenz entgegen.

---

299 ENGST, JuS 2007, 225 (226); ERICHSEN/ BRÜGGE, Jura 1999, 155 (156).
300 HAUTH, FoR 2007, 24 (25).
301 BVerfGE 116, 24 (51).
302 So aber SILAGI, StAZ 2006, 309 (315 f.).
303 KÄMMERER, NVwZ 2006, 1015 (1017).

Einer Anwendbarkeit des § 48 VwVfG der Länder musste jedoch seine mangelnde Bestimmtheit kritisch entgegengehalten werden.[304] Zwar reichen die Regelungen des § 48 VwVfG für die Erfüllung der Voraussetzungen der Wesentlichkeitstheorie aus, denn zur Erfassung all der vielfältigen Lebenssachverhalte sind Generalklauseln und die Einräumung von Ermessensspielräumen unbedingt erforderlich. Besitz oder Verlust der deutschen Staatsangehörigkeit haben allerdings weitreichende Folgen. So erscheint es, wenn nicht verfassungsrechtlich geboten so doch rechtspolitisch äußerst wünschenswert, dass der Gesetzgeber in § 17 Abs. 1 Nr. 7 i.V.m. § 35 StAG eine spezielle Regelung zum Verlust der Staatsangehörigkeit aufgrund einer erschlichenen Einbürgerung getroffen hat.

b) Kein Verstoß gegen Art. 16 Abs. 1 GG

Die Rücknahme einer erschlichenen Einbürgerung gemäß § 48 VwVfG der Länder muss mit Art. 16 Abs. 1 GG vereinbar sein. Die im Rahmen der Diskussion zu der Vereinbarkeit der Anwendung des § 48 VwVfG mit Art. 16 Abs. 1 GG geäußerten Meinungen können und müssen auf § 35 StAG entsprechend angewandt werden.

Es ist zunächst klarzustellen, dass m. E. auch die erschlichene Einbürgerung aus den nachfolgenden Gründen grundsätzlich schützenswert ist und nicht bereits von vornherein aus dem Schutzbereich des Art. 16 Abs. 1 GG herausfällt.[305]

Wäre mit der deutschen Staatsangehörigkeit im Sinne des Art. 16 Abs. 1 GG nur die wohlerworbene deutsche Staatsangehörigkeit gemeint, fiele die rechtswidrige, durch falsche Angaben erworbene Staatsangehörigkeit gar nicht erst in den Schutzbereich des Art. 16 Abs. 1 GG. Ein Verstoß gegen Art. 16 Abs. 1 GG bei der Rücknahme der deutschen Staatsangehörigkeit über § 48 VwVfG der Länder, beziehungsweise nun nach § 35 StAG, wäre damit ausgeschlossen.

---

304 Vgl. SILAGI, StAZ 2006, 309 (315).

305 KÄMMERER, in: DOLZER/ GRAßHOF, BK-GG, Art.16 Rn.62 (Stand: 08/2007); ders., NVwZ 2006, 1015 (1015); SCHMAHL, ZAR 2007, 174 (174); vgl. auch MASING, in: DREIER, GG, Art.16 Rn.75; SILAGI, StAZ 2006, 309 (320); a.A. OVG Hamburg NVwZ 2002,885 (886); VGH Mannheim, NVwZ 1990, 1198 (1199); BECKER, in: V. MANGOLDT/ KLEIN, GG, Art.16 Abs. 1 Rn.41; RANDELZHOFER, in: MAUNZ/ DÜRIG, GG, Art.16 Abs.1 Rn.53 (Stand: 09/1983); MARX, StAG, §17 RuStAG Rn.12; ERICHSEN/ BRÜGGE, Jura 1999, 155 (156).

Eine derartige Reduktion des Schutzbereiches des Art. 16 Abs. 1 GG würde jedoch zu einer starken und durch den historischen Gesetzgeber ungewollten Verkürzung des entsprechenden Grundrechtsschutzes führen.[306] Die Reichweite des Schutzes der deutschen Staatsangehörigkeit hinge außerdem von einfachgesetzlichen Regelungen über die Rechtmäßigkeit oder Rechtswidrigkeit von Willenserklärungen im Einbürgerungsverfahren ab. Eine derartige Definierung des Grundgesetzes durch das einfache Gesetz wird bereits im Rahmen des Art. 12 GG von der ganz herrschenden Meinung abgelehnt.[307] Auch die rechtswidrig und unzulässig erworbene deutsche Staatsangehörigkeit unterfällt damit dem Schutzbereich des Art. 16 Abs. 1 GG.

Vor der Einführung des § 35 StAG wurde im Besonderen diskutiert, ob eine Rücknahme der Einbürgerung nach § 48 VwVfG eine unzulässige Entziehung oder ein gemäß Art. 16 Abs. 1 S. 2 GG rechtmäßiger Verlust der Staatsangehörigkeit sei. Diese Frage stellt sich gleichermaßen bei § 35 StAG.

Den Abgrenzungskriterien der Zumutbarkeitstheorie folgend, ist ein durch das Grundgesetz erlaubter Verlust immer dann zu bejahen, wenn der zum Verlust führende Tatbestand für den Betroffenen vermeidbar oder beeinflussbar und die Kriterien der Vermeidbarkeit zumutbar waren. Im Falle der durch falsche Angaben, Drohung, Bestechung oder Täuschung erworbenen Einbürgerung liegt die Rechtswidrigkeit der Einbürgerung und damit die Anwendbarkeit der einschlägigen Vorschrift allein in der Handlungssphäre des Einzubürgernden. Die Verwirklichung des Tatbestandes des § 48 VwVfG – bzw. nun des § 35 StAG – ist demzufolge allein auf den Betroffenen zurückzuführen und für ihn auch ohne Weiteres vermeidbar.[308] Rechtmäßiges Verhalten in diesem Zusammenhang ist zumutbar, da es keinerlei Grundrechte des Betroffenen verletzt, das heißt ohne verfassungsrechtliche Rechtsfertigung einschränkt.

Dies zeigt aber auch, dass die Rücknahme einer Einbürgerung, welche aufgrund von Fehlern der einbürgernden Behörde rechtswidrig ist, immer ge-

306 SCHMAHL, ZAR 2007, 174 (175).

307 RUFFERT, in: EPPING/ HILLGRUBER, BeckOK-GG, Art.12 Rn.42 m.w.N. (Stand: 01/2012).

308 BVerfGE 116, 24 (47); NETTERSHEIM, DVBl 2004, 1144 (1144 f.), SCHMAHL, ZAR 2007, 174 (175); a.A. ENGST, JuS 2007, 225 (226) ; SILAGI, StAZ 2006, 313 (320), welcher davon ausgeht, dass der Erlass des Verwaltungsaktes eine verbindliche Rechtposition nach § 43 VwVfG geschaffen hat, die nur noch entzogen werden kann.

gen Art. 16 Abs. 1 GG verstoßen muss. Der Grund der Rücknahme muss folglich immer aus der Sphäre des Einzubürgernden kommen.

Die Rücknahme einer durch falsche Angaben, Täuschung, Drohung oder Bestechung erworbenen Einbürgerung aufgrund § 48 VwVfG der Länder oder § 35 StAG ist demgegenüber ein vermeidbarer Verlust der deutschen Staatsangehörigkeit.[309]

Aber auch der Verlust der deutschen Staatsangehörigkeit aufgrund eines Gesetzes ist durch das Grundgesetz nur gedeckt, solange keine Staatenlosigkeit eintritt, Art. 16 Abs. 1 S. 2 GG a. E. Bei Mehrstaatern oder einem Rückerwerb der ursprünglichen Staatsangehörigkeit kraft Gesetzes bei Verlust der neu erworbenen deutschen Staatsangehörigkeit bereitet dieses Kriterium keine Probleme. Dies sind jedoch die seltensten Fälle. In der Regel verlangt die Einbürgerung den Verzicht auf die ursprüngliche Staatsangehörigkeit[310] und damit den alleinigen Besitz der deutschen Staatsbürgerschaft. Eine Rücknahme der Einbürgerung führt demnach in den meisten Fällen zur Staatenlosigkeit des Betroffenen und verstößt augenscheinlich gegen den Wortlaut des Art. 16 Abs. 1 S. 2 GG.

Versucht wurde das Problem der verbotenen Rechtsfolge der Staatenlosigkeit zugunsten der Anwendbarkeit von § 48 VwVfG im Staatsangehörigkeitsrecht dadurch zu umgehen, indem der Begriff der „Staatenlosigkeit" eng ausgelegt wurde.[311] Staatenlos sei danach nur derjenige, dem keine Rückerwerbsmöglichkeit bezüglich seiner ursprünglichen Staatsangehörigkeit zustehe. Einige Staaten sehen den Rückerwerb, oder jedenfalls einen wesentlich vereinfachten Erwerb der Staatsangehörigkeit, dann vor, wenn die neue – in diesem Fall die deutsche – Staatsangehörigkeit wieder verloren geht oder aber niemals wirksam erworben wurde. In solchen Fällen sei nicht von einer endgültigen Staatenlosigkeit des Betroffenen auszugehen. Der Schutz des Art. 16 GG müsse deshalb hier nicht greifen.

Einer solchen weiten Auslegung des Art. 16 GG ist allerdings entgegenzuhalten, dass sie zu einer zufälligen Unterscheidung führt, wem gegenüber die Staatsangehörigkeit zurückgenommen werden darf und wem gegenüber nicht. Denn dies hängt allein von der Gesetzgebung des Ursprunglandes ab. Daraus folgt nicht nur eine unberechtigte Ungleichbehandlung, sondern auch,

---

309 BVerfGE 116, 24 (36); NETTERSHEIM, DVBl 2004, 1144 (1144 f.); SCHMAHL, ZAR 2007, 174 (175); a.A. SILAGI, StAZ 2006, 309 (320).

310 Vgl. zur Mehrstaatigkeit oben Kapitel 3 III. 3.

311 KÄMMERER, NVwZ 2006, 1015 (1016); SCHMAHL, ZAR 2007, 174 (176 f.).

dass sich die Bundesrepublik in ihren Entscheidungen von der Gesetzgebung dritter Staaten abhängig macht.[312] Dies kann nicht richtig, beziehungsweise gewollt, sein.

Das Bundesverfassungsgericht[313] wollte Art. 16 Abs. 1 S. 2 GG im Bezug auf die fälschlich erworbene Staatsangehörigkeit teleologisch reduzieren. Schutzzweck des Art. 16 Abs. 1 GG sei der Schutz des Bürgers vor willkürlicher und unrechtmäßiger Ausbürgerung durch den Staat. Dieser Schutzzweck des Art. 16 Abs. 1 GG wäre in das Gegenteil verkehrt, wenn durch unrechtmäßige Handlungen die Staatsbürgerschaft erschlichen würde und eben diese erschlichene Staatsangehörigkeit vor der Herstellung rechtmäßiger Zustände schützen würde. Schlagworte wie die Diskriminierung rechtstreuen Verhaltens[314] und die „Selbstbehauptung des Rechts“[315] wurden in diesem Zusammenhang genannt. Es solle keine Prämierung von Rechtsverstößen geben.

Wie bereits zuvor dargelegt, kann jedoch nicht nur die wohlerworbene Staatsangehörigkeit durch Art. 16 Abs. 1 GG geschützt sein. Der eindeutige Wortlaut des Grundgesetzes in Art. 16 Abs. 1 S. 2 GG stellt außerdem für eine teleologische Reduktion ein kaum zu überwindendes Hindernis dar.[316]

Der Systematik des Grundgesetzes bekannt ist allerdings der Ausgleich mehrerer widerstreitender verfassungsrechtlicher Positionen. Auch Art. 16 Abs. 1 S. 2 GG steht im Kontext mit allen anderen Regelungen des Grundgesetzes. Es muss ein Ausgleich stattfinden zwischen der Garantie des Art. 16 Abs. 1 S. 2 GG und dem Prinzip der Gesetzmäßigkeit der Verwaltung aus Art. 20 Abs. 3 GG.[317] Die Vermeidung von Staatenlosigkeit stellt kein absolutes Ziel der deutschen Verfassung dar. Im Gegenteil darf ein Abwägungsprozess stattfinden. Dies zeigt auch die Kündigung des Mehrstaaterübereinkommens von 1963. Eine Ermessensentscheidung der Verwaltung, auch mit der Gefahr der Folge der Staatenlosigkeit, ist damit zulässig.[318] Bei dieser Ermessenausübung muss insbesondere berücksichtigt werden, dass der Betroffene selbst durch seine Täuschungshandlung die Ursache gesetzt hat und deshalb

312 Vgl. zu diesem Argument auch BLECKMANN, NJW 1990, 1397 (1398).

313 BVerfGE 116, 24 (45 f.); zustimmend ENGST, JuS 2007, 225 (227); REY, JuS 1993, 263 (264).

314 BVerfGE 116, 24 (49).

315 BVerfGE 116, 24 (49).

316 KÄMMERER, NVwZ 2006, 1015 (1016); SCHMAHL, ZAR 2007, 174 (176).

317 BVerwGE 119, 17.

318 BVerwGE 119, 17 (3. Leitsatz).

auch weniger schützenwert ist. Die Gesetzmäßigkeit der Verwaltung geht deshalb dem Ziel der Vermeidung von Staatenlosigkeit in der Regel vor.

Eine eindeutige Regelung der Materie durch den Gesetzgeber erschien äußerst wünschenswert und wurde schlussendlich durch die Schaffung des § 35 StAG verwirklicht. Trotzdem stellt der eindeutige Wortlaut des Art. 16 Abs. 1 GG weiterhin eine hohe Hürde dar, die nur – wie oben dargestellt – durch einen Ausgleich zwischen den im Grundgesetz normierten Interessen stattfinden kann. Im Ergebnis wird man die Regelung des § 35 StAG demnach als verfassungsgemäße Abwägung zwischen Art. 16 Abs. 1 und Art. 20 Abs. 3 GG ansehen müssen. Verhältnismäßig ist dieser Ausgleich insbesondere deswegen, weil die Regelung gemäß § 35 Abs. 3 StAG nur innerhalb von fünf Jahren nach der Einbürgerung angewandt werden darf und somit den Betroffenen nicht über Gebühr belastet.

c) Drittwirkungen der Rücknahme

Die größten Probleme bereiteten jedoch die rechtlichen Folgen der Rücknahme einer erschlichenen Einbürgerung nach § 48 VwVfG der Länder im Hinblick auf Dritte. Die Rücknahme eines Verwaltungsaktes gemäß § 48 VwVfG der Länder erfolgt mit der Wirkung ex tunc. Daraus ergaben sich Folgeprobleme, insbesondere im Bereich der Staatsangehörigkeit von Kindern.

Wurde die Staatsangehörigkeit der Eltern nach § 48 VwVfG zurückgenommen, stellte sich die Frage, wie sich dies auf die Staatsangehörigkeit der Kinder auswirken sollte, welche ihre Staatsangehörigkeit kraft Abstammung von einer rückwirkend weggefallenen Staatsangehörigkeit der Eltern ableiteten.

Gleichgelagerte Probleme ergeben sich für in Deutschland geborene Kinder, deren Staatsangehörigkeit sich nach § 4 Abs. 3 StAG bestimmt, im Fall, dass die Aufenthaltsgenehmigung der Eltern von Beginn an fehlerhaft war.[319] Grundsätzlich kann eine fehlerhafte Aufenthaltsgenehmigung unproblematisch nach § 48 VwVfG zurückgenommen werden. Dies führte jedoch zum Wegfall der Aufenthaltsgenehmigung ex tunc. Das bedeutet für die Kinder, die ihre Staatsangehörigkeit nach § 4 Abs. 3 StAG erworben haben, dass rückwirkend die Voraussetzungen für diese Regelung entfielen.

319 Vgl. BVerwG, Urteil vom 05.09.2006, Az.: 1 C 20/05.

Das Bundesverfassungsgericht äußerte in seiner Entscheidung vom 24. Mai 2006 lediglich, dass eine entsprechende Regelung durch den Gesetzgeber wünschenswert wäre.[320]

Nach HAUTH war eine Auswirkung der Rücknahme der Staatsangehörigkeit oder der Aufenthaltsgenehmigung der Eltern auf die Staatsangehörigkeit der Kinder insgesamt abzulehnen, da die Kinder kein eigenes Fehlverhalten vorzuwerfen sei.[321]

Dies würde jedoch zu einer faktischen Fortwirkung des unrechtmäßigen Zustandes führen, da die Kinder ihre Staatsangehörigkeit niemals wirksam erlangt haben. Allerdings muss, mittels einer zeitlichen Befristung der Rücknahmeentscheidung, dem stetig wachsenden Vertrauensschutz der Kinder und damit auch dem Grundsatz der Verhältnismäßigkeit Rechnung getragen werden.

BECKER differenzierte zwischen den Kindern, welche die Staatsangehörigkeit kraft Abstammung erworben hatten und jenen, welche sie aufgrund von § 4 Abs. 3 StAG besaßen.[322] Im ersten Fall rechnete er den Kindern die Täuschungshandlung der Eltern als gesetzliche Vertreter zu. Auch die Kinder verlören deshalb die deutsche Staatsangehörigkeit nach § 48 VwVfG der Länder. Allerdings sollte die Möglichkeit der Rücknahme hier bis zum Ende der Grundschulzeit der Kinder begrenzt sein, da danach eine Integration stattgefunden habe. Im Falle einer rechtswidrigen Aufenthaltsgenehmigung habe das Kind gemäß § 4 Abs. 3 StAG die Rechtsposition der deutschen Staatsangehörigkeit in dem Moment der Erfüllung der Voraussetzungen wirksam erlangt. Diese Position könne nicht mehr wirksam zurückgenommen werden. Während nämlich im ersten Fall die Täuschungshandlung dem Kind zugerechnet würde und die Rücknahme deshalb für das Kind vermeidbar war, bestünde die Staatsangehörigkeit gemäß § 4 Abs. 3 StAG aufgrund Gesetzes. Die Täuschungshandlung der Eltern würde dem Kind nicht zugerechnet und die Rücknahme sei deshalb nicht vermeidbar gewesen, weshalb sie gegen Art. 16 Abs. 1 GG verstoßen würde.

Eine derartige Differenzierung erscheint jedoch nicht erstrebenswert sowie mit dem Gebot der Einheitlichkeit der deutschen Staatsangehörigkeit[323] unvereinbar. Sie lässt sich an keinem sachlichen Grund festmachen. Deutsche

---

320 BVerfGE 116, 24 (60).

321 HAUTH, FoR 2007, 24 (25).

322 BECKER, NVwZ 2006, 304 (304 ff.).

323 Vgl. oben Kapitel 3 II. 2. b) (2).

Staatsangehörige kraft § 4 Abs. 3 StAG hätten hiernach einen besseren Stand gegenüber deutschen Kindern kraft Abstammung. Eine solche Bevorzugung erschien aber auch vom Gesetzgeber nicht gewollt. Im Gegenteil wurde bei der Schaffung des § 4 Abs. 3 StAG darauf Wert gelegt, dass beide Formen des Staatsangehörigkeitserwerbs sich wenigstens im Zeitpunkt des Erwerbs gleichwertig gegenüber stehen. Im Rahmen des Verlusts ist die durch ius soli erworbene Staatsangehörigkeit sogar stärker gefährdet als die durch Abstammung erworbene, wie die Optionsregelung zeigt.

Folgte man also konsequent oben Gesagtem, muss grundsätzlich bei einer Täuschungshandlung der Eltern, egal ob hinsichtlich der Aufenthaltsgenehmigung oder hinsichtlich der Einbürgerung, auch die Staatsangehörigkeit der Kinder rückwirkend entfallen. Gerade auch bei § 4 Abs. 3 StAG lagen, bei einem Wegfall der Aufenthaltsgenehmigung ex tunc, dessen Voraussetzungen niemals vor.

Eine vergleichbare ungelöste Problematik warf der Fall der erfolgreichen Anfechtung der Vaterschaft auf.[324] Leitete das Kind nach dem Abstammungsprinzip seine Staatsangehörigkeit ausschließlich von einem deutschen Vater ab und hat dieser die Vaterschaft erfolgreich angefochten gemäß § 1599 BGB, führte dies nach der alten Rechtslage ebenfalls zu dem Verlust der Staatsangehörigkeit des Kindes.

Diese, zeitlich unbegrenzte und damit zu Unsicherheit führende Rechtslage ist insbesondere bei Kindern nicht wünschenswert. Im Hinblick auf die Rücknahme der Einbürgerung erfolgte die Änderung der Rechtslage im Jahre 2009 mit Einführung einer Fünfjahresfrist in § 35 Abs. 3 StAG. Auf die Rücknahme der Aufenthaltsgenehmigung der Eltern bei § 4 Abs. 3 StAG oder auf die Anfechtung der Vaterschaft muss der Rechtsgedanke der Befristung entsprechend angewandt werden. Besitzt das Kind seit mehr als fünf Jahren die deutsche Staatsangehörigkeit überwiegt sein Interesse an dem Erhalt seiner Position dem Interesse auf Herstellung eines rechtmäßigen Zustandes.[325]

d) Neuerungen des § 35 StAG

Die Gründe für die Einführung der §§ 17 Abs. 1 Nr. 7, Abs. 2 und 3, 35 StAG waren damit insbesondere die mangelnde Bestimmtheit des § 48 VwVfG der

---

324 Vgl. BVerfGK 9, 381.

325 Vgl. hierzu auch unten Kapitel 3 V. 3. a) (1) die Entscheidungen des EGMR zu Art.8 EMRK bei der Ausweisung von faktischen Inländern.

Länder im Hinblick auf die spezielle Materie des Staatsangehörigkeitsrechts und der nichtgeregelte Bereich der Betroffenheit unbeteiligter Dritter, insbesondere von Kindern.[326] Außerdem wurde eine Befristung der Rücknahme gefordert.[327]

In § 17 Abs. 2 StAG werden die Folgen der Rücknahme für Dritte geregelt. Es wird klargestellt, dass die Staatsangehörigkeit Dritter in einem Fall der Rücknahme der Einbürgerung nur dann ebenfalls verlustig geht, wenn der Dritte unter 5 Jahre alt ist. Dies wird mit der Annahme begründet, dass ein Kind bis zu dem Alter von 5 Jahren kein Bewusstsein über seine Staatsangehörigkeit entwickelt hat und demgemäß auch nicht auf den Fortbestand der Staatsangehörigkeit vertraut.[328] Gemäß Abs. 3 ist Vorgenanntes auch auf den Verlust der Staatsangehörigkeit Dritter nach anderen Gesetzen anzuwenden, beispielsweise nach einer erfolgreichen Vaterschaftsanfechtung gemäß § 1599 BGB. Ausgenommen ist die Anfechtung der Vaterschaft durch eine Behörde gemäß § 1600 ff. BGB, da hier eine eigene Fristenregelung besteht. Die Fünfjahresfrist lehnt sich an § 24 des 1. StAngRegG an.[329]

§ 35 Abs. 1 StAG legt die Voraussetzungen für die Rücknahme der Staatsangehörigkeit fest. So bedarf es einer arglistigen Täuschung, einer vorsätzlichen Angabe unrichtiger oder unvollständiger Tatsachen, einer Drohung oder einer Bestechung, welche kausal für die Einbürgerung ist. Die Rücknahme des Verwaltungsaktes der Einbürgerung steht im Ermessen der zuständigen Behörde. Dabei sollen bei der Ermessenabwägung Vertrauensgesichtspunkte nicht berücksichtigt werden, da die Mangelhaftigkeit der Einbürgerung aus der Sphäre des Betroffenen stammt. Die mögliche Folge der Staatenlosigkeit hindert die Rücknahme der Staatsangehörigkeit nicht, § 35 Abs. 2 StAG. Die bereits in der Ausgangsdiskussion geforderte Befristung der Rücknahmeentscheidung wird durch Abs. 3 auf fünf Jahre festgelegt. Der Gesetzgeber hat sich außerdem in Abs. 4 für die ex tunc-Wirkung entschieden. Die daraus resultierende missliche Lage für betroffene Dritte wird zum einen, wie bereits gezeigt, durch § 17 Abs. 2 und 3 StAG aufgefangen und zum anderen durch § 35 Abs. 5 StAG. Letzterer sieht vor, dass für jede Person eine eigenständige Ermessenentscheidung zu treffen ist, wobei der Grad der Beteiligung

---

326 BT Drs. 16/10528, S.1 f.

327 BT Drs. 16/10528, S. 1 f.; Silagi, StAZ 2006, 309 (316).

328 BT Drs. 16/10528, S.2.

329 BT Drs. 16/10528, S.2.

an der Erschleichung der Einbürgerung in der Abwägung zu berücksichtigen ist.

Durch § 42 StAG wurde außerdem ein entsprechender Straftatbestand eingeführt, welcher eine Freiheitsstrafe von bis zu fünf Jahren oder eine Geldstrafe bei dem Erschleichen einer Einbürgerung durch unrichtige oder unvollständige Angaben vorsieht.

e) Rechtsfolgen

Bei der Einbürgerung und der ihr vorausgehenden Erledigung des Aufenthaltstitels handelt es sich grundsätzlich um zwei voneinander zu unterscheidende Verwaltungsakte. Die Rücknahme der Einbürgerung führt nicht auch zur Rücknahme der Erledigungserklärung des Aufenthaltstitels.[330] Der Aufenthaltstitel lebt folglich nicht wieder auf, wodurch eine Ausreisepflicht des Betroffenen gemäß § 50 Abs. 1 AufenthG begründet wird. Auch § 38 AufenthG, der Aufenthaltstitel für ehemalige Deutsche, greift nicht, da der Betroffene niemals wirksam Deutscher geworden ist. Damit wäre aber bei dem Verlust des Aufenthaltstitels keine behördliche Kontrolle gegeben, wie sie das AufenthG normalerweise vorsieht. Der Verlust des Aufenthaltsrechts ohne entsprechende wertende Ermessensentscheidung der Ausländerbehörde könnte gegen Art. 8 EMRK verstoßen, da der Verlust langjähriger Privilegien auch für faktische Inländer droht.[331] Dabei wird jedoch übersehen, dass bereits in der Prüfung der Rücknahme der Einbürgerung und dem in diesem Zusammenhang ausgeübten Ermessen auf die Problematik der Folge der Ausreisepflicht Rücksicht genommen werden kann und muss.

f) Täuschung über die Loyalität

Interessant wird die Anwendung des § 35 StAG bei der hier aufgeworfenen Fragestellung insbesondere in solchen Fällen, in denen der Betroffene über seine Loyalität zur freiheitlich-demokratischen Grundordnung Deutschlands oder seine terroristischen Aktivitäten auch gegenüber sonstigen Staaten falsche Angaben macht. Die Ermesseneinbürgerung setzt nach § 8 Abs. 1 Nr. 2 StAG Straffreiheit beziehungsweise die fehlende Anordnung von Maßregeln

---

330 BVerwGE 139, 337 (Leitsatz).

331 GÖBEL-ZIMMERMANN, in: HUBER, AufenthG, § 25 Rn.31 ff.; GÖBEL-ZIMMERMANN/EICHHORN, ZAR 2010, 348 (349); vgl. dazu auch Kapitel 3 V. 3. a) (1).

der Sicherung und Besserung voraus.[332] Die Anspruchseinbürgerung fordert ein Bekenntnis zur freiheitlich demokratischen Grundordnung in § 10 Abs. 1 Nr. 1 StAG. § 11 StAG schließt Einbürgerungen gleich welcher Art aus, wenn der Einbürgerungswillige sich gegen die freiheitlich demokratische Grundordnung oder den Bestand und die Sicherheit Deutschlands richtet oder gar terroristische Aktivitäten im Sinne des § 54 Nr. 5 und 5a AufenthG entfaltet. Hat der Eingebürgerte in diesen Punkten falsche Angaben gemacht, kann seine Einbürgerung gemäß § 35 StAG zurückgenommen werden,[333] jedenfalls innerhalb von fünf Jahren nach der Einbürgerung.

Die Rechtsfolge der Staatenlosigkeit steht dem nicht entgegen. Da der Wortlaut des § 35 Abs. 1 StAG neben der arglistigen Täuschung auch die falschen Angaben als Rücknahmegrund gelten lässt, kommt es auf einen Irrtum auf Seiten der zuständigen Behörde nicht an.[334] Diese kann folglich abwarten, bis sie beweisbare Tatsachen für falsche Angaben des Eingebürgerten besitzt, solange sie sich innerhalb der Fünfjahresfrist bewegt.

8. Wegfall der Staatsangehörigkeit des Kindes

Die Möglichkeiten, dass ein Kind seine Staatsangehörigkeit aufgrund der Tatsache verliert, dass die Eltern der Staatsangehörigkeit verlustig gehen, ist nach der Gesetzesänderung des StAG vom 12. Februar 2009 auf die Zeit bis zur Vollendung des fünften Lebensjahres beschränkt.

9. Kein Widerruf gemäß § 49 VwVfG der Länder

Der Widerruf der fehlerfrei und damit rechtmäßig erworbenen deutschen Staatsangehörigkeit nach § 49 VwVfG der Länder stellt eine durch Art. 16 Abs. 1 S. 1 GG untersagte Entziehung dar. Eine Anwendung des § 49 VwVfG

332 Eine Ermessensausweisung gemäß § 55 Abs.1 AufenthG kann hingegen schon bei einer Beeinträchtigung der öffentlichen Sicherheit und Ordnung erfolgen; vgl. hierzu unten Kapitel 3 V. 3. a) (3).

333 MAAßEN, ZAR 2011, 336 (338).

334 MAAßEN, ZAR 2011, 336 (339).

der Länder auf den Verwaltungsakt der Verleihung der Staatsangehörigkeit ist demzufolge verfassungswidrig.[335]

Eine Ausnahme hierzu wird lediglich im Zusammenhang mit folgender Fallkonstellation angedacht:[336] Einige Staaten sehen in ihrem Staatsangehörigkeitsrecht die Entlassung aus der Staatsbürgerschaft nur bei erfolgreichem Erwerb einer neuen Staatsangehörigkeit vor. Das deutsche StAG setzt allerdings den Verlust der ursprünglichen Staatsangehörigkeit für den Erwerb der deutschen voraus, § 10 Abs. 1 S. 1 Nr. 4 StAG. In diesen Fällen soll – dieser Meinung folgend – die Einbürgerung unter der Auflage des ernsthaften Bemühens um die Entlassung aus der ausländischen Staatsangehörigkeit erteilt werden. Findet ein solches Bemühen nicht statt, soll die Einbürgerung gemäß § 49 Abs. 2 Nr. 2 VwVfG der Länder aufgrund der Nichterfüllung der Auflage widerrufen werden können. Auf einen Erfolg der Entlassungsbemühungen komme es nicht an, da jener im Willen des ausländischen Staates liege und vom Einzubürgernden nicht beeinflusst werden könne.

Es erscheint fraglich, ob eine solche Konstruktion in genannten Fällen überhaupt vonnöten ist, denn § 12 StAG sieht bereits eine Ausnahme von § 10 Abs. 1 S. 1 Nr. 4 StAG vor. Nach dieser Vorschrift reicht für eine wirksame Einbürgerung das ernsthafte Bemühen um eine Entlassung aus der Staatsbürgerschaft des Herkunftstaates aus. So ist hier ebenfalls die rechtliche Unmöglichkeit des Ausscheidens aus der ausländischen Staatsangehörigkeit vorgesehen. Damit ist wohl auch die vorläufige Verweigerung der Entlassung gemeint. Mithin reicht die Stellung eines Antrages auf Entlassung aus der ausländischen Staatsangehörigkeit aus, auch wenn diesem erst nach erfolgter Einbürgerung in die deutsche Staatsbürgerschaft stattgegeben wird.[337]

Die Möglichkeit eines Widerrufs der deutschen Staatsangehörigkeit nach § 49 VwVfG der Länder ist also weiterhin abzulehnen.

---

335 KÄMMERER, in: DOLZER/ GRAßHOF, BK-GG, Art.16 Rn.56 (Stand: 08/2005); RENNER/ MAAßEN, in: HAILBRONNER/ RENNER, StAG, § 17 StAG Rn. 11, vgl. auch Art.16 GG Rn.57; MAKAROV/ v. MANGOLDT, StAG, § 17 RuStAG Rn.24 (Stand: 05/1986).

336 NETTERSHEIM, DVBl 2004, 1144 (1147).

337 Vgl. BMI, Vorläufige Anwendungshinweise StAG, Nr.12.1.2.3.1 und Nr.12.1.2.3.2.3.

10. Anfechtung des Einbürgerungsantrages

Wäre eine Anfechtung des Einbürgerungsantrages selbst durch den Eingebürgerten zulässig, hätte dies den Verlust der deutschen Staatsangehörigkeit ex tunc zur Folge. Gegen die Anfechtbarkeit des Einbürgerungsantrages spricht jedoch, dass das deutsche Staatsangehörigkeitsrecht die Entlassung aus der Staatsbürgerschaft sowie den Verzicht der Staatsangehörigkeit kennt. Die Einräumung der Möglichkeit einer rückwirkenden Anfechtung derselben ist deshalb nicht vonnöten.[338]

Lediglich die Anfechtung einer dem Staatsangehörigkeitserwerb vorausgegangenen Willenserklärung kann zum Verlust der deutschen Staatsangehörigkeit führen.[339]

Ebenso wie der Widerruf des Einbürgerungsantrages bis zu dem Zeitpunkt der Einbürgerung.[340]

11. Verlust bei Statusdeutschen

Gemäß § 24 Abs. 1 des 1. StAngRegG war eine Einbürgerung von Statusdeutschen nach den §§ 6, 8, 9, 11 oder 12 des 1. StAngRegG unwirksam, wenn, durch das Verschulden des Antragsstellers, der zuständigen Behörde Tatsachen unbekannt waren, welche der Einbürgerung nach allen genannten Tatbeständen entgegengestanden hätten. Die Fahrlässigkeit des Antragsstellers reichte insofern aus.[341] Hintergrund dieser Regelung ist, dass die meisten Statusdeutschen sich außerhalb des Territoriums der Bundesrepublik aufhalten und deshalb die Tatsachenüberprüfung bei den entsprechenden Einbürgerungsanträgen problematisch ist.[342]

Die Feststellung der Unwirksamkeit gemäß § 24 Abs. 2 des 1. StAngRegG war fristgebunden und musste innerhalb von fünf Jahren erfolgen.

---

338 RENNER/ MAAßEN, in: HAILBRONNER/ RENNER, StAG, § 17 StAG Rn.11; MAKAROV/ V. MANGOLDT, StAG, § 17 RuStAG Rn.26 (Stand: 05/1986); MARX, StAG, §17 RuStAG Rn.12.

339 MAKAROV/ V. MANGOLDT, StAG, § 17 RuStAG Rn.24 (Stand: 05/1986).

340 MAKAROV/ V. MANGOLDT, StAG, § 17 RuStAG Rn.25 (Stand: 05/1986).

341 MARX, StAG,§24 1.StARegG Rn.4.

342 MARX, StAG, §24 1.StARegG Rn.2.

§ 24 des 1. StAngRegG war verfassungsgemäß und verstieß insbesondere nicht gegen Art. 16 Abs. 1 GG, da Statusdeutsche von dem Schutzbereich desselbigen nicht erfasst wurden. Praktisch ist diese Regelung mittlerweile nahezu bedeutungslos und deshalb aufgehoben worden,[343] da nach § 40a StAG alle Statusdeutsche zum 1. August 1999 deutsche Staatsangehörige geworden sind.[344] Somit fallen sie nun unter die Vorschrift des § 17 StAG.

12. Fazit und Zusammenfassung

Das deutsche Staatsangehörigkeitsrecht und seine grundlegenden Prinzipien, wie das Abstammungsprinzip und der Grundsatz der Vermeidung von Mehrstaatigkeit, haben ihre Wurzeln bereits im 19. Jahrhundert. Durch die neusten Gesetzesänderungen werden gesellschaftliche Entwicklungen aufgegriffen und die vorgenannten Prinzipien des einfachgesetzlichen Staatsangehörigkeitsrechts immer flexibler gehandhabt.

Jegliche Gesetzesänderung des einfachgesetzlichen Staatsangehörigkeitsrechts findet seine Grenzen jedoch stets in der Vorschrift des Art. 16 Abs. 1 GG. Dort ist der Entzug der deutschen Staatsangehörigkeit untersagt. Statthaft ist nur der Verlust der Staatsangehörigkeit, welcher unter zumutbaren Umständen vermeidbar sein muss. Der so erlaubte Verlust der deutschen Staatsangehörigkeit bestimmt sich nach dem § 17 StAG und den Vorschriften, auf die er verweist.

Einen Verlust aufgrund illoyalen Verhaltens kennt das deutsche Staatangehörigkeitsrecht nur in sehr engen Grenzen und insbesondere bei der Hinwendung zu einem anderen Staat. Letztere kann gekennzeichnet sein durch den Erwerb einer ausländischen Staatsangehörigkeit, dem Wehrdienst in einer fremden Armee oder der Option für die nichtdeutsche Staatsangehörigkeit nach § 29 StAG. Die Möglichkeit des Verlustes der Staatsangehörigkeit bei einem gezieltem Agieren eines Staatsangehörigen gegen den Staat und seine Rechtsordnung, kennt das deutsche Recht nicht. Allerdings nimmt die Rücknahme der Einbürgerung nach § 35 StAG insoweit eine besondere Stellung ein. Zwar liegt in diesem Fall nach korrekter juristischer Betrachtung niemals eine wirksame Staatsangehörigkeit bei dem Betroffenen vor, nach den rein

343 Aufgehoben mit Wirkung zum 15.12.2010 durch Art.2 des Gesetzes vom 08.12.2010, BGBl. I, 1864.

344 Vgl. oben Kapitel 3 II. 1.

praktischen Auswirkungen jedoch kommt die Rücknahme der Einbürgerung einem Verlust der Staatsangehörigkeit aufgrund illoyalen Verhaltens am nächsten. Das illoyale Verhalten erschöpft sich allerdings insoweit in betrügerischen Handlungen gegenüber dem deutschen Staat.

Ein Handeln gegen die Grund- und Werteordnung des Grundgesetzes wird im Staatsangehörigkeitsgesetz nur im Hinblick auf die Voraussetzungen der Einbürgerung nicht jedoch im Rahmen einer möglichen Ausbürgerung thematisiert. Ein Agieren gegen die freiheitlich demokratische Grundordnung wird im Staatsangehörigkeitsgesetz im Vorfeld des Erwerbs der Staatsangehörigkeit thematisiert, wie §§ 10 Abs. 1 Nr. 1, 11 StAG zeigen, nicht jedoch, wenn die deutsche Staatsangehörigkeit bereits verliehen wurde.

Durch die Optionsregelung und die Möglichkeit der Rücknahme der Einbürgerung wird zwischen dem Erwerb der Staatsangehörigkeit aufgrund Geburt in der Bundesrepublik Deutschland oder durch Einbürgerung und dem Erwerb aufgrund der Abstammung von deutschen Eltern – aus sachlichen Gründen und damit gerechtfertigt – unterschieden. Entscheidendes Element des deutschen Staatsangehörigkeitsrechts ist daneben die Vermeidung von Staatenlosigkeit.

V. Illoyales Verhalten im deutschen Recht

Den Verlust der deutschen Staatsangehörigkeit als Sanktion für illoyales Verhalten kennt das deutsche Rechtssystem also nur sehr bedingt. Es sieht jedoch andere Reaktionsmöglichkeiten des Staates auf illoyales Verhalten durch das Aufenthaltsgesetz, das Strafgesetzbuch oder aber das Grundgesetz selbst vor. Unter illoyalem Verhalten werden dabei insbesondere die Abwendung von der freiheitlich demokratischen Grundordnung, die Bedrohung der Sicherheit der Bundesrepublik Deutschland oder der einzelner Länder und terroristische Aktivitäten verstanden. Zum Teil – wie im AufenthG – wird jedoch auch schon die Störung der öffentlichen Sicherheit und Ordnung als illoyales Verhalten erfasst.

Die freiheitlich demokratische Grundordnung vereinigt die fundamentalen Grundwerte des deutschen Verfassungsstaates.[345] Dazu zählen: die Achtung der im Grundgesetz konkretisierten Menschenrechte, die Volkssouveränität (Art. 20 Abs. 2 GG), die Gewaltenteilung, die Verantwortlichkeit der

345 BVerfGE 2, 1 (12) – SRP-Verbotsverfahren.

Regierung (Art. 63, 65, 67, 43, 44 GG), die Gesetzmäßigkeit der Verwaltung (Art. 20 Abs. 3 GG), die Unabhängigkeit der Gerichte (Art. 97 GG), das Mehrparteienprinzip (Art. 21 Abs. 1 GG), die Chancengleichheit für Parteien (Art. 21 Abs. 1 i.V.m. Art. 3 GG) und das Recht auf die verfassungsgemäßen Ausübung einer politischen Opposition.[346]

Mit der Sicherheit der Bundesrepublik ist die innere und äußere Sicherheit Deutschlands, der Bestand und die Funktionsfähigkeit des Staates und seiner Einrichtungen gemeint. Auch nichtstaatliche Einrichtungen, welche jedoch zur Funktionsfähigkeit des Staates entscheidend beitragen oder deren Gefährdung schwerwiegende Personen- oder Sachschäden mit sich bringen kann, sind hiervon erfasst, wie zum Beispiel Krankenhäuser, Bahnhöfe, Stadien oder Wohnanlagen.[347]

Eine terroristische Bedrohung richtet sich zumeist gegen die Sicherheit des Bundes oder eines Landes und gegen die freiheitlich demokratische Grundordnung. Zu verweisen ist insoweit auf § 3 Abs. 1 BVerfSchG sowie § 1 Abs. 1 und § 4 des Gesetzes zu Art. 10 GG. Terrorismus selbst ist zu definieren als der nachhaltig geführte Kampf für politische Ziele, die mit Hilfe von Anschlägen auf Leib, Leben und Eigentum anderer Menschen durchgesetzt werden sollen, insbesondere durch schwere Straftaten wie den in § 129a Abs. 1 StGB genannten.

Im Folgenden sollen die Reaktionsmöglichkeiten des deutschen Staates auf illoyales Verhalten in seinen verschiedenen Ausprägungen dargestellt werden.

1. Art.18 GG

Gemäß Art. 18 S. 1 GG können Grundrechte verwirkt werden, wenn sie „zum Kampfe gegen die freiheitliche demokratische Grundordnung missbraucht" werden. Die Regelung der Grundrechtsverwirkung reiht sich ein in die Vorschriften der Art. 5 Abs. 3, Art. 9 Abs. 2, Art. 20 Abs. 4 und Art. 21 Abs. 2 GG sowie der Ewigkeitsklausel aus Art. 79 Abs. 3 GG als Ausdruck einer wehrhaften und streitbaren Demokratie,[348] die die Grenzziehung sucht zwischen der Garantie größtmöglicher Freiheit ihrer Bürger und dem Schutz der eigenen Existenz. Eine Sonderposition nimmt Art. 18 GG in der Reihe der

346 BVerfGE 2, 1 (13) – SRP-Verbotsverfahren; E 5, 85 (140) – KPD-Verbotsverfahren.

347 BMI, Vorläufige Anwendungshinweise, AufenthG, FreizügG, Nr.58a.1.3.

348 Brenner, in: v. Mangoldt/ Klein, GG, Art.18 Rn.6 nennt darüber hinaus Art.87a Abs.4, Art.91 und Art.98 Abs.2 GG.

vorgenannten Vorschriften jedoch insoweit ein, als hierdurch der Einzelne in seiner „individuellen Verfassungsfeindschaft“[349] erfasst werden soll.

Grundgedanke des Verwirkungstatbestandes ist, dass die durch das Grundgesetz garantierten Freiheitsrechte des Einzelnen nur so weit reichen, dass das diese Freiheit vermittelnde System dadurch nicht in Gefahr gerät.[350] Die Grundrechte des „Verfassungsfeindes“[351] dürfen durch diesen nicht dazu genutzt werden, gegen die Grundordnung der Bundesrepublik vorzugehen. Die Rechte, die diese Grundordnung gewährleistet, dürfen nicht dazu führen, dass die staatliche Gewalt dergestalt eingeschränkt wird, dass sie sich nicht vor dem eigenen Untergang schützen kann. Art. 18 GG will nicht den politischen Diskurs unterdrücken, sondern verhindern, dass solche politischen Kräfte sich durchsetzen, welche „die Tür hinter sich zuschlagen würden“ und dadurch „jegliche andere Freiheitsbetätigung […] auslösch[en]“.[352]

a) Geschichte

Art. 18 GG findet keinen Vorläufer in der Geschichte der Verfassungen des Deutschen Reiches.[353] Erstmalig entworfen wurde eine entsprechende Regelung in Art. 20 des Herrenchiemsee Verfassungsentwurf.[354] Nachdem der Par-

---

349 BRENNER, in: V. MANGOLDT/ KLEIN, GG, Art.18 Rn.7.

350 GRÖSCHNER, in: DREIER, GG, Art.18 Rn.16 erwähnt richtigerweise, dass er nur eine „Freiheit in der Ordnung des Grundgesetzes“ gibt; BRENNER, in: V. MANGOLDT/ KLEIN, GG, Art.18 Rn.3 spricht von einer „selbstmörderische[n] Demokratie“; vgl. auch DÜRIG/ KLEIN, in: MAUNZ/ DÜRIG, GG, Art.18 Rn.2 (Stand: 04/2010).

351 So BRENNER, in: V. MANGOLDT/ KLEIN, GG, Art.18 Rn.8; das „Freund-Feind-Denken“ wird durch HÖFLING/ KRINGS, in: FRIAUF/ HÖFLING, Berliner Komm, Art.18 Rn.6 (Stand: 12/2002) als für die Demokratie verfehlt kritisiert. Kritik an den Freund-Feind-Theorien sowie an dem Slogan „Keine Freiheit den Feinden der Freiheit“ ebenfalls bei DÜRIG/ KLEIN, in: MAUNZ/ DÜRIG, GG, Art.18 Rn.10 (Stand: 04/2010).

352 DÜRIG/ KLEIN, in: MAUNZ/ DÜRIG, GG, Art.18 Rn.18 (Stand: 04/2010).

353 Allerdings hatten einige Verfassungen der Staaten des Deutschen Bundes entsprechende Regelungen, vgl. hierzu SEITERS, in: UMBACH/ CLEMENS, GG, Art.18 Rn.3. Vgl. aber auch Art.11 der Französischen Menschen- und Bürgerrechte von 1789 in Anlehnung an die Parole der französischen Revolution: „Pas de liberté pour les enemies de la liberté.“, siehe STERN, Staatsrecht, S. 931.

354 „(1) Wer die Grundrechte der Freiheit der Meinungsäußerung (Art.7 Abs.1), der Pressefreiheit (Art.7 Abs.2), der Versammlungsfreiheit (Art.8) oder der Vereinigungsfreiheit (Art.9) zum Kampf gegen die freiheitliche und demokratische Grund-

lamentarische Rat den ursprünglichen Entwurf des Verwirkungstatbestandes um die Grundrechte der Lehrfreiheit, des Brief-, Post- und Fernmeldegeheimnisses, des Grundrechtes auf Eigentum und das Asylrecht erweiterte und den Verwirkungsausspruch bei dem Bundesverfassungsgericht monopolisierte, wurde Art. 18 GG in das Grundgesetz übernommen.[355]

Hintergrund der Einführung eines Verwirkungstatbestandes waren die Lehren aus der Weimarer Zeit. Außer einem – mit Art. 18 GG kaum vergleichbaren – Notmaßnahmerecht des Reichspräsidenten aus Art. 48 Abs. 2 S. 2[356] kannte die Weimarer Reichsverfassung keine Abwehr- und Schutzmechanismen. Die Machtübernahme durch den Nationalsozialismus zeigte dann jedoch, wie in der Verfassung garantierte aber inhaltlich wertneutrale Freiheitsrechte gegen den Staat und seine grundlegenden Werte eingesetzt werden können und so zum Untergang der Verfassung und des gesamten Staates führten.[357] KLEIN sieht (neben anderen Faktoren) die Übertragung eines an sich ökonomischen Denkmodells, „dem freien Spiel der gesellschaftlichen Kräfte – gesteuert allein durch das formale Mehrheitsprinzip“, als eine entscheidende Ursache für das Scheitern der Weimarer Verfassung angesichts der nationalsozialistischen Bewegung.[358] Die in der Verfassung verbürgten Grundrechte müssen nach dieser Erfahrung nicht nur vor dem Staat, sondern auch vor dem verfassungsfeindlichen Bürger geschützt werden.[359] Dies schafft Art. 18 GG.

Um allerdings einem Missbrauch der Vorschrift des Art. 18 GG selbst entgegenwirken zu können und die Einführung eines Polizeistaates zu verhindern, wurde die Gewalt zur Erklärung der Verwirkung eines Grundrechts

---

ordnung missbraucht, verwirkt damit das Recht, sich auf diese Grundrechte zu berufen. (2) Ob diese Voraussetzung vorliegt, entscheidet auf Beschwerde das Bundesverfassungsgericht.“, JöR Bd.1 (1951), 173.

355 BRENNER, in: V. MANGOLDT/ KLEIN, GG, Art.18 Rn.1; siehe zu dem genauen Hergang der Beratungen auch DÜRIG/ KLEIN, in: MAUNZ/ DÜRIG, GG, Art.18 Rn.1 (Stand: 04/2010).

356 Art.48 Abs.2 WRV besagt: „Der Reichspräsident kann, wenn im Deutschen Reich die öffentliche Sicherheit und Ordnung erheblich gestört oder gefährdet wird, die zur Wiederherstellung der öffentlichen Sicherheit und Ordnung nötigen Maßnahmen treffen, erforderlichenfalls mit Hilfe der bewaffneten Macht einschreiten. Zu diesem Zwecke darf er vorübergehend die in den Artikeln 114, 115, 117, 118, 123, 124 und 153 festgesetzten Grundrechte ganz oder zum Teil außer Kraft setzen.“

357 BRENNER, in: V. MANGOLDT/ KLEIN, GG, Art.18 Rn.2; DÜRIG/ KLEIN, in: MAUNZ/ DÜRIG, GG, Art.18 Rn.6 ff. (Stand: 04/2010).

358 DÜRIG/ KLEIN, in: MAUNZ/ DÜRIG, GG, Art.18 Rn.8 (Stand: 04/2010).

359 DÜRIG/ KLEIN, in: MAUNZ/ DÜRIG, GG, Art.18 Rn.9 (Stand: 04/2010).

nicht – wie im ursprünglichen Vorschlag des Herrenchiemsee Verfassungsentwurfes vorgesehen – der Exekutive überlassen und das Bundesverfassungsgericht als reine Beschwerdeinstanz eingesetzt, sondern beim Bundesverfassungsgericht monopolisiert.[360] Das Bundesverfassungsgericht, welches zuvörderst als Schützer und Bewahrer der Grundrechte auftritt, wurde damit zum „allumfassenden Herrn der Grundrechte“[361] ernannt.

Die Schaffung eines Tatbestandes, der die Berufung auf missbrauchte Rechte verweigert, ist jedoch weder neu noch einmalig. So kannten bereits die Verfassungen einiger Länder vor der Schaffung des Art. 18 GG entsprechende Vorschriften.[362] Eine dem Art. 18 GG vergleichbare Regelung findet sich auch in Art. 17 EMRK.[363]

b) Tatbestand

Der Verwirkungstatbestand des Art. 18 GG stellt keine sanktionsrechtliche Vorschrift dar, sondern hat einen präventiven Charakter.[364] Für die Erklärung der Verwirkung bedarf es daher einer Prognoseentscheidung des Bundesverfassungsgerichts dahingehend, dass der Adressat der Verwirkung in Zukunft ein oder mehrere Grundrechte gegen die freiheitlich-demokratische Grundordnung missbrauchen wird.

Voraussetzung für den Ausspruch einer Verwirkung ist also der Missbrauch der freiheitlich-demokratischen Grundordnung. Letztere ist als der Schutz der Freiheit des einzelnen Grundrechtsträger und der Bestandssiche-

---

360 JöR Bd.1 (1951), 174; BRENNER, in: v. MANGOLDT/ KLEIN, GG, Art.18 Rn.3; DÜRIG/ KLEIN, in: MAUNZ/ DÜRIG, GG, Art.18 Rn.1 (Stand: 04/2010).

361 BRENNER, in: v. MANGOLDT/ KLEIN, GG, Rn.4; dies zeigt sich auch darin, dass das BVerfG als alleinige Instanz im Parteiverbotsverfahren entscheidet, Art.21 Abs.2 S.2 GG.

362 In Art.17 der Hessischen Landesverfassung und Art.10 der Verfassung des Saarlandes ist auch gegenwärtig noch die Möglichkeit der Verwirkung von landesrechtlich garantierten Grundrechten vorgesehen.

363 „Diese Konvention ist nicht so auszulegen, als begründe sie für einen Staat, eine Gruppe oder eine Person das Recht, eine Tätigkeit auszuüben oder eine Handlung vorzunehmen, die darauf abzielt, die in der Konvention festgelegten Rechte und Freiheiten abzuschaffen oder sie stärker einzuschränken, als es in der Konvention vorgesehen ist.“

364 DÜRIG/ KLEIN, in: MAUNZ/ DÜRIG, GG, Art.18 Rn.47 (Stand: 04/2010).

rung wesentlicher Staatsstrukturen der Bundesrepublik Deutschland, das sind die fundamentalen Grundwerte des Verfassungsstaates, zu verstehen.[365]

Erstmals definiert wird die freiheitlich-demokratische Grundordnung durch das Bundesverfassungsgericht im Rahmen des Verbotsverfahrens der SRP gemäß Art. 21 Abs. 2 GG: „So lässt sich die freiheitliche demokratische Grundordnung als eine Ordnung bestimmen, die unter Ausschluss jeglicher Gewalt- und Willkürherrschaft eine rechtsstaatliche Herrschaftsordnung auf der Grundlage der Selbstbestimmung des Volkes nach dem Willen der jeweiligen Mehrheit und der Freiheit und Gleichheit darstellt. Zu den grundlegenden Prinzipien dieser Ordnung sind mindestens zu rechnen: die Achtung vor den im Grundgesetz konkretisierten Menschenrechten, vor allem vor dem Recht der Persönlichkeit auf Leben und freie Entfaltung, die Volkssouveränität, die Gewaltenteilung, die Verantwortlichkeit der Regierung, die Gesetzmäßigkeit der Verwaltung, die Unabhängigkeit der Gerichte, das Mehrparteienprinzip und die Chancengleichheit für alle politischen Parteien mit dem Recht auf verfassungsmäßige Bildung und Ausübung einer Opposition.“[366]. Diese Definition ist inzwischen durch das Bundesverfassungsgericht mehrfach bestätigt worden und hat auch in der Legaldefinition des § 4 Abs. 2 BVerfSchG Einzug gehalten.[367]

Die Definition der freiheitlich-demokratischen Grundordnung aus Art. 21 Abs. 2 GG entspricht derjenigen aus Art. 18 S. 1 GG.[368] Ob daneben auch das Sozialstaatsprinzip und das Prinzip des Föderalismus Elemente der freiheitlichen-demokratischen Grundordnung darstellen, kann angedacht werden,[369] da die Aufzählung der wesentlichen Staatsstrukturen durch das Bundesverfassungsgericht dem Wortlaut nach nicht abschließend ist. Allerdings sollen die hier angedachten grundlegenden Werte nicht nur für das System der Bundesrepublik Deutschland, sondern für alle Demokratien gelten, welche Freiheit-

365 BVerfGE 2,1 (12 f.) – SRP-Verbotsverfahren; 5,85 (140) – KPD-Verbotsverfahren.

366 BVerfGE 2,1 (12 f.).

367 Da aber weder die Rechtsprechung noch das einfache Gesetz das Grundgesetz abschließend definieren können, spricht DÜRIG/ KLEIN, in: MAUNZ/ DÜRIG, GG, Art.18 Rn.62 (Stand: 04/2010) zu Recht von einem „Interpretationsversuch“ und nicht von einer authentischen Definition, auch wenn inhaltlich zugestimmt wird.

368 BUTZER, in EPPING/ HILLGRUBER, BeckOK-GG, Art.18 Rn.10 (Stand: 01/2012).

369 So GRÖSCHNER, in: Dreier, GG, Art.18 Rn.29 ff.; Im Ergebnis für eine restriktive Auslegung: BRENNER, in: v. MANGOLDT/ KLEIN, GG, Art.18 Rn.29.

lichkeit im Sinne des Grundgesetzes zusichern.[370] Damit können und sollen bei der Definition der Grundordnung in diesem Sinne individuelle Ausprägungen des Staatssystems der Bundesrepublik, welche keinen elementaren und unabdingbaren Charakter für das Wertesystem des Landes haben, außer Betracht bleiben.[371]

Problematisch ist, wie der Begriff des Missbrauchs sich in die Systematik der Grundrechte einfügt. Der Missbrauch eines Grundrechts könnte bereits nicht vom Schutzbereich desselben umfasst sein.[372] Der Missbrauch stellt dann eine Beschränkung des Schutzbereiches dar.[373]

Andererseits führt aber erst der Ausspruch des Bundesverfassungsgerichts zu der Verwirkung eines Grundrechtes.[374] Solange ein solcher Ausspruch nicht erfolgt, kann sich der Betroffene gegenüber der Staatsgewalt jederzeit auch auf das missbrauchte Grundrecht berufen.

Dagegen wird vorgebracht, dass die Verwirkungsentscheidung des Bundesverfassungsgerichts lediglich eine „Aktualisierung der grundrechtsspezifischen Missbrauchsschranke" sei.[375] Art. 18 GG stelle zugleich eine systematische Grundrechtsbeschränkung und damit eine „Grundrechtsprägung" und gleichzeitig im konkreten Einzelfall eine durch das Bundesverfassungsgericht auszusprechende „Ermächtigung zur Vornahme von Grundrechtseingriffen" dar.[376]

Damit läuft jedoch der Wille des Verfassungsgebers, die Verwirkung ausschließlich durch eine Entscheidung des Bundesverfassungsgerichts auszusprechen, leer. Ein Grundrecht gilt erst dann als missbraucht und eine Ver-

---

370 HÖFLING/ KRINGS, in: FRIAUF/ HÖFLING, Berliner Komm, GG, Art.18 Rn.20 (Stand: 12/2002); DÜRIG/ KLEIN, in: MAUNZ/ DÜRIG, GG, Art.18 Rn.26 (Stand: 04/2010) beschränken den Tatbestand des Art.18 GG auf „die Vorstellungen unserer Verfassung".

371 So im Ergebnis auch HÖFLING/ KRINGS, in: FRIAUF/ HÖFLING, Berliner Komm, GG, Art.18 Rn.20 (Stand: 12/2002); BRENNER, in: v. MANGOLDT/ KLEIN, GG, Art.18 Rn.29.

372 BRENNER, in: v. MANGOLDT/ KLEIN, GG, Art.18 Rn.18.

373 GRÖSCHNER, in: DREIER, GG, Art.18 Rn.19 sieht in Art.18 GG eine „verfassungsimmanente Grenze des Gebrauchs grundrechtlicher Freiheit"; vgl. auch SCHMITT GLAESER, Missbrauch, S.249 ff.

374 Zu dem Umfang der Verwirkung vgl. im Folgenden Kapitel 3 V. 1. c) und d).

375 BRENNER, in: v. MANGOLDT/ KLEIN, GG, Art.18 Rn.20; zustimmend DÜRIG/ KLEIN, in: Maunz/ Dürig, GG, Art.18 Rn.22 (Stand: 04/2010).

376 BRENNER, in: v. MANGOLDT/ KLEIN, GG, Art.18 Rn.21 f.

wirkung wird erst dann ausgesprochen, wenn das Bundesverfassungsgericht dies entscheidet. Bis zu diesem Zeitpunkt wird jegliches Verhalten des Betroffenen durch die Grundrechte geschützt. Was als Missbrauch nicht mehr nach dem Grundgesetz geschützt werden soll, soll und darf nach dem Wortlaut des Grundgesetzes niemand anderer als das höchste Gericht der Bundesrepublik entscheiden. Es ist deshalb nicht ersichtlich, welchen Sinn oder Zweck eine Differenzierung des Schutzbereichs in einen herausfallenden Missbrauchstatbestand und einen geschützten Tätigkeitsbereich haben soll.

Der Missbrauch eines Grundrechts zeichnet sich aus durch ein kämpferisches Verhalten gegen die freiheitlich-demokratische Grundordnung. Dabei bedeutet kämpferisch nicht, dass Gewalt im Sinne des § 240 StGB gegeben sein muss. Die Auswahl der verwirkbaren Grundrechte zeigt vielmehr, dass gerade auch der geistige Kampf gegen die Grundordnung der Bundesrepublik unterbunden werden soll.[377] Das kämpferische Verhalten muss auch einen hinreichenden Willen, gegen die Grundordnung vorzugehen, also Vorsatz beinhalten.[378] Schuld im strafrechtlichen Sinne ist jedoch nicht erforderlich.[379] Auch objektiv muss der Missbrauch den Zweck verfolgen, die Grundordnung zu beseitigen, was eine gewisse objektive Gefährlichkeit des Verhaltens impliziert.[380] Da Art. 18 GG einen präventiven Charakter besitzt, ist insofern eine Prognoseentscheidung durch das Gericht zu treffen.[381]

Adressat einer Verwirkungsentscheidung kann nur sein, wer auch Träger des verwirkten Grundrechts ist. Ein Ausländer kann folglich keine Deutschengrundrechte wie Art. 8 oder 9 GG verwirken. Das Asylrecht aus Art. 16a GG wiederum steht nur dem Ausländer zu und kann deshalb nur durch ihn verwirkt werden. Auch inländische juristische Personen können nach der Maßgabe des Art. 19 Abs. 3 GG Adressaten einer Verwirkung sein.[382] Hierbei ist jedoch zu beachten, dass die Art. 9 Abs. 2 GG und Art. 21

---

377 GRÖSCHNER, in: DREIER, GG, Art.18 Rn.26; Brenner, in: V. MANGOLDT/ KLEIN, GG, Art.18 Rn.31; DÜRIG/ KLEIN, in: MAUNZ/ DÜRIG, GG, Art.18 Rn.54 (Stand: 04/2010).

378 DÜRIG/ KLEIN, in: MAUNZ/ DÜRIG, GG, Art.18 Rn.45 (Stand: 04/2010).

379 BRENNER, in: V. MANGOLDT/ KLEIN, GG, Art.18 Rn.33; DÜRIG/ KLEIN, in: MAUNZ/ DÜRIG, GG, Art.18 Rn.46 (Stand: 04/2010); a.A. V. WEBER, JZ 1953, 293 (294).

380 BRENNER, in: V. MANGOLDT/ KLEIN, GG, Art.18 Rn.30 f.; DÜRIG/ KLEIN, in: MAUNZ/ DÜRIG, GG, Art.18 Rn.49 (Stand: 04/2010).

381 DÜRIG/ KLEIN, in: MAUNZ/ DÜRIG, GG, Art.18 Rn.50 (Stand: 04/2010).

382 BRENNER, in: V. MANGOLDT/ KLEIN, GG, Art.18 Rn.25; DÜRIG/ KLEIN, in: MAUNZ/ DÜRIG, GG, Art.18 Rn.28 (Stand: 04/2010).

Abs. 2 GG dem Art. 18 GG für das Verbot von Vereinen oder Parteien vorgehen und Art. 18 GG als speziellere Tatbestände verdrängen können.[383] Diese speziellen Regelungen dürfen auch nicht durch massenweise Verwirkungsverfahren gegen leitende Partei- oder Vereinsmitglieder ausgehöhlt werden.[384]

Art. 18 Abs. 1 GG und der einfachgesetzliche Verfassungsschutz insbesondere aus dem Strafgesetzbuch stehen nebeneinander als präventive und repressive Maßnahmen. Auch wenn das Strafgesetzbuch in letzter Zeit – wie bereits dargestellt – diese Unterscheidung etwas aufweicht, indem auch die Gefährdung des demokratischen Rechtsstaates strafrechtlich verfolgt wird, ist doch grundsätzlich von einer „Doppelspurigkeit“ des Staatsschutzes auszugehen.[385]

c) Verwirkbare Grundrechte

Der Ausspruch der Verwirkung eines oder mehrerer Grundrechte soll die Möglichkeiten des Kampfes gegen die freiheitlich-demokratische Grundordnung unterbinden. Die Aufzählung der verwirkbaren Grundrechte zeigt, dass es den Schöpfern der Verfassung insbesondere daran gelegen war, die „kommunikative Einwirkung auf andere“[386] durch den verfassungsfeindlichen Adressaten zu unterbinden.[387] In Art. 18 GG werden deshalb insbesondere politische Mitwirkungsrechte als verwirkbar genannt. Aber nicht nur diese: Auch das Recht auf Eigentum aus Art. 14 und das Asylrecht aus Art. 16a GG können verwirkt werden.

Der Hintergrund für die Nennung des Art. 14 GG in der Aufzählung der verwirkbaren Grundrechte ist der Fall, dass finanzielle Mittel zum Kampf gegen die freiheitliche-demokratische Grundordnung zur Verfügung gestellt werden.[388] Dabei muss das Eigentum nicht zur Unterstützung und in Zusammenhang mit den Kommunikationsgrundrechten einschlägig eingesetzt wer-

---

383 Vgl. hierzu ausführlich DÜRIG/ KLEIN, in: MAUNZ/ DÜRIG, GG, Art.18 Rn.115 ff. (Stand: 04/2010).

384 BRENNER, in: v. MANGOLDT/ KLEIN, GG, Art.18 Rn.72 und 76.

385 BRENNER, in: v. MANGOLDT/ KLEIN, GG, Art.18 Rn.85 ff.; DÜRIG/ KLEIN, in: MAUNZ/ DÜRIG, GG, Art.18 Rn.125 ff. (Stand: 04/2010).

386 BRENNER, in: v. MANGOLDT/ KLEIN, GG, Art.18 Rn.35.

387 Vgl. hierzu auch GRÖSCHNER, in: DREIER, GG, Art.18 Rn.22; DÜRIG/ KLEIN, in: MAUNZ/ DÜRIG, GG, Art.18 Rn.21 (Stand: 04/2010).

388 DÜRIG/ KLEIN, in: MAUNZ/ DÜRIG, GG, Art.18 Rn.21a (Stand: 04/2010).

den.[389] Es kann auch selbstständig zum Kampf gegen die freiheitlich-demokratische Grundordnung missbraucht werden.[390] Die Institutsgarantie des Erbrechts aus Art. 14 Abs. 1 GG unterliegt nicht den Rechtsfolgen des Art. 18 Abs. 1 GG, da das Erbrecht selbst nicht zum Kampf gegen die freiheitlich-demokratische Grundordnung eingesetzt werden kann.[391]

Bei dem verwirkbaren Asylrecht ergibt sich die Besonderheit, dass nur verwirkbar ist, was dem Betroffenen auch zusteht. Das bedeutet, dass nur Ausländer Adressaten einer Verwirkungsentscheidung in diesem Bereich sein können und zwar nur solche Ausländer, welchen auch ein Asylrecht zusteht. Das sind Ausländer, welche in ihrem Heimatstaat politisch verfolgt werden.[392] Ob aus dem Verlust des Asylrechts wegen Art. 18 GG jedoch auch eine Abschiebung folgt, ist nicht zwingend gesagt, da bei einer entsprechend massiven Verfolgung oder Bedrohung im Heimatsland einer Abschiebung Art. 1 Abs. 1 GG entgegenstehen kann.

Nach den Überlegungen der Identitätstheorie[393] soll nur das jeweils missbraucht Grundrecht auch für verwirkt erklärt werden können. Dies birgt jedoch die Gefahr, dass sich ein „Katz-und-Maus-Spiel" entwickelt, wenn für jedes neue verfassungsfeindliche Verhalten des Betroffenen jedes Mal wieder ein neues Verfahren eingeleitet werden muss.[394] Der Ansatz der Identitätstheorie, wonach der Verwirkungsausspruch eine Prognoseentscheidung sei, welche auch den zukünftigen Missbrauch anderer Grundrechte berücksichtigen könne, erscheint inkonsequent.[395] Jedenfalls lässt sich aber aus dem Wortlaut des Art. 18 GG nicht entnehmen, dass nur das missbrauchte Grundrecht ver-

---

389 BRENNER, in: V. MANGOLDT/ KLEIN, GG, Art.18 Rn.37; a.A. HÖFLING/ KRINGS, in: FRIAUF/ HÖFLING, Berliner Komm, GG, Art.18 Rn.37 (Stand: 12/2002).

390 KREBS, in V. MÜNCH/ KUNIG, GG, Art.18 Rn.7.

391 GRÖSCHNER, in: Dreier, GG, Art.18 Rn.25; HÖFLING/ KRINGS, in: FRIAUF/ HÖFLING, Berliner Komm, GG, Art.18 Rn.37 (Stand: 12/2002); DÜRIG/ KLEIN, in: MAUNZ/ DÜRIG, GG, Art.18 Rn.21a (Stand: 04/2010).

392 BRENNER, in: V. MANGOLDT/ KLEIN, GG, Art.18 Rn.39 f.

393 GRÖSCHNER, in: DREIER, GG, Art.18 Rn.34; BENDA/ KLEIN, Verfassungsprozessrecht, Rn.1151 ff.; SCHMITT GLAESER, Missbrauch, S.207 ff.; STERN, Staatsrecht, S.961.

394 BRENNER, in: V. MANGOLDT/ KLEIN, GG, Art.18 Rn.48; DÜRIG/ KLEIN, in: MAUNZ/ DÜRIG, GG, Art.18 Rn.40 (Stand: 04/2010).

395 GRÖSCHNER, in: DREIER, GG, Art.18 Rn.34.

wirkt werden kann,[396] so dass der Identitätstheorie im Ergebnis nicht zu folgen ist. Grenzen findet die Verwirkungsentscheidung aber im Grundsatz der Verhältnismäßigkeit und im Willkürverbot.[397]

Die Aufzählung der verwirkbaren Grundrechte in Art. 18 S. 1 GG ist abschließend.[398] Eine ausdrückliche Erstreckung der Verwirkungsentscheidung auf andere Grundrechte kommt nicht in Betracht. Entgegenstehende Ansichten müssen sich den eindeutigen Wortlaut des in Rede stehenden Artikels entgegenhalten lassen.[399] Allerdings lässt sich eine Erstreckung auf andere Grundrechte dann nicht ausschließen, wenn diese faktisch durch die Verwirkung eines Grundrechtes mit berührt werden. Als Beispiel wird gemeinhin der Verleger angeführt, der die Pressefreiheit verwirkt.[400] Hierdurch wird unabwendbar auch seine Berufsfreiheit beschnitten. Diese Rechtsfolge der Verwirkungsentscheidung muss hingenommen werden, da anderenfalls Art. 18 GG faktisch leer liefe. Jedoch muss im Rahmen der Verhältnismäßigkeit durch das Gericht geprüft werden, ob das berührte Grundrecht nicht doch als das speziellere vorgeht oder der verhandelte Einzelfall wirklich zuvörderst das verwirkte Grundrecht betrifft.[401] Anderenfalls könnte Art. 18 GG jederzeit durch die Hintertür auch auf explizit nicht erwähnte Grundrechte ausgedehnt werden.

Der Betroffene kann sich auch nicht mehr auf eine Grundrechtsausübung aus Art. 2 Abs. 1 GG berufen, da dies – mit der herrschenden Meinung – dem Sinn und Zweck des Art. 18 GG zuwiderläuft.[402] Soweit Ausländer sich über das Auffanggrundrecht der allgemeinen Handlungsfreiheit aus Art. 2 Abs. 1 GG inhaltlich auf Deutschengrundrechte berufen, muss insoweit auch Art. 2 Abs. 1 GG für verwirkbar erklärt werden können. Anderenfalls käme dem

---

396 BRENNER, in: v. MANGOLDT/ KLEIN, GG, Art.18 Rn.48; DÜRIG/ KLEIN, in: MAUNZ/ DÜRIG, GG, Art.18 Rn.39 (Stand: 04/2010).

397 DÜRIG/ KLEIN, in: MAUNZ/ DÜRIG, GG, Art.18 Rn.52 (Stand: 04/2010).

398 GRÖSCHNER, in: DREIER, GG, Art.18 Rn.21; STERN, Staatsrecht, S.957; Kritik hieran übt DÜRIG/ KLEIN, in: MAUNZ/ DÜRIG, GG, Art.18 Rn.30 ff. und 35 f. (Stand: 04/2010), welche jedoch aufgrund des eindeutigen Wortlautes des Grundgesetzes nicht überzeugt.

399 BRENNER, in: v. MANGOLDT/ KLEIN, GG, Art.18 Rn.41 ff.

400 BRENNER, in: v. MANGOLDT/ KLEIN, GG, Art.18 Rn.43; DÜRIG/ KLEIN, in: MAUNZ/ DÜRIG, GG, Art.18 Rn.30 ff. (Stand: 04/2010).

401 BRENNER, in: v. MANGOLDT/ KLEIN, GG, Art.18 Rn.45 f.

402 BRENNER, in: v. MANGOLDT/ KLEIN, GG, Art.18 Rn.58; DÜRIG/ KLEIN, in: MAUNZ/ DÜRIG, GG, Art.18 Rn.21a (Stand: 04/2010).

Ausländer über den nicht verwirkbaren Art. 2 Abs. 1 GG ein größerer Schutz zu als dem Deutschen.[403]

Da das Landesrecht gemäß Art. 142 GG nicht über das Bundesrecht hinausgehen darf, greift der Verwirkungsausspruch auch auf Landesrechte durch und eventuell gewährleistete vergleichbare landesverfassungsrechtliche Grundrechte werden ebenfalls verwirkt.[404] Im Umkehrschluss bedeutet dies aber auch, dass eine Landesverfassung keinen über den Gehalt des Art. 18 GG hinausgehenden Verwirkungstatbestand schaffen darf, da sonst das Landesrecht dem Bundesrecht widersprechen würde.[405]

d) Rechtsfolgen

Rechtsfolge einer dem Antragssteller stattgebenden Entscheidung des Bundesverfassungsgerichts ist die Verwirkung eines Grundrechts des Antragsgegners. Unter der Verwirkung ist mit der herrschenden Meinung zu verstehen, dass der Betroffene sich nicht mehr gegenüber dem Staat positiv auf seine Grundrechte berufen kann.[406] Die klassische subjektive Grundrechtsausübung als Abwehrrecht gegen den Staat wird untersagt.[407] Die Ausstrahlungswirkung der Grundrechte in den Rechtsbereich zwischen Privaten bleibt dagegen weiterhin bestehen.[408] Auch die grundsätzliche Schutzpflicht des Staates entfällt nicht. Trotz der Verwirkung des Grundrechts bleibt die staatliche Gewalt an Recht und Gesetz als Ausdruck des Menschenwürdegedankens gemäß Art. 1 Abs. 3 GG[409] oder – nach anderer Ansicht – als grundsätzlich unabhängiges Prinzip der Verfassung aus Art. 20 Abs. 3 GG[410] gebunden.

---

403 DÜRIG/ KLEIN, in: MAUNZ/ DÜRIG, GG, Art.18 Rn.21a (Stand: 04/2010).

404 BRENNER, in: V. MANGOLDT/ KLEIN, GG, Art.18 Rn.81 ff.

405 BRENNER, in: V. MANGOLDT/ KLEIN, GG, Art.18 Rn.80.

406 DÜRIG/ KLEIN, in: MAUNZ/ DÜRIG, GG, Art.18 Rn.74 (Stand: 04/2010) m.w.N.

407 BRENNER, in: V. MANGOLDT/ KLEIN, GG, Art.18 Rn.58; DÜRIG/ KLEIN, in: MAUNZ/ DÜRIG, GG, Art.18 Rn.74 f. (Stand: 04/2010); PAGENKOPF, in: SACHS, GG, Art.18 Rn.13.

408 DÜRIG/ KLEIN, in: MAUNZ/ DÜRIG, GG, Art.18 Rn.23 (Stand: 04/2010).

409 BRENNER, in: V. MANGOLDT/ KLEIN, GG, Art.18 Rn.52 f.

410 DÜRIG/ KLEIN, in: MAUNZ/ DÜRIG, GG, Art.18 Rn.105 (Stand:04/2010). Dies ergibt sich nach einem anderen Ansatz auch aus dem Umkehrschluss aus § 39 Abs. 1 S. 4 BVerfGG, aus dem hervorgeht, dass jegliches Handeln der Exekutive durch die Entscheidung des Bundesverfassungsgerichts oder eben durch ein Gesetz erlaubt sein

KLEIN spricht davon, dass eine „Entpolitisierung" des Grundrechtsinhabers gewollt ist, nicht aber eine „Entbürgerlichung", das heißt eine Existenzvernichtung.[411]

Gesetzgeber, vollziehende Gewalt und Rechtsprechung bleiben also nach vorherrschender und richtiger Auffassung auch bei verwirkten Grundrechten gegenüber dem Betroffenen an Recht und Gesetz gebunden, gemäß Art. 20 Abs. 3 GG.[412] Der Gesetzgeber kann generell und abstrakt spezielle Rechtsfolgen aufgrund einer Verwirkungsentscheidung normieren.[413] Die konkrete Ausgestaltung der Rechtsfolgen im Einzelfall ist grundsätzlich dem Bundesverfassungsgericht in seinem Tenor überlassen. Allerdings ist auch die Möglichkeit des Erlasses eines Individualgesetzes zu bejahen, wobei eine Ausnahme von Art. 19 Abs. 1 S. 1 GG anzunehmen ist.414 Wenn das Bundesverfassungsgericht mit der Tenorierung der Verwirkungsentscheidung eine „Quasi-Gesetzgebungsmacht"[415] eingeräumt bekommt, darf erst recht der Gesetzgeber hier ein Einzelfallgesetz schaffen.

Die vollziehende Gewalt, sprich die Verwaltung, ist insbesondere bei der Ausübung von Ermessen und dem Ausfüllen von Beurteilungsspielräumen gegenüber dem Adressaten einer Verwirkungsentscheidung nicht mehr an die Vorgaben des Grundgesetzes gebunden, soweit nicht der Menschenwürdegehalt des verwirkten Grundrechts betroffen ist.[416] Allerdings ist die Verwaltung weiterhin an den Grundsatz der Gesetzmäßigkeit der Verwaltung aus Art. 20 Abs. 3 GG gebunden und somit faktisch an die einfachen Gesetze als Ausformung dieses Grundsatzes.[417]

---

muss; vgl. zum Meinungsstand DÜRIG/ KLEIN, in: MAUNZ/ DÜRIG, GG, Art.18 Rn.102 ff. (Stand:04/2010) m.w.N.

411 DÜRIG/ KLEIN, in: MAUNZ/ DÜRIG, GG, Art.18 Rn.16 (Stand: 04/2010).

412 BRENNER, in: V. MANGOLDT/ KLEIN, GG, Art.18 Rn.54.

413 BRENNER, in: V. MANGOLDT/ KLEIN, GG, Art.18 Rn.55; DÜRIG/ KLEIN, in: MAUNZ/ DÜRIG, GG, Art.18 Rn.100 (Stand: 04/2010).

414 DÜRIG/ KLEIN, in: MAUNZ/ DÜRIG, GG, Art.18 Rn.97 und 101 (Stand: 04/2010); SCHMITT GLAESER, Missbrauch, S. 229, STERN, Staatsrecht, S. 966 f.

415 DÜRIG, JZ 1952, 513 (518).

416 BRENNER, in: V. MANGOLDT/ KLEIN, GG, Art.18 Rn.56.

417 DÜRIG/ KLEIN, in: MAUNZ/ DÜRIG, GG, Art.18 Rn.105 (Stand: 04/2010); GRÖSCHNER, in: DREIER, GG, Art.18 Rn.35; a.A. KREBS, in V. MÜNCH/ KUNIG, GG, Art.18 Rn.19.

Für die Rechtsprechung gilt das Verwirkungsurteil als negative Sachurteilsvoraussetzung. Klagen, die sich ausschließlich auf ein verwirktes Grundrecht stützen, sind á limine als unzulässig abzuweisen.[418]

Art. 18 GG entfaltet durch seine Existenz eine Sperrwirkung insoweit, als keine anderen bundes- oder landesrechtlichen Vorschriften geben darf, welche als Rechtsfolge die Verwirkung eines Grundrechts im Sinne des Art. 18 GG nach sich ziehen.[419]

Immer problematisch bleiben wird die Vereinbarkeit der weitreichenden, ja absoluten Grundrechtsverkürzung aus Art. 18 GG mit dem Grundgedanken der Freiheit aller Bürger in Denken und Handeln, welcher dem Grundgesetz als wesentlichstes Merkmal zugrunde liegt.[420] Dieses Dilemma kann nur abgemildert werden, indem der Staat sich gegenüber dem Bürger weiterhin an den Kern jedes Grundrecht als Ausdruck der Menschenwürde gebunden sieht und zum Schutz und Erhalt eben dieses Menschenwürdegedankens es notwendig ist, die freiheitliche-demokratische Grundordnung in ihrem Bestand zu schützen.

e) Verfahren und Verwirkungsentscheidung

Das Verwirkungsverfahren gemäß Art. 18 S. 2 GG vor dem Bundesverfassungsgericht ist in den § 13 Nr. 1 i.V.m. §§ 36 bis 41 BVerfGG geregelt. Antragberechtigt sind gemäß § 36 BVerfGG allein der Bundestag, die Bundesregierung oder eine Landesregierung. Ab diesem Zeitpunkt der Antragsstellung kann das Gericht gemäß § 38 Abs. 1 BVerfGG Beschlagnahmen oder Durchsuchungen nach der Maßgabe der Strafprozessordnung anordnen. In einem Vorverfahren (§ 37 BVerfGG) kann sich der Antragsgegner zu dem Antrag äußern, und das Bundesverfassungsgericht beschließt im Anschluss daran, ob eine Verhandlung durchgeführt wird. Die Verhandlung ist eine mündliche, gemäß § 25 Abs. 1 BVerfGG. Zur Vorbereitung der mündlichen Verhandlung kann eine Voruntersuchung in der Sache angeordnet werden. Diese Voruntersuchung wird durchgeführt durch einen Richter des nicht in der Hauptsache zuständigen Senates. Die Zuständigkeit liegt beim Zweiten Senat laut §§ 14 Abs. 2 i.V.m. 13 Nr. 1 BVerfGG. Eine Entscheidung zu Lasten des Antrags-

---

418 DÜRIG/ KLEIN, in: MAUNZ/ DÜRIG, GG, Art.18 Rn.109 f. (Stand: 04/2010).

419 BRENNER, in: V. MANGOLDT/ KLEIN, GG, Art.18 Rn.87.

420 BÖCKENFÖRDE, Staat, S.277; vgl. hierzu auch BRENNER, in: V. MANGOLDT/ KLEIN, GG, Art.18 Rn.9 m.w.N.

gegners, das heißt ein Verwirkungsausspruch, bedarf gemäß § 15 Abs. 4 S. 1 BVerfGG einer qualifizierten Mehrheit von zwei Dritteln der Mitglieder des Senats.

Die Feststellung der Verwirkung eines oder mehrerer Grundrechte erfolgt ex nunc.[421] Das Gericht legt in seiner Entscheidung fest, welche Grundrechte verwirkt sind, wobei die Entscheidung konstitutive Wirkung hat, wie Art. 18 Abs. 2 GG zeigt.[422] Die Befugnis des Gerichts, über Art und Ausmaß der Verwirkung zu entscheiden, ergibt sich ebenfalls aus Art. 18 S. 2 GG. Näheres hierzu regelt das Grundgesetz jedoch nicht. In § 39 BVerfGG werden Kann-Vorschriften über die Befristung der Verwirkung oder die Art und Dauer genau bezeichneter Beschränkungen, soweit weitere Grundrechte berührt werden. Dass das Gericht genaue Anordnungen dahingehend treffen kann, inwieweit die Verwirkung eines Grundrechtes reicht, wird auch aufgrund der durchzuführenden Verhältnismäßigkeitsprüfung durch das Gericht erforderlich.[423] Dabei ist durch das Gericht insbesondere zu beachten, dass auch der Wesensgehalt dritter, nicht für verwirkbar erklärter, aber von der Verwirkungsentscheidung betroffener Grundrechte des Antragsgegners gewahrt bleibt.[424]

In praktischer Hinsicht ergibt sich aus den Anordnungen des Gerichts eine Handlungsanweisung an die vollziehende Gewalt.[425] Dies bedeutet jedoch nicht, dass hierdurch einfachgesetzliche Regelungen außer Kraft gesetzt werden. Der Verwirkungsausspruch geht nur insofern einfachgesetzlichen Regelungen vor, als das Bundesverfassungsgericht das Ausmaß der Verwirkung im Einzelnen bestimmt hat.[426] Im Übrigen bleibt es bei der Wirksamkeit einfachgesetzlicher Vorschriften, da der Betroffene auch nicht besser gestellt werden soll als die übrigen Bürger.[427]

---

421 Brenner, in: v. Mangoldt/ Klein, GG, Art.18 Rn.63; Dürig/ Klein, in: Maunz/ Dürig, GG, Art.18 Rn.88 (Stand: 04/2010) unter Aufgabe der Rückwirkungsthese in Rn.89; Gröschner, in: Dreier, GG, Art.18 Rn.34.

422 Dürig/ Klein, in: Maunz/ Dürig, GG, Art.18 Rn.87 (Stand: 04/2010).

423 Brenner, in: v. Mangoldt/ Klein, GG, Art.18 Rn.64 f.

424 Brenner, in: v. Mangoldt/ Klein, GG, Art.18 Rn.78.

425 Brenner, in: v. Mangoldt/ Klein, GG, Art.18 Rn.64; Dürig/ Klein, in: Maunz/ Dürig,GG, Art.18 Rn.92 (Stand: 04/2010).

426 Brenner, in: v. Mangoldt/ Klein, GG, Art.18 Rn.92.

427 Dürig/ Klein, in: Maunz/ Dürig, GG, Art.18 Rn.94 (Stand: 04/2010); a.A. bei Höfling/ Krings, in: Friauf/ Höfling, GG, Art.18 Rn.47 f. (Stand: 12/2002).

Gemäß § 39 Abs. 2 BVerfGG können daneben auch das Wahlrecht, die Wählbarkeit und Fähigkeit zur Bekleidung öffentlicher Ämter aberkannt werden. Juristische Personen können aufgelöst werden. Teilweise wird kritisiert, dass diese Rechtsfolgen durch Art. 18 GG nicht vorgesehen seien, so dass das Bundesverfassungsgericht insofern auch keine Befugnis zur Aberkennung der vorgenannten Rechte habe.[428] Die Befugnis zur Auflösung juristischer Personen kann jedoch nach wohl vorherrschender Meinung aus Art. 9 Abs. 2 GG abgeleitet werden.[429]

Hinsichtlich der Aberkennung des aktiven und passiven Wahlrechts wird man der Meinung folgen müssen, die zwar vorgebrachte Sinn- und Zweckmäßigkeitserwägungen an dem eindeutigen Wortlaut des Art. 18 GG scheitern lässt, jedoch die Regelung des § 39 Abs. 2 BVerfGG als eine Ausgestaltung des Wahlrechts sieht, die so zulässig ist.[430] Dies ergibt sich auch aus einem Erst-Recht-Schluss aus Art. 38 Abs. 3 GG, welcher die Aberkennung des passiven Wahlrechts als Nebenstrafe gemäß § 45 StGB gestattet.[431]

§ 40 BVerfGG normiert eine zeitliche Begrenzung des Verwirkungsausspruchs in der Form, dass dem Antragsgegner die Gelegenheit gegeben wird, den Ausspruch nach zwei Jahren jährlich überprüfen zu lassen, sollte der Ausspruch nicht ohnehin auf ein Jahr befristet worden sein. Eine Wiederholung des Antrages auf Verwirkung kann nur aufgrund neuer Tatsachen erfolgen, § 41 BVerfGG.[432]

---

428 KREBS, in V. MÜNCH/ KUNIG, GG, Art.18 Rn.17; LECHNER/ ZUCK, BVerfGG, § 39 Rn.10; PESTALOZZA, Verfassungsprozessrecht, § 3 Rn.16 ff.

429 KLEIN, in: MAUNZ/ SCHMIDT-BLEIBTREU, BVerfGG, § 39 Rn.23 (Stand: 11/1987); STOROST, in: UMBACH/ CLEMENS, BVerfGG, § 39 Rn.15. Nach einer weiteren Ansicht fußt die verfassungsrechtliche Rechtsfertigung zur Auflösung juristischer Personen auf Art.93 Abs.2 GG; so BRENNER, in: V. MANGOLDT/ KLEIN, GG, Art.18 Rn.68; LEIBHOLZ/ RUPPRECHT, BVerfGG, § 39 Rn.3. Eine Begründung hierfür erfolgt jedoch nicht.

430 BRENNER, in: V. MANGOLDT/ KLEIN, GG, Art.18 Rn.67; vgl. auch GRÖSCHNER, in: DREIER, GG, Art.18 Rn.37.

431 DÜRIG/ KLEIN, in: MAUNZ/ DÜRIG, GG, Art.18 Rn.33 (Stand: 04/2010).

432 Zur Problematik des Begriffs der „neuen Tatsachen“ vgl. DÜRIG/ KLEIN, in: MAUNZ/ DÜRIG, GG, Art.18 Rn.86 m.w.N. (Stand: 04/2010).

f) Entscheidungen

In der Vergangenheit wurden eine konkrete Normenkontrolle und eine Verfassungsbeschwerde wegen eines Verstoßes gegen Art. 18 GG sowie zwei Verfahren gemäß Art. 18 GG i.V.m. §§ 36 ff. BVerfGG durchgeführt. Keines der zuletzt genannten Verfahren führte zu einer Aberkennung von Grundrechten, auch, weil die Verfahren zumeist nicht mit hinreichendem Nachdruck betrieben wurden. In der praktischen Anwendung kommt dem präventiven Art. 18 GG damit eher eine Reserve- und Symbolfunktion neben den repressiven und schnelleren Verfahren aufgrund der staatsschutzrechtlichen Vorschriften des Strafgesetzbuches zu.[433] Daneben birgt das Verfahren vor dem Bundesverfassungsgericht auch politische Fallstricke, wenn das Verfahren zugunsten des vermeintlichen „Verfassungsfeindes“ entschieden wird.[434]

In der Entscheidung des Bundesverfassungsgerichts vom 06. Oktober1959[435] erklärte das Gericht § 4 des nordrhein-westfälischen Gesetzes über die Berufsausübung von Verlegern, Verlagsleitern und Redakteuren vom 17. November 1949[436] im Verfahren nach Art. 100 Abs. 1 GG für verfassungswidrig und damit nichtig. Die in Rede stehende Vorschrift sah vor, dass Verlegern, Verlagsleitern und verantwortlichen Redakteuren die Berufsausübung untersagt werden kann, wenn sie ihre berufliche Tätigkeit gegen die freiheitlich-demokratische Grundordnung missbrauchen. Das Oberverwaltungsgericht NRW legte im Rahmen der Klage eines Redakteurs gegen ein ausgesprochenes Berufsverbot die Norm dem Bundesverfassungsgericht zur Prüfung vor. Das Bundesverfassungsgericht stellte einen Verstoß gegen Art. 18 GG fest, insbesondere dadurch, dass eine Grundrechtsverwirkung nur durch das Bundesverfassungsgericht und nicht durch eine Landesregierung ausgesprochen werden dürfe.[437]

Die Verfassungsbeschwerde gegen ein strafrechtlich verhängtes Berufsverbot eines KPD-Mitgliedes, welcher Herausgeber sowie Redakteur verschiedener Zeitschriften war, wies das Bundesverfassungsgericht am 15. Januar 1969 als unbegründet zurück.[438] Ein Verstoß insbesondere gegen

---

433 GRÖSCHNER, in: DREIER, GG, Art.18 Rn.13; BRENNER, in: V. MANGOLDT/ KLEIN, GG, Art.18 Rn.11 ff.

434 BRENNER, in: V. MANGOLDT/ KLEIN, GG, Art.18 Rn.13, 15.

435 BVerfGE 10,118.

436 GVBl. NW, S. 293.

437 BVerfGE 10, 118 (123).

438 BVerfGE 25, 88.

Art. 18 GG konnte das Gericht in § 42 Abs. 1 StGB nicht erkennen. Da Art. 18 GG keine Schranke für die daneben laufenden zweigleisigen Sanktionen nach dem Strafgesetzbuch darstelle, umgehe ein Berufsverbot aufgrund einer vorangegangenen Straftat auch nicht das in Art. 18 GG geregelte Entscheidungsmonopol des Bundesverfassungsgerichts.[439]

Einen Verwirkungsantrag der Bundesregierung gegen den zweiten Vorsitzenden der SRP (Sozialistische Reichspartei) vom 28. April 1952 hat das Bundesverfassungsgericht mit Beschluss vom 25. Juli 1960[440] als nicht hinreichend begründet gemäß § 37 BVerfGG zurückgewiesen. Die SRP wurde im Oktober 1952 für verfassungswidrig erklärt und aufgelöst.[441] Der Antragsgegner war zum damaligen Zeitpunkt zweiter Vorsitzender der SRP. Allerdings wurden seit dem Eingang der Anträge auf Verwirkung keinerlei Tatsachen bekannt oder vorgetragen, aus denen sich für die Zukunft eine „staatsfeindliche politische Betätigung des Antragsgegners" ergab.[442] Vielmehr habe dieser sich aus dem politischen Leben zurückgezogen.

Ebenso im Sinne des § 37 BVerfGG wurde der Antrag der Bundesregierung vom 20. März 1969 mit Beschluss des Bundesverfassungsgerichts vom 02. Juli 1974[443] zurückgewiesen. Der Antrag richtete sich gegen Herrn Dr. F. als alleinigen Gesellschafter der Herausgeberin und Chefredakteur der Deutschen National-Zeitung (früher auch Soldaten-Zeitung). Trotz entsprechender Aufforderung durch das Gericht hat die Antragsstellerin jedoch weder auf das ausführliche Bestreiten des Antragsgegners noch auf den Umstand der gegenwärtigen Gefährlichkeit des Antragsgegners Stellung genommen. Eine „ernsthafte Gefahr" für die freiheitlich-demokratische Grundordnung konnte das Gericht nach dem nicht hinreichenden Vorbringen der Bundesregierung nicht feststellen.[444]

2. Die Staatsschutzdelikte des Strafgesetzbuches

Bei deutschen Staatsangehörigen stehen im deutschen Recht zuvörderst die Regelungen des Strafgesetzes als Sanktionsmöglichkeit für staatsfeindliches

439 BVerfGE 25, 88 (100).
440 BVerfGE 11, 282.
441 BVerfGE 2, 1.
442 BVerfGE 11, 282 (283).
443 BVerfGE 38, 23.
444 BVerfGE 38, 23 (25).

Verhalten zur Verfügung. Die entsprechenden Strafvorschriften gelten nach dem Territorialprinzip allerdings auch für Ausländer, die Straftaten auf dem Boden der Bundesrepublik Deutschland begehen, § 3 StGB. Des Weiteren werden im Ausland durch Deutsche begangene und in § 5 StGB genannte Straftaten erfasst.

Durch das Strafgesetzbuch vor illoyalem Verhalten geschützte Rechtsgüter sind u. a. die freiheitliche demokratische Grundordnung, wie beispielsweise in den §§ 84 und 85 StGB (i.V.m. § 20 VereinsG),[445] oder der öffentliche Frieden in § 126 StGB. Letzterer ist nicht nur dann gefährdet, wenn eines der in § 126 StGB genannten Rechtsgüter bedroht wird, sondern insbesondere auch dann, wenn durch diese Drohungen das allgemeine Gefühl der Rechtssicherheit und das Vertrauen in die Bundesrepublik Deutschland in Teilen der Bevölkerung nachhaltig gestört wird.[446]

Durch die §§ 98, 99 StGB werden die Geheimnisse des Staates und damit sein Funktionieren und seine Sicherheit geschützt. Gemäß § 129a Abs. 2 a. E. StGB wird derjenige bestraft, der „die politischen, verfassungsrechtlichen, wirtschaftlichen oder sozialen Grundstrukturen eines Staates oder einer internationalen Organisation zu beseitigen oder erheblich zu beeinträchtigen“ versucht und dabei gewalttätig und mit der Begehung weiterer Straftaten vorgeht. § 129b StGB wiederum wurde als Reaktion auf die Attentate des 11. September 2001 in den Vereinigten Staaten von Amerika geschaffen und soll solche Täter erfassen, welche sich gemäß § 129b Abs. 1 S. 5 StGB gegen die „Grundwerte einer die Würde des Menschen achtenden staatlichen Ordnung sowie das Gebot des friedlichen Zusammenlebens der Völker“ richten, die dabei aber im Inland nicht in Form einer Vereinigung tätig werden und damit nicht von den §§ 129, 129a StGB erfasst werden.[447]

Probleme bereiten die Vorschriften der §§ 129a und b StGB in der Praxis jedoch deshalb, weil in den heutigen Formen des Terrorismus gehäuft Einzeltäter in losen Strukturen agieren. Feste Gruppen, wie in den Tatbeständen der §§ 129a, b StGB vorgesehen, werden seltener. Als Reaktion hierauf wurden die §§ 89a, b, 91 StGB geschaffen. Durch das Gesetz zur Verfolgung der

---

445 LAUFHÜTTE, in: JÄHNKE/ LAUFHÜTTE, Leipziger Komm- StGB, § 84 Rn.1 und § 85 Rn.1.

446 BUBNOFF, in: JÄHNKE/ LAUFHÜTTE, Leipziger Komm-StGB, § 126 Rn.1; OSTENDORF, in: KINDHÄUSER/ NEUMANN, Nomos Komm-StGB, § 126 Rn.6.

447 BT Drs.14/8893 S.9; OSTENDORF, in: KINDHÄUSER/ NEUMANN, Nomos Komm-StGB, §§ 129a, 129b Rn.9.

Vorbereitung von schweren staatsgefährdenden Gewalttaten vom 30. Juli 2009[448] wurden die §§ 89a und 89b neu eingeführt und § 91 StGB neu gefasst. Erfasst und sanktioniert werden sollen durch diese neuen Straftatbestände die Handlungen zur Vorbereitung von schweren und staatsgefährdenden Taten.

Im Rahmen dieser neuen Straftatbestände wurde durch den Gesetzgeber die sogenannte Staatsschutzklausel eingeführt. Hiernach ist eine solche Gewalttat staatsgefährdend, „die nach den Umständen bestimmt oder geeignet ist, den Bestand oder die Sicherheit eines Staates oder einer internationalen Organisation zu beeinträchtigen oder Verfassungsgrundsätze der Bundesrepublik Deutschland zu beseitigen, außer Geltung zu setzen oder zu untergraben“.[449] Die neuen Vorschriften erfahren starke Kritik, da sie teilweise bereits die Vorbereitung der Vorbereitung und damit grundsätzlich unverfängliche Handlungen bestrafen. Außerdem wird dem Gesetz mangelnde Bestimmtheit vorgeworfen.[450]

Rechtsfolgen derartiger, sich gegen die Grundordnung oder den Bestand der Bundesrepublik richtender Verhaltensweisen reichen von Geldstrafen bis zu lebenslangen Freiheitsstrafen. Auch knüpfen sich an das Staatsschutzstrafrecht oder den Verdacht der Verwirklichung entsprechender Straftaten Beschränkungen anderer Grundrechte, wie beispielsweise § 3 Abs. 1 des Gesetzes zu Art. 10 GG zeigt. Staatsangehörigkeitsrechtliche Rechtsfolgen kennt das Strafgesetzbuch jedoch nicht.

3. Bei Ausländern

Im Gegensatz zum Staatsangehörigkeitsrecht oder Strafrecht kennt das Aufenthaltsgesetz auf strafrechtlich oder sogar staatsschutzrechtlich relevantes Verhalten die Rechtsfolge der Ausweisung aus dem Territorium der Bundesrepublik.

Als Nachfolger des Ausländergesetzes wurde das Gesetz über den Aufenthalt, die Erwerbstätigkeit und die Integration von Ausländern im Bundesgebiet (AufenthG)[451] am 30. Juli 2004 neu gefasst und trat am 1. Januar 2005 in Kraft. Das Aufenthaltsgesetz schafft die Rechtsgrundlage für den Beginn

448 BGBl. I, S.2437.

449 § 89a Abs.1 S.2 StGB.

450 Vgl. insgesamt zur Kritik an den neuen Vorschriften GAZEAS/ GROSSE-WILDE/ KIEßLING, NStZ 2009, 593 ff. m.w.N.

451 BGBl. I 2004, S.1950.

und das Ende des Aufenthalts von Ausländern auf dem Territorium der Bundesrepublik Deutschland. Die Regelungen greifen jedoch nur subsidiär, soweit für die Staatsangehörigen bestimmter Länder nicht speziellere Regelungen für Ein- und Ausreise und die Niederlassung in Deutschland gelten.

So gilt für die Staatsangehörigen anderer EU-Mitgliedsstaaten der Grundsatz der Freizügigkeit nach dem FreizügG/EU und der Freizügigkeitsrichtlinie 2004/38/EG. Aber auch die Staatsangehörigen der Türkei und der Schweiz werden über spezielle völkerrechtliche Verträge geschützt. Von besonderem Interesse sind in dieser Untersuchung die Modalitäten der Beendigung des Aufenthalts in der Bundesrepublik, denn eine mögliche Ausbürgerung illoyaler Staatsangehöriger darf aufgrund der besonderen Verpflichtung Deutschlands gegenüber seinen Bürgern hinsichtlich der für sie geltenden tatbestandlichen Voraussetzungen jedenfalls nicht hinter der Ausweisung illoyaler ausländischer Staatsangehöriger zurückbleiben.[452]

a) Ausweisung nach dem AufenthG

Das Aufenthaltsgesetz kennt die Möglichkeit der Ausweisung von Ausländern im Falle der Begehung von Straftaten oder anderweitiger Beeinträchtigungen der öffentlichen Sicherheit und Ordnung in den §§ 53, 54 und 55 AufenthG. Maßgeblich ist dabei nicht nur der verwirklichte Straftatbestand, sondern insbesondere das durch rechtskräftiges Urteil verhängte Strafmaß.

Die Ausweisung ist ein Verwaltungsakt, welcher zum Erlöschen des Aufenthaltstitels führt, § 51 Abs. 1 Nr. 5 AufenthG, und dadurch die Ausreisepflicht des betroffenen Ausländers gemäß § 50 Abs. 1 AufenthG begründet.[453] Ist die Ausreisepflicht vollziehbar, wird ihr aber nicht nachgekommen, wird die Abschiebung zunächst angedroht, § 59 Abs. 1 AufenthG, und dann vollzogen, § 58 AufenthG. Die Beendigung des Aufenthalts erfolgt demnach in drei Stufen durch Ausweisung, Abschiebungsandrohung und Abschiebung. Die Ausweisung führt grundsätzlich auch zu einem Wiedereinreiseverbot gemäß § 11 Abs. 1 S. 1 AufenthG, welches jedoch auf Antrag durch eine sogenannte Sperrfrist gemäß § 11 Abs. 1 S. 3 AufenthG zeitlich begrenzt werden kann.

---

452 Vgl. zu diesem Gedanken v. MANGOLDT, StAZ 1994, 33 (34), der annimmt, das solche Einbürgerungsvoraussetzungen, welche hinter den Voraussetzungen des Aufenthalts nach dem Aufenthaltsgesetz zurückbleiben, nicht verfassungsgemäß sind.

453 Vgl. hierzu BEICHEL-BENEDETTI, in: HUBER, AufenthG, Vorb. zu §§ 53-56 Rn.2.

Die Ausweisung erfolgt in den §§ 53, 54 und 55 AufenthG nach einer wertenden Stufensystematik, welche an die Höhe der verhängten Strafe beziehungsweise an die Schwere entsprechende Rechtsfolgen anknüpft. Auf der ersten Stufe erfolgt die Ausweisung nach dem Gesetzeswortlaut zwingend, auf der zweiten Stufe wird regelmäßig ausgewiesen. Erst die dritte Stufe stellt eine Ermessensvorschrift dar. Liegt aber ein besonderer Schutzgrund nach § 56 AufenthG vor, kann eine Herabstufung innerhalb der drei Stufen der Ausweisung erfolgen. Gemäß § 56 Abs. 1 S. 4 und 5 AufenthG erfolgt dann bei dem Vorliegen der Voraussetzung des § 53 AufenthG eine Ausweisung nicht mehr zwingend, sondern nur noch in der Regel. Im Rahmen des § 54 AufenthG wird der Betroffene dann nicht mehr in der Regel ausgewiesen sondern der Behörde wird ein vollumfängliches Ermessen eingeräumt.

Zielstaat der Abschiebung ist in aller Regel der Heimatstaat. In Frage kommt allerdings auch ein Drittstaat, wenn der Abzuschiebende dort einreiseberechtigt ist oder ein Rückübernahmeabkommen besteht.

Die Ausweisung nach dem Aufenthaltsgesetz wird als präventive Maßnahme aus dem Bereich des Ordnungsrechts angesehen, also als Maßnahme der Gefahrenabwehr. Dies zeigt auch der Wortlaut des § 55 Abs. 1 AufenthG.[454] Die Ausweisung hat damit keinen Sanktionscharakter und verstößt nicht gegen das Verbot der Mehrfachbestrafung aus Art. 103 Abs. 2 GG.[455]

Sinn und Zweck der Ausweisung ist es, zukünftige Beeinträchtigungen der öffentlichen Sicherheit und Ordnung sowie erheblicher staatlicher Interessen zu unterbinden. Es wird hierbei sowohl die spezialpräventive Gefahrindizierung als Grund für die Ausweisung anerkannt als auch eine generalpräventive Gefahrenprognose.[456] Im Rahmen der Spezialprävention macht das persönliche Verhalten eines Ausländers eine Ausweisung erforderlich, da er, zum Beispiel durch Rechtsgutverletzungen, die öffentliche Sicherheit der Bundesrepublik beeinträchtigt hat und zukünftig zu beeinträchtigen droht. Die Schwere oder die Häufigkeit der Rechtsgutverletzungen lassen auch für die Zukunft eine solche Beeinträchtigung erwarten. Es findet diesbezüglich eine Prognoseentscheidung durch die Behörde statt. Nach generalpräventiven Gesichtspunkten soll die Möglichkeit der Rechtsfolge der Ausweisung abschreckende Wirkung entfalten und die Begehung von Rechtsgutverletzungen durch andere Ausländer unterbinden.

---

454 ALBRECHT, in: STORR, Zuwanderungsgesetz, §54 Rn.2.

455 BMI, Vorläufige Anwendungshinweise AufenthG, FreizügG, Nr.53.0.3.0.1.

456 BEICHEL-BENEDETTI, in: HUBER, AufenthG, Vorb. zu §§ 53-56 Rn.5 ff.

(1) Zwingende Ausweisung

Liegen die Voraussetzungen des § 53 AufenthG vor und ergibt sich kein besonderer Ausweisungsschutz nach § 56 AufenthG, hat eine Ausweisung nach der Gesetzessystematik zwingend zu erfolgen. Die Ausländerbehörde soll keinerlei Ermessenspielraum haben und keine Entscheidung im Einzelfall vornehmen. Grund hierfür ist, dass die Ausweisungsgründe in § 53 AufenthG solche der schwersten Störung der öffentlichen Sicherheit sind. Tatbestandlich fordert § 53 AufenthG eine rechtskräftige Verurteilung zu einer Freiheits- oder Jugendstrafe von drei Jahren. Diese Zeitspanne kann sich auch aus mehreren Verurteilungen innerhalb von fünf Jahren zusammensetzen. Die Anordnung der Sicherungsverwahrung stellt ebenfalls einen zwingenden Ausweisungsgrund dar. Weitere Ausweisungsgründe nach § 53 AufenthG sind Verurteilungen zu Freiheitsstrafen ohne Bewährung wegen Landfriedensbruch, Betäubungsmitteldelikten oder dem Einschleusen von Ausländern nach §§ 96, 97 AufenthG.

Liegt einer dieser Ausweisungsgründe vor, muss davon ausgegangen werden, dass der Ausländer auch weiterhin schwere Straftaten begehen wird und in Zukunft eine Gefahr für die öffentliche Sicherheit und Ordnung darstellt. Ein Schutz derselben durch Ausweisung des Störers ist deshalb geboten, so die Argumentation für die zwingende Rechtsfolge der Ausweisung bei Vorliegen des Tatbestandes.[457] Die Vorschrift des § 56 AufenthG mit seinem besonderen Ausweisungsschutz und der daraus folgenden Herabstufung der zwingenden Ausweisung zur Ausweisung im Regelfall reiche als Berücksichtigung der Belange des Betroffenen und der Würdigung der Umstände des Einzelfalles aus.

Gegen die Ausweisung als zwingende Rechtsfolge einer Verurteilung ohne entsprechende Ermessenausübung und damit einzelfallbezogene Abwägung der Tatsachen durch eine Behörde wurden schnell Bedenken angemeldet.[458] Das gesetzliche Stufensystem, welches eigentlich zu einer Erleichterung der Entscheidungsfindung in den Ausländerbehörden führen sollte, wird dem konkreten Einzelfall nicht stets gerecht. Ein besonderes Augenmerk muss hier insbesondere den sogenannten faktischen Inländern gelten, also sol-

---

457 Vgl. BEICHEL-BENEDETTI, in: HUBER, AufenthG, § 53 Rn.1.

458 BEICHEL-BENEDETTI, in: HUBER, AufenthG, § 53 Rn.5.

chen Ausländern, welche aufgrund von Geburt oder langjährigem Aufenthalt im Inland verwurzelt sind.

In seinen Entscheidungen zu Art. 8 EMRK hat der EGMR[459] grundsätzlich festgestellt, dass die Vertragsstaaten berechtigt sind, zur Gewährleistung der öffentlichen Ordnung straffällige Ausländer aus ihrem Territorium auszuweisen. Gemäß Art. 8 Abs. 2 EMRK muss die Ausweisung, wenn sie in ein durch Art. 8 Abs. 1 EMRK geschütztes Recht eingreift, aber in einer demokratischen Gesellschaft notwendig sein. Dies ist der Fall bei einem dringenden sozialen Bedürfnis und insbesondere wenn die Ausweisung verhältnismäßig zu dem verfolgten Ziel ist. Der EGMR hat dabei in seinen Entscheidungen nicht nur auf die Achtung des tatsächlich gelebten Familienlebens des betroffenen Ausländers Rücksicht genommen, sondern besonders die Achtung des Privatlebens betont.[460] Das Recht auf Achtung des Privatlebens umfasst die Summe der persönlichen, gesellschaftlichen und wirtschaftlichen Beziehungen, die für das Privatleben des Menschen konstitutiv sind.[461] Je stärkere Bindungen ein Ausländer also zu dem Aufenthaltsland hat, umso mehr muss dies im Abwägungsprozess um eine Ausweisung berücksichtigt werden. Es wird vermutet, dass bei einem langjährigen Aufenthalt im Ausland die Bindung zu diesem Staat wächst und mit der Zeit stärker sein kann als die Beziehung zu dem eigentlichen Heimatland.[462] In jedem Fall ist bei einer Berührung des Schutzbereiches des Art. 8 Abs. 1 EMRK eine differenzierende Würdigung des Einzelfalls erforderlich. Die bloße Befristung der Ausweisung reicht alleine nicht aus.

Die bis zu diesem Zeitpunkt in Deutschland geltende Rechtsprechung[463] ging dagegen davon aus, dass das wertende Stufensystem mit der Möglichkeit der Herabstufung aus § 56 AufenthG bereits ausreichend differenziert sei, um dem Fall des faktischen Inländers gerecht zu werden. Durch seine Entscheidung aus dem Jahre 2007[464] änderte das Bundesverfassungsgericht jedoch diese Rechtsprechung. Die vorgefasste Würdigung des Gesetzes reicht wenigstens dann nicht mehr aus, wenn die Schutzbereiche höherrangiger Gesetze

459 EGMR, NVwZ 2007, 1279 (1280) – Üner m.w.N.

460 EGMR, NVwZ 2007, 1279 (1281) – Üner; BEICHEL-BENEDETTI, in: HUBER, AufenthG, Vorb. zu §§ 53-56 Rn.13 ff.

461 EGMR, EuGRZ 2006, 560 (561).

462 GÖBEL-ZIMMERMANN, in: HUBER, AufenthG, § 25 Rn.31 ff.; vgl. auch TEWOCHT, ZAR 2010, 144 (145 f.).

463 BEICHEL-BENEDETTI, in: HUBER, AufenthG, Vorb. zu §§ 53-56 Rn.1.

464 BVerfGK 11, 153 ff.; vgl. auch BVerfGK 12, 37.

wie Art. 8 EMRK oder Art. 6, 2 Abs. 1 i.V.m. Art. 1 Abs. 1 GG betroffen sind. Auch die Setzung einer Sperrfrist zur Wiedereinreise reicht für sich allein genommen nicht aus, um dem Schutz von Familie und Privatleben gerecht zu werden, denn auch eine nur vorübergehende, befristete Ausweisung kann zu einem Verlust oder wenigstens einer Schädigung wichtiger Bindungen zu Deutschland führen. Der wichtige Fall der Geburt im Inland ist außerdem nicht von § 56 Abs. 1 Nr. 1 AufenthG erfasst und wird deshalb nicht vom Wertungssystem der Ausweisung nach dem Aufenthaltsgesetz erfasst.

In jedem Fall, in dem die Schutzbereiche der genannten Artikel aufgrund einer Verwurzelung des Ausländers in familiärer oder sonstiger Art berührt werden, muss demnach eine Ermessensentscheidung durch die ausweisende Behörde erfolgen. Die Prüfung der Verhältnismäßigkeit der Ausweisung muss stets im konkreten Fall und mit Blick auf die garantierten Schutzrechte aus der EMRK und dem Grundgesetz erfolgen. Zwischen den persönlichen Verhältnissen des Ausländers und dem öffentlichen Interesse an der Aufenthaltsbeendigung muss die ausweisende Behörde eine Abwägung und eigenständige Würdigung vornehmen.

Der Zeitpunkt der Beurteilung der Sach- und Rechtslage liegt auf dem Zeitpunkt der letzten mündlichen Verhandlung, um auch eine mögliche Veränderung im Legalverhalten des Auszuweisenden in Betracht ziehen zu können.[465]

Im Ergebnis führt dies dazu, dass bei jeder Ausweisung eine Prüfung der Behörde dahingehend stattzufinden hat, ob das Privat- oder Familienleben des Ausländers durch die Ausweisung unverhältnismäßig beeinträchtigt wird und dadurch ein Verstoß gegen Art. 8 EMRK und Art. 6, 2 Abs. 1 GG vorliegt. Auch im Rahmen der zwingenden Ausweisung und der Ausweisung im Regelfall muss deshalb in der Praxis stets eine Ermessensprüfung der Behörde stattfinden, ob der Schutzbereich der in Rede stehenden Artikel eröffnet ist. Daran ändert auch der Ausspruch des Bundesverfassungsgerichts nichts, dass das Stufensystem der Ausweisungsvorschriften den Regelungen der EMRK grundsätzlich Rechnung trage.[466]

465 BVerwGE 130, 20, NVwZ 2008, 434 (435 f.).

466 BVerfG, NVwZ 2004, 852 (853 f.); E, NVwZ 2007, 946 (948); vgl. auch BVerwGE 107, 58 (73); THYM, EuGRZ 2006, 541 (551 f.); vgl. zur Regelung des § 23a AufenthG auch HOPPE, ZAR 2006, 125 (131).

(2) Ausweisung im Regelfall

§ 54 AufenthG erfasst Fälle schwerer und mittlerer Kriminalität. Liegen seine Voraussetzungen vor, ist der Ausländer nach der Gesetzessystematik in der Regel auszuweisen. Das heißt, der Ausländer sollte ausgewiesen werden. Ausnahmen davon sind jedoch nach der Gesetzessystematik, im Gegensatz zu § 53 AufenthG, in besonders gelagerten Fällen möglich und führen zu einer Ermessensentscheidung durch die Behörde. Solche besonders gelagerten Fälle kennzeichnen sich nach langjähriger Rechtsprechung durch einen „atypischen Geschehensverlauf, der so bedeutsam ist, dass er jedenfalls das sonst für die Ausweisung im Regelfall ausschlaggebende Gewicht beseitigt".[467] Insgesamt findet im Rahmen der Regelausweisung nach § 54 AufenthG eine Einzelfallprüfung des Sachverhaltes statt. Zu beachten ist hier wieder der Ausweisungsschutz nach § 56 AufenthG.

Die Ausweisungstatbestände des § 54 AufenthG knüpfen nicht alle an eine rechtskräftige Verurteilung an. Auch Handlungen, welche einen terroristischen Hintergrund haben oder in sonstiger Weise die Interessen der Bundesrepublik Deutschland gefährden, führen zu einer Ausweisung im Regelfall, ohne dass eine rechtskräftige Verurteilung erfolgen muss.

Auch im Rahmen der Regelausweisung wurde jedoch die Rechtsprechung[468] dahingehend geändert, dass eine Ermessensausweisung immer dann erfolgen muss, wenn höherrangige Rechte des Ausländers durch die Ausweisung betroffen sind. Praktisch wichtige höherrangige Rechte des Ausländers sind der Schutz des Familien- und Privatlebens gemäß Art. 6, 2 Abs. 1 GG und Art. 8 EMRK. Bei der Eröffnung des Schutzbereichs der genannten Artikel aufgrund einer Verwurzelung des Ausländers im Inland oder dem Bestehen familiärer Bindungen muss eine umfassende Güterabwägung im Hinblick auf die Folgen einer Ausweisung für den Ausländer erfolgen. Eine Ausweisung in der Regel, wie der Gesetzeswortlaut es vorsieht, kommt dann nicht mehr in Betracht.

---

467 BMI, Vorläufige Anwendungshinweise AufenthG, FreizügG, Nr.54.0.2; OVG Hamburg, InfAuslR 2003,421 (420).

468 BVerwG, NVwZ 2008, 326 (328); vgl. aber auch BVerfG, NVwZ 2007, 946; NVwZ 2007, 1300.

(3) Ermessensausweisung

Der Grundtatbestand des § 55 Abs. 1 AufenthG sieht die Möglichkeit der Ausweisung bei einer Beeinträchtigung der öffentlichen Sicherheit und Ordnung oder sonstiger erheblicher Interessen durch den Aufenthalt des Ausländers vor. Die Ausweisung liegt bei § 55 Abs. 1 AufenthG im Ermessen der Behörde. Abzuwägen ist zwischen dem Interesse des Ausländers daran, sich weiterhin in Deutschland aufzuhalten und dem öffentlichen Interesse an einer Ausweisung.[469] Spezielle Ausweisungsgründe finden sich in § 55 Abs. 2 AufenthG. Diese Ausweisungsgründe knüpfen nur vereinzelt an strafrechtliche Verurteilungen an. Auch Handlungen, die sonstige öffentliche Interessen verletzten, stellen Gründe für eine Ermessensausweisung dar. Ist ein Verhalten des Ausländers von § 55 Abs. 2 AufenthG erfasst, liegen jedoch nicht die Voraussetzungen einer Ausweisung vor, ist der Rückgriff auf den Grundtatbestand des Abs. 1 versagt.

Die in Absatz 3 aufgeführten Ermessenkriterien sind nicht als abschließend zu betrachten. Insbesondere die in Art. 6 und 2 Abs. 1 GG sowie Art. 8 EMRK geschützten Rechte des Familien- und Privatlebens des Ausländers sind umfassend zu berücksichtigen.

b) Abschiebungsanordnung, § 58a AufenthG

Ein besonderer Fall ist die, durch das Zuwanderungsgesetz neu eingeführte Möglichkeit der Abschiebungsanordnung in § 58a AufenthG bei unmittelbarer, erheblicher Gefahrenlage für die Sicherheit Deutschlands. Hintergrund der Einführung des § 58a AufenthG war die Langwierigkeit von Ausweisungen in Fällen wie den des sogenannten „Kalifen von Köln", METIN KAPLAN, aber auch die steigende terroristische Bedrohungslage nach den Ereignissen des 11. September 2001 in den Vereinigten Staaten von Amerika.

Die Abschiebungsanordnung verkürzt das dreistufige Verfahren von Ausweisung, Abschiebungsandrohung und Abschiebung erheblich Sie entspricht dem polizeilichen Sofortvollzug und stellt eine Maßnahme der Verwaltungsvollstreckung dar.[470] Der Grundverwaltungsakt der Ausweisung entfällt. So wird eine zeitnahe Abschiebung durchführbar, denn sie ist ohne vor-

---

469 BMI, Vorläufige Anwendungshinweise AufenthG, FreizügG, Nr.55.1.2.

470 MASUCH, in: HUBER, AufenthG, § 58 Rn.2.

hergehende Ausweisung und Abschiebungsandrohung möglich und sofort vollziehbar.

Trotz dieser Besonderheiten entspricht die einzuhaltende Rechtsfolge der Abschiebungsanordnung der einer Ausweisung. Mit dem Erlass einer Abschiebungsanordnung wird die Rechtmäßigkeit des Aufenthaltes gemäß § 51 Abs. 1 Nr. 5a AufenthG beendet. Die in § 11 Abs. 1 S. 2 AufenthG geregelte Befristung des Einreise- und Aufenthaltsverbotes gilt nicht im Fall einer Abschiebungsanordnung gemäß § 11 Abs. 1 S. 5 AufenthG. Allerdings kann die oberste Landesbehörde ausnahmsweise doch eine Sperrfrist zulassen, § 11 Abs. 1 S. 6 AufenthG.

Voraussetzung für die Abschiebungsanordnung ist gemäß § 58a Abs. 1 AufenthG die Annahme einer besonderen Gefahr für die Sicherheit der Bundesrepublik oder einer terroristischen Gefahr.

Mit der Sicherheit der Bundesrepublik Deutschland ist sowohl die innere als auch die äußere Sicherheit Deutschlands gemeint und erfasst den Bestand und die Funktionstüchtigkeit des Staates und seiner Einrichtungen.[471] Zur Funktionalität des Staates gehören auch nichtstaatliche Einrichtungen wie Bahnhöfe und sonstige Verkehrsknotenpunkte sowie wichtige Versorgungsanlagen, welche für eine Gesellschaft existentiell nötig sind.[472] Eine besondere Gefahr ist eine solche, die nach Art, Ausmaß und Folge erheblich über das normale Gefahrenniveau hinausgeht.[473]

Ob eine terroristische Gefahr vorliegt, wird an den Mitteln und der Art ihres Einsatzes sowie der Schwere der Folgen gemessen. Gemeint sind ungezielte und unbeherrschbare Anschläge mit einer verheerenden Breitenwirkung, also beispielsweise Sprengstoffanschläge.[474]

Die Prüfung der genannten Voraussetzungen des § 58a Abs. 1 AufenthG erfolgt aufgrund einer tatsachengestützten Gefahrenprognose durch die zuständige Behörde. Bezug nehmend auf den Handlungsbegriff des Strafgesetzbuches muss eine individuelle Zurechenbarkeit der prognostizierten Gefahr, das heißt eine persönliche Verantwortlichkeit des betroffenen Ausländers gegeben sein.[475] Eine konkrete Gefahr ist nicht erforderlich, ein beachtliches Risiko einer Gefahrrealisierung reicht aus.

---

471 MASUCH, in: HUBER, AufenthG, § 58 Rn.7.
472 MASUCH, in: HUBER, AufenthG, § 58 Rn.7.
473 MASUCH, in: HUBER, AufenthG, § 58 Rn.7.
474 MASUCH, in: HUBER, AufenthG, § 58 Rn.8.
475 MARX, ZAR 2004, 275 (278).

Der besondere Ausweisungsschutz des § 56 AufenthG greift im Rahmen des § 58a AufenthG nicht, jedoch sind besondere persönliche Belange des betroffenen Ausländers aus § 55 Abs. 3 AufenthG bei der Ermessensentscheidung der Behörde im Rahmen der Verhältnismäßigkeitsprüfung zu beachten[476]. Die entscheidende Behörde übt ihr Entschließungsermessen hinsichtlich der Anwendung des § 58a AufenthG aus. Das Auswahlermessen ist dagegen stark eingeschränkt und kann lediglich bei der Wahl des Zielstaates der Abschiebung ausgeübt werden.

Die Abschiebungsanordnung darf in den Fällen des § 60 Abs. 1 bis 8 AufenthG nicht vollzogen werden, so § 58a Abs. 3 AufenthG. Zu beachten ist hierbei, dass die abschiebende Behörde nicht an vorangegangene Feststellungen, beispielsweise durch das Bundesamt für Migration und Flüchtlinge, gebunden ist und ein Vorliegen der Voraussetzungen des § 60 Abs. 1 bis 8 AufenthG eigenständig prüft.[477] Dies soll zur Beschleunigung des Abschiebungsverfahrens beitragen.

Zuständig für den Erlass der Abschiebungsanordnung sind die obersten Landesbehörden oder, bei einer länderübergreifenden Gefahrenlage, das Bundesministerium des Inneren gemäß § 58a Abs. 2 AufenthG. Damit wird dem Ausnahmecharakter dieser Vorschrift sowie der ihr zugrunde liegenden schwerwiegenden Gefahrenlage Rechnung getragen.

Rechtsschutz wird gemäß § 58a Abs. 4 AufenthG erstinstanzlich vor dem Bundesverwaltungsgericht gewährt, um langwierige Gerichtsprozesse durch mehrere Instanzen zu verhindern.

Aufgrund der Regelung des § 58a AufenthG befürchtet *Marx* wegen des Abwägungsverbotes und der dauerhaften Sperrwirkung einen Verstoß gegen Art. 8 EMRK und Art. 1 Abs. 1 GG.[478] Dabei berücksichtigt er allerdings nicht, dass die Abschiebungsanordnung eine derart gravierende Gefahrensituation voraussetzt, dass eine Verkürzung des Abschiebungsverfahrens absolut notwendig wird und die Interessen des Ausländers demgegenüber zurückstehen müssen. Letztendlich setzt der Ausländer die Gründe für den Erlass einer Abschiebungsanordnung selbst, so dass er insofern auch weniger schützenswert ist. Es ist jedoch sehr wohl eine restriktive Auslegung und Anwendung der Abschiebungsanordnung angebracht.[479]

---

476 Vgl. MASUCH, in: HUBER, AufenthG, § 58 Rn.2.

477 MASUCH, in: HUBER, AufenthG, § 58 Rn.4.

478 MARX, ZAR 2004, 275 (278).

479 DUCHOW, ZAR 2004, 339 (342).

4. Bei Unionsbürgern

Die §§ 50 ff. AufenthG sind auf Unionsbürger grundsätzlich nicht anwendbar. Für sie stellt das FreizügG/EU[480] vom 30. Juli 2004 das speziellere Gesetz dar, welches die Anwendung des AufenthG gemäß § 1 Abs. 2 Nr. 1 AufenthG i.V.m. § 2 Abs. 1 und 5 FreizügG/EU ausschließt.

Das FreizügG/EU setzt unter anderem die Richtlinie 2004/38/EG um, welche die vorangegangenen Aufenthaltsrichtlinien der Europäischen Gemeinschaft zusammenfasst. In ihm wird eine der Grundfreiheiten des Binnenmarktes für den deutschen Rechtskreis geregelt und zwar die Freizügigkeit der Unionsbürger. Diese gewährleistet, dass die Unionsbürger sich innerhalb der Mitgliedstaaten der Europäischen Union grundsätzlich frei bewegen und aufhalten dürfen, Art. 21 Abs. 1 AEUV.

Eingeschränkt werden kann die Freizügigkeit ebenfalls nur durch die speziellen Regelungen des FreizügG/EU. § 7 S. 1 FreizügG/EU ist demzufolge die anzuwendende Regelung zur Ausweisung von Unionsbürgern. Mit der Umsetzung des Art. 27 Abs. 1 der RL 2004/38/EG sind als Ausweisungsgründe in § 6 Abs. 1 FreizügG/EU explizit die Gefährdung der öffentlichen Ordnung und Sicherheit oder Gesundheit erwähnt.

Die Gefährdung der äußeren Sicherheit in diesem rechtlichen Kontext wird als die erhebliche Gefährdung der auswärtigen Beziehungen des Mitgliedstaates zu anderen Staaten oder sogar als die Gefährdung des friedlichen Zusammenlebens der Völker verstanden. Inwieweit sich die innere Sicherheit von der öffentlichen Ordnung im Mitgliedsstaat unterscheidet, ist unklar und rechtlich wohl nur von eingeschränkter Relevanz. Grundsätzlich muss der Mitgliedsstaat in seinem Territorium dafür Sorge tragen, dass die innere Sicherheit gewährleistet ist. Zur inneren oder öffentlichen Sicherheit gehören aber nicht nur der Bestand des Staates und seiner Einrichtungen sondern auch die bedeutenden Schutzgüter der einzelnen Bürger. Dies erinnert im Wesentlichen an die Definition der öffentlichen Sicherheit im Rahmen des deutschen Polizei- und Ordnungsrechts. Grundsätzlich bleibt es den Mitgliedstaaten selbst überlassen, was sie nach den Bedürfnissen des jeweiligen Mitgliedstaates als zwingend erforderlich für die öffentliche Sicherheit und Ordnung ansehen.

Die Ausweisung eines Unionsbürgers und damit die Einschränkung der wichtigen Grundfreiheit der Freizügigkeit soll allerdings nur in Ausnahmefäl-

480 BGBl. I, S.1950.

len erfolgen und restriktiv angewandt werden. Eine zwingende oder Regelausweisung, beispielweise im Falle einer strafrechtlichen Verurteilung, scheidet bei Unionsbürgern deshalb in jedem Falle aus. Vielmehr bedarf es stets einer Ermessensausweisung mit einer einzelfallbezogenen Prüfung des persönlichen Verhaltens des Betroffenen. Weiterhin muss eine Abwägung zwischen dem Interesse des Unionsbürgers zu bleiben gegenüber dem staatlichen Interesse am Schutz der öffentlichen Ordnung stattfinden. Entscheidend hierfür ist der Zeitpunkt der letzten mündlichen Verhandlung, so dass auch später eingetretene Aspekte berücksichtigt werden können. In seinem Urteil vom 22. Mai 2012[481] hat der EuGH allerdings entschieden, dass Art. 28 Abs. 3 lit. a) der RL 2004/38/EG dahingehend auszulegen sei, dass in Fällen schwerster Kriminalität selbst bei langjährigem Aufenthalt im Inland eine Ausweisung der Unionsbürgers in Betracht kommt, wenn „das persönliche Verhalten des Betroffenen eine tatsächliche und gegenwärtige Gefahr darstellt, die ein Grundinteresse der Gesellschaft oder des Aufnahmemitgliedstaats berührt".[482] Die Straftat muss eine „besonders schwere Beeinträchtigung eines grundlegenden gesellschaftlichen Interesses (...) [sein], die geeignet ist, die Ruhe und die physische Sicherheit der Bevölkerung unmittelbar zu bedrohen".[483]

Auf das AufenthG wird bei Freizügigkeitsberechtigten nur in den Fällen des § 11 Abs. 1 S. 1 FreizügG/EU zurückgegriffen.[484] Hier ist insbesondere der Verweis auf die Ausreisepflicht nach § 50 AufenthG von Interesse, welcher nur in den Absätzen 3 bis 7 und teilweise nur bei der Feststellung der Ausreisepflicht nach § 7 FreizügG/EU auf Freizügigkeitsberechtigte anwendbar ist. Grundsätzlich kann das AufenthG immer dann angewandt werden, wenn es den Betroffenen besser stellt als das FreizügG/EU.

5. Bei türkischen Staatsangehörigen

Für türkische Arbeitnehmer gelten nach dem Assoziierungsabkommen Nr. 1/80 zwischen der EWR und der Türkei gesonderte Regelungen des Aufenthalts, welche dem türkischen Staatsangehörigen eine Mittelstellung zwi-

---

481 EuGH, Urteil vom 22.05.2012, Rs. C-348/09, Slg. 2012.

482 EuGH, Urteil vom 22.05.2012, Rs. C-348/09, Slg. 2012, Rn.34.

483 EuGH, Urteil vom 22.05.2012, Rs. C-348/09, Slg. 2012, Rn.33.

484 Zur europarechtlichen Unzulänglichkeit des AufenthG vgl. BEICHEL-BENEDETTI, in: HUBER, AufenthG, Vorb. zu §§ 53-56 Rn.12 m.w.N.

schen dem freizügigkeitsberechtigten Unionsbürger und dem Drittstaatsangehörigen ermöglichen.[485] Gemäß Art. 6 Abs. 1 des Abkommens wird türkischen Staatsangehörigen unter der Voraussetzung einer ordnungsgemäßen Beschäftigung der freie Zugang zum regulären Arbeitsmarkt gewährt. Nach ständiger Rechtsprechung des EuGH[486] muss dem Arbeitnehmer damit implizit auch ein Aufenthaltsrecht erteilt werden, da die in Deutschland unmittelbar geltende Regelung des Art. 6 Abs. 1 des Beschlusses Nr. 1/80 sonst unterlaufen würde.[487]

Familienmitglieder des türkischen Arbeitnehmers erhalten ein Aufenthaltsrecht nach Art. 7 des Beschlusses.

Nach dem Ende der Beschäftigung erlischt auch das Aufenthaltsrecht des türkischen Staatsangehörigen aufgrund des Beschlusses Nr. 1/80 und bestimmt sich wieder nach dem Aufenthaltsgesetz.[488] Die Erlaubnis zur Beschäftigung und damit zum Aufenthalt endet außerdem bei Fehlzeiten, die nicht den Zeiten einer ordnungsgemäßen Beschäftigung gleichstehen, wie der Umkehrschluss aus Art. 6 Abs. 2 des Beschlusses zeigt.[489]

Weiterhin unterliegt die Vorschrift des Art. 6 gemäß Art. 14 des Beschlusses den vorbehaltenen Beschränkungen aus Gründen der öffentlichen Ordnung, Sicherheit und Gesundheit.[490] Auch wenn die europarechtlichen Regelungen über die Freizügigkeit nur inhaltlich entsprechend auf türkische Arbeitnehmer angewandt werden, wird hier doch auf die Definition des Europarechts zurückgegriffen. Grund hierfür ist, dass der Assoziationsratsbeschluss als ein Bestandteil der Rechtsordnung der Union in diese integriert werden muss. Die Zielsetzung der Anpassung der Stellung türkischer Arbeitnehmer zu freizügigkeitsberechtigten Unionsbürgern wurde bereits in Art. 12

---

485 HAILBRONNER, in DAUSES, Hdb EU, Teil D. I. Rn.26 (Stand: 10/2007).

486 EuGH, Urteil vom 20.09.1990, Rs. C-192/89 – SEVINCE, Slg. 1990, I/3461, Rn.29; EuGH, Urteil vom 06.06.1995, Rs. C-434/93 – BOZKURT, Slg. 1995, I/1475, Rn.29 f.; EuGH, Urteil vom 30.09.1997, Rs. C-36/96 – GÜNAYDIN, Slg. 1997, I/5143, Rn.37 ff.; EuGH, Urteil vom 17.04.1997, Rs. C-351/95 – KADIMAN, Slg. 1997, I/2133, Rn.30 f.; EuGH, Urteil vom 16.03.2000, Rs. C-329/97 – ERGAT, Slg. 2000, I/1487, Rn. 40.

487 WÖLKER, in: GROEBEN/ SCHWARZE, EU/EG, Vorb. zu den Art. 39-41 Rn.63.

488 EuGH, Urteil vom 17.04.1997, Rs. C-351/95 – KADIMAN, Slg. 1997, I/2133, Rn.30.

489 WÖLKER, in: GROEBEN/ SCHWARZE, EU/EG, Vorb. zu den Art. 39-41 Rn.65.

490 EuGH, Urteil vom 10.02.2000, Rs. C-340/97 – NAZLI, Slg 2000, I/957., Rn.56, 61.

des Assoziierungsabkommens zwischen der Türkei und der europäischen Wirtschaftsgemeinschaft vom 13. Mai 1964[491] festgeschrieben.

Die Ausreisepflicht ergibt sich aus § 50 Abs. 1 AufenthG.

6. Bei Schweizern

Aufgrund des Assoziierungsabkommen zwischen der Europäischen Union und der Schweiz vom 21. Juni 1999,[492] das am 1. Juni 2002 in Kraft getreten ist, werden Staatsangehörige der Schweiz den Unionsbürgern im Bereich der Freizügigkeit nahezu gleichgestellt. Für Staatsangehörige der Schweiz gilt zwar grundsätzlich das Aufenthaltsgesetz, jedoch mit der Besonderheit, dass sie, wie EU-Bürger, gemäß § 28 AufenthVO vom Erfordernis eines Aufenthaltstitels befreit sind.

Die Ausweisung von Staatsangehörigen der Schweiz bestimmt sich damit zwar grundsätzlich nach dem Aufenthaltsgesetz, jedoch greift hier das Diskriminierungsverbot aus Art. 2 des Assoziierungsabkommens. Indirekt müssen hierüber die Regelungen des FreizügG/EU auch auf Schweizer angewandt werden, sofern sie mildere Regelungen enthalten als das Aufenthaltsgesetz. Auch Staatsangehörige der Schweiz dürfen damit nur aus Gründen einer erheblichen Gefährdung der öffentlichen Sicherheit und Ordnung ausgewiesen werden.

7. Ergebnis

Im Gegensatz zum Staatsangehörigkeitsrecht kennt das Ausländerrecht Deutschlands sehr wohl eine Reaktion auf illoyales Verhalten in der Form von strafrechtlich oder ordnungsrechtlich relevantem Verhalten gegen die Rechtsordnung der Bundesrepublik und zwar in Form des Entzuges des Aufenthaltsrechts. Aus zwingenden Gründen der öffentlichen Sicherheit und Ordnung darf stets ausgewiesen werden, wenn diese Gründe das berechtigte Interesse des Betroffenen an einem weiteren Aufenthalt in Deutschland überwiegen.

491 BGBl. II, S.509.

492 BGBl. II 2001, S.810.

VI. Fazit

Der Verlust der deutschen Staatsangehörigkeit ist nur in sehr engen Grenzen und unter diversen Voraussetzungen möglich, womit der Verfassungsgeber Konsequenzen aus den menschenrechtswidrigen Ausbürgerungen im Dritten Reich gezogen hat. Das Rechtssystem der Bundesrepublik Deutschland kennt – wohl auch als Folge hiervon – keine staatsangehörigkeitsrechtlichen Konsequenzen bei staatsschutzrechtlich relevantem Verhalten, beispielsweise bei einem Handeln gegen die freiheitlich demokratische Grundordnung des Grundgesetzes.

Auf illoyales Verhalten im weitesten Sinn reagiert das deutsche Staatsangehörigkeitsrecht jedoch in der Tat. Jeglicher Hinwendung zu einem anderen Staat, sei es in Form der Annahme einer anderen Staatsangehörigkeit, dem Eintritt in fremde Streitkräfte oder durch Ausübung einer Option nach § 29 StAG, wird dem Grunde nach mit dem Verlust der deutschen Staatsangehörigkeit begegnet. Auch wenn im Rahmen der Einbürgerung vermehrt Ausnahmen gemacht und Beibehaltungsgenehmigungen erteilt werden, zeigt dies den grundsätzlichen Willen des deutschen Gesetzgebers, Mehrstaatigkeit zu vermeiden. Ob diese Intention auch noch in Zukunft Bestand haben wird, ist nicht sicher abzusehen, da bereits jetzt Forderungen laut werden, die Mehrstaatigkeit generell hinzunehmen.

Die neu eingeführte Regelung des § 35 StAG kommt einer Ausbürgerung aufgrund illoyalen Verhaltens noch am nächsten. Dabei ist jedoch zu betonen, dass nach dem richtigen Rechtsverständnis der Betroffene im Fall des § 35 StAG niemals wirksam deutscher Staatsangehöriger wurde. Die Möglichkeit der Rücknahme der Einbürgerung aufgrund arglistiger Täuschung, Drohung oder Bestechung durch den Einzubürgernden stellt eine Antwort des Gesetzgebers auf ein rechtswidriges Handeln eines deutschen Staatsangehörigen dar, dessen Staatsangehörigkeit dann jedoch rückwirkend entfällt.

In anderen Rechtsbereichen sind dem deutschen Recht illoyales Verhalten und entsprechende Gegenmaßnahmen des Staates hierzu nicht fremd. Zu nennen sind insbesondere das Grundgesetz und die strafrechtlichen Staatsschutzdelikte. Und das Ausländerrecht kennt bei illoyalem, nämlich strafrechtlich oder zumindest ordnungsrechtlich relevantem Verhalten solcher Personen, welche sich im Territorium der Bundesrepublik aufhalten, die Möglichkeit der Ausweisung.

Des Weiteren zeigt sich, dass das deutsche Staatsangehörigkeitsgesetz zwischen dem Erwerb kraft Abstammung und dem Erwerb kraft Geburt im Inland unterscheidet, wie insbesondere die Optionsregelung des § 29 StAG deutlich zeigt. Daneben wird faktisch auch unterschieden zwischen dem originärem und dem derivativem Erwerb der deutschen Staatsangehörigkeit. Denn nur im Falle des nachträglichen, also derivativen Erwerbs durch Einbürgerung kann der Erwerb der Staatsangehörigkeit rückwirkend wieder aufgehoben werden gemäß § 35 StAG.

Kapitel 4: Der Verlust der Staatsangehörigkeit im internationalen Rechtsvergleich

Im internationalen Rechtsvergleich ist, unter Berücksichtigung der in der vorliegenden Untersuchung aufgeworfenen Fragestellung, insbesondere die Rechtsfolge des Verlustes der Staatsangehörigkeit aufgrund eines illoyalen Verhaltens der eigenen Staatsangehörigen von Interesse.

Das Rechtssystem der Bundesrepublik Deutschland kennt die Möglichkeit der Ausbürgerung illoyaler Staatsangehöriger nur bedingt – bei der Hinwendung zu einem anderen Staat über den Erwerb einer fremden Staatsangehörigkeit oder dem Eintritt in fremde Streitkräfte. Daneben kann die erschlichene Einbürgerung wieder zurückgenommen werden.[493] Verhalten sich deutsche Staatsangehörige illoyal, also wenden sie sich gegen die freiheitlich demokratische Grundordnung, greift das Strafgesetzbuch. Weitere mögliche Folgen von illoyalem Verhalten deutscher Staatsangehöriger sieht Art. 18 GG mit der Aberkennung bestimmter Grundrechte vor.

Die meisten Staatsangehörigkeitsgesetze kennen, wie neuerdings die deutsche Rechtsordnung auch, den Entzug der Staatsangehörigkeit aufgrund falscher Angaben oder Betruges im Rahmen des Einbürgerungsverfahrens. So sehen beispielsweise Spanien,[494] Finnland,[495] Kanada[496] und die Niederlande[497] die Rücknahme der Einbürgerung bei falschen Angaben im Einbürgerungsverfahren vor.

Anderen Rechtsordnungen ist jedoch daneben auch der Entzug der Staatsangehörigkeit aufgrund illoyalen Verhaltens der eigenen Staatsangehörigen nicht fremd, wie im Folgenden dargestellt wird. Dabei werden unter den Begriff des illoyalen Verhaltens unterschiedliche Tätigkeiten gefasst, welche eine Ausbürgerung gegen den Willen des Betroffenen rechtfertigen. Zumeist wird mit der Ausbürgerung ein Handeln gegen die verfassungsgemäßen Grundsätze des Staates und die Verwirklichung bestimmter Straftatbestände sanktioniert. Hierbei betonen einige Staaten allerdings, dass es sich bei der Ausbürgerung nicht um eine sanktionierende Maßnahme im engeren Sinne

---

493 Vgl. oben Kapitel 2 IV. 7.

494 Art.24,25CC StAG.

495 § 33 StAG.

496 Sec.20 CA StAG.

497 Art.40 StAG.

handelt, sondern vielmehr um eine Anordnung des Ordnungsrechts, welche die öffentliche Sicherheit der Bürger und die Einrichtungen des Landes vor zukünftigen Angriffen schützen soll.

Beachtenswert ist die Tatsache, dass einige Staatsangehörigkeitsgesetze, welche eine Ausbürgerung gegen den Willen des Betroffenen aufgrund illoyalen Verhaltens kennen, diese Regelungen lediglich auf solche Staatsangehörige für anwendbar erklären, welche ihre Staatsangehörigkeit derivativ, also nachträglich durch Einbürgerung erworben haben. Nur wenige Gesetze kennen den Entzug der Staatsangehörigkeit auch bei solchen Staatsangehörigen, welche mit der Geburt die Staatsangehörigkeit erworben haben und damit originäre Staatsangehörige sind.

Eine wichtige Rolle spielt oftmals die Unterscheidung zwischen Doppelstaatlern und Betroffenen mit nur einer Staatsangehörigkeit. Ziel einiger Staatsangehörigkeitsgesetze ist es, Staatenlosigkeit zu vermeiden. Die Staatsangehörigkeit darf nur dort entzogen werden, wo der Betroffene durch die Ausbürgerung nicht staatenlos wird.

Aufgrund der unterschiedlichen Bedingungen der Ausbürgerung in den verschiedenen Staaten im Hinblick auf die Vermeidung von Staatenlosigkeit und die unterschiedliche Behandlung von originären oder derivativen Staatsangehörigen muss im Folgenden auch stets der Erwerb der Staatsangehörigkeit betrachtet werden. Von Interesse ist insbesondere, was das jeweilige Staatsangehörigkeitsgesetz als originären oder derivativen Erwerb der Staatsangehörigkeit ansieht und ob eine mehrfache Staatsangehörigkeit akzeptiert wird.

Auch zeigen die Regelungen betreffend die Einbürgerung, ob bei dem Wiedererwerb der Staatsangehörigkeit durch ehemalige Staatsangehörige ein Unterschied zwischen dem freiwilligen Verlust der Staatsangehörigkeit oder dem Entzug derselben gemacht wird. Während nämlich die meisten Staaten grundsätzlich einen erleichterten Wiedererwerb der Staatsangehörigkeit für ehemalige Staatsangehörige vorsehen, wird dies für den Fall einer entzogenen Staatsangehörigkeit zum Teil ausgeschlossen. Die Ausbürgerung durch Entzug der Staatsangehörigkeit führt somit häufig zu Abweichungen in der Rechtslage im Vergleich zu anderen Staatsangehörigkeitsangelegenheiten. Um diese Änderungen aufzeigen zu können, muss immer auch ein Überblick über das gesamte System des jeweiligen Staatsangehörigkeitsgesetzes gegeben werden. Der bloße Fokus auf die Ausbürgerung aufgrund illoyalen Verhaltens reicht nicht aus.

Nicht jeder Staat, dessen Staatsangehörigkeitsgesetz den Entzug der Staatsangehörigkeit vorsieht, hat von dieser Möglichkeit bereits Gebrauch gemacht. Gerade im europäischen Raum wurde die Möglichkeit des Entzuges der Staatsangehörigkeit zumeist im Hinblick auf Kriegsverbrecher des Ersten oder Zweiten Weltkrieges geschaffen und seitdem nicht mehr angewandt. Diese Regelungen über den Entzug der Staatsangehörigkeit bei illoyalem Verhalten werden jedoch nun wiederendeckt oder aber ganz neu geschaffen. Hintergrund sind vermehrte Verurteilungen eigener Staatsangehöriger wegen terroristischer Aktivitäten und ein neues Gefühl der Bedrohung im Inland durch die Attentate des 11. September 2001 in New York und Washington sowie die Anschläge von Madrid und London.

Daneben gibt es aber ebenfalls Staaten, welche sich in ihren Gesetzen, wie auch die Bundesrepublik Deutschland, gegen die Möglichkeit der Ausbürgerung aussprechen.

Vereinzelt, insbesondere im südamerikanischen Raum, wird der Verlust der Staatsangehörigkeit sogar prinzipiell nicht in Erwägung gezogen. Wer die bolivianische, brasilianische, venezuelanische oder argentinische Staatsangehörigkeit inne hat, kann diese nicht wieder verlieren. Argentinien kennt aber die Aussetzung der Ausübung der politischen Rechte unter solchen Umständen, die in anderen Ländern zu einem Verlust der Staatsangehörigkeit führen würden, wie zum Beispiel der Erwerb einer fremden Staatsangehörigkeit oder die Verurteilung wegen schwerer Straftaten.[498]

In anderen Ländern, wie in der Schweiz, wird oder wurde die Aberkennung der Staatsangehörigkeit bei schweren Straftaten diskutiert, jedoch bislang nicht umgesetzt.

Die im Folgenden dargestellten Rechtsverhältnisse betreffen ausschließlich solche Staaten, welche den Entzug der Staatsangehörigkeit aufgrund der einen oder anderen Form illoyalen Verhaltens in ihre Staatsangehörigkeitsgesetze aufgenommen oder in die juristische Diskussion aufgenommen haben.

498 Art.8 StAG.

I. Die Ausbürgerung aufgrund illoyalen Verhaltens[499]

In den letzten Jahren kam es im Königreich Belgien zu einem Ausbürgerungsverfahren aufgrund illoyalen Verhaltens durch einen Staatsangehörigen. Auslöser des Ausbürgerungsverfahrens waren terroristische Handlungen der Betroffenen.

In Dänemark wurden aus diesen Gründen ebenfalls Ausbürgerungsverfahren angestoßen, bislang aber noch nicht durchgeführt.

Die Schweiz und die Vereinigten Staaten haben sich dagegen bewusst gegen die Möglichkeit der Ausbürgerung wegen Handlungen gegen die verfassungsrechtliche Grundordnung des Staates oder wegen der Verwirklichung staatschutzrechtlicher Straftaten entschieden.

Im Folgenden sollen deshalb diese Staaten und ihre Staatsangehörigkeitsgesetze vertieft dargestellt werden.

1. Königreich Belgien[500]

Gemäß Art. 8 der belgischen Verfassung, wird das belgische Staatsangehörigkeitsrecht durch ein Zivilgesetz, dem „code de la nationalité belge" aus dem Jahre 1984, in Kraft getreten am 01. Januar 1985, geregelt. Zuletzt wesentlich geändert wurde das Gesetz durch Gesetzesreform vom 27. Dezember 2006 mit Wirkung zum 09. Juni 2007.

a) Erwerb

Die belgische Staatsangehörigkeit erwirbt grundsätzlich derjenige, der von einem belgischen Elternteil abstammt, Art. 8, oder von diesem adoptiert wurde, Art. 9, gleichgültig, ob Mutter oder Vater Belgier ist. Auch ist unerheblich, ob das Kind ehelich oder nicht ehelich geboren wurde. Wird das Kind im

499 Alle im Folgenden zitierten Rechtsnormen ohne ausdrückliche Gesetzesangabe sind solche des jeweils in dem Absatz besprochenen Staates.

500 Gesetzestext vollständig abgedruckt in: PINTENS, in: BERMANN/ FERID, Ehe- und Kindschaftsrecht, Ordner III, Belgien (Stand: 15.03.2011); vgl. außerdem GNIELINSKE, Staatsangehörigkeitsrecht, S.155 ff.; DE GROOT, Staatsangehörigkeitsrecht, S.39 ff.; ZIEMSKE, Staatsangehörigkeit, S.195 ff.

Ausland geboren, müssen die zusätzlichen Voraussetzungen des Art. 8 § 1 Nr. 2 erfüllt sein, also die Eltern ihrerseits in Belgien geboren sein oder es muss innerhalb von fünf Jahren die Zuerkennung der belgischen Staatsangehörigkeit beantragt werden.

Handelt es sich um ein Findelkind oder droht Staatenlosigkeit, erwirbt das auf belgischem Staatsgebiet geborene Kind nach dem Territorialprinzip die belgische Staatsangehörigkeit, Art. 10. Durch die Gesetzesreform aus dem Jahre 2006 gilt für letzteren Fall jedoch, dass jegliche Möglichkeit zum Erwerb einer anderen Staatsangehörigkeit ausgeschlossen worden sein muss,[501] Art. 10 Abs. 2.

Ausländische Kinder der dritten Generation, das sind solche Kinder, deren Eltern ebenfalls in Belgien geboren sind, erhalten bei ihrer Geburt von Gesetzes wegen die belgische Staatsangehörigkeit, wenn ein Elternteil in den letzten zehn Jahren vor der Geburt mindestens fünf Jahre in Belgien seinen Hauptwohnsitz hatte, Art. 11. Diese Regelung des originären Erwerbs der belgischen Staatsangehörigkeit durch Geburt im Inland wurde neu eingeführt durch Gesetz vom 13. Juni 1991.

Die belgische Staatsangehörigkeit kann außerdem derivativ durch einen entsprechenden Antrag erworben werden. Der Prokurator des Königs prüft in diesem Fall, ob schwerwiegende persönliche Fakten der Verleihung der Staatsangehörigkeit entgegenstehen. Äußert sich der Prokurator innerhalb einer gewissen Frist nicht oder nicht negativ, kann der Antragssteller zum belgischen Staatsangehörigen werden.

Ausländische Kinder der zweiten Generation können gemäß Art. 11bis einen Antrag auf Zuerkennung der belgischen Staatsbürgerschaft stellen. Voraussetzung ist, dass sie seit ihrer Geburt in Belgien wohnen und auch die Eltern in den letzten zehn Jahren vor der Geburt ihren ständigen Wohnsitz auf belgischem Territorium hatten, Art. 11bis § 1.

Durch Staatsangehörigkeitserklärung gemäß Art. 12bis § 2 kann der Ausländer, der in Belgien geboren wurde und seitdem dort seinen Wohnsitz hat oder der sich seit sieben Jahren legal in Belgien aufhält, sowie derjenige, dessen Elternteil Belgier geworden ist, die belgische Staatsangehörigkeit erlangen.

In Art. 13 wird eine Optionsregelung für im Inland geborene Kinder oder Kinder mit einem belgischen Elternteil geschaffen. Auch erfasst werden Kin-

---

501 PINTENS, FamRZ 2007, 1419 (1492).

der, welche vor ihrem sechsten Lebensjahr mindestens ein Jahr in Belgien gelebt haben.

Die Heirat mit einem belgischen Staatsangehörigen führt grundsätzlich nicht zu einem Erwerb der belgischen Staatsangehörigkeit, jedoch kann eine entsprechende Optionserklärung abgegeben werden, Art. 16. Voraussetzung hierfür ist eine bestehende Lebenspartnerschaft von drei Monaten bis zu sechs Jahren, um Scheinehen auszuschließen.

Weitere Erwerbsmöglichkeit ist die der Einbürgerung gemäß Art. 18 ff. Die Unterscheidung zwischen einer gewöhnlichen Einbürgerung und einer sogenannten großen Einbürgerung besteht nicht mehr, Art. 27. Nur letztere gewährte politische Rechte und setzte hervorragende Dienste für das Königreich Belgien oder das fünfjährige Innehaben der gewöhnlichen Einbürgerung voraus. Der dies regelnde Art. 20 wurde jedoch im Rahmen der Verfassungsreform aus dem Jahre 1991 aufgehoben. Sowohl bei dem Erwerb der Staatsangehörigkeit durch Einbürgerung als auch bei dem Erwerb durch entsprechende Erklärung wird nicht mehr geprüft, ob ein ausreichender Integrationswille vorliegt. Ein Integrationswille des Einzubürgernden wird vielmehr in seiner Abgabe der entsprechenden Erklärungen zur Einbürgerung vermutet.

Der Verlust der ursprünglichen Staatsangehörigkeit bei der Einbürgerung ist im belgischen Staatsangehörigkeitsrecht nicht vorgesehen.

Im Ergebnis verfolgt das belgische Staatsangehörigkeitsrecht damit grundsätzlich das Prinzip des ius sanguinis, welches jedoch mit dem Ziel einer erfolgreichen Integration von Migrantenkindern um das ius soli Prinzip erweitert wird. Bei der Einbürgerung wird die Folge der Mehrstaatlichkeit hingenommen.[502]

b) Allgemeine Verlustgründe

In Kapitel IV des belgischen Staatsangehörigkeitsgesetzes sind die Verlustgründe aufgeführt. Bisher ging gemäß Art. 22 § 1 Nr. 1 derjenige der belgischen Staatsangehörigkeit verlustig, der freiwillig eine ausländische Staatsbürgerschaft erwarb. Art. 22 § 1 Nr. 1 wurde jedoch durch Erlass vom 27. Dezember 2006 mit Wirkung zum 9. Juni 2007 aufgehoben.[503]

Es besteht allerdings weiterhin die Möglichkeit des Verzichtes auf die belgische Staatsbürgerschaft, Art. 22 § 1 Nr. 2. Der Verzichtende muss hier-

---

502 FOBLETS/ LOONES, T. Vreemd 2007, 23 (25).

503 PINTENS, FamRZ 2007, 1491 (1492).

für, zur Vermeidung von Fällen der Staatenlosigkeit, den Besitz, Erwerb oder die Wiedererlangung einer ausländischen Staatsangehörigkeit nachweisen.

Auch der im Ausland geborene Belgier, der sich zwischen seinem 18. und 28. Lebensjahr ausschließlich im Ausland aufhält und weder ein Amt für die belgische Regierung oder einen belgischen Verein ausübt, noch eine Beibehaltungserklärung abgibt, verliert seine belgische Staatsangehörigkeit, Art. 22 § 1 Nr. 5.

Die Verluste der Staatsangehörigkeit von Eltern wirken sich auch auf das minderjährige Kind unter 18 Jahren aus, Art. 22 § 1 Nr. 3 und 6.

Das unmündige Kind verliert seine Staatsangehörigkeit außerdem im Falle der Adoption durch Ausländer, wenn dies den Erhalt der ausländischen Staatsangehörigkeit bewirkt, Art. 22 § 1 Nr. 4.

Voraussetzung ist jedoch in diesen Fällen stets, dass es zu keiner Staatenlosigkeit des Betroffenen kommt,[504] vgl. auch Art. 22 § 3, welche das belgische Staatsangehörigkeitsrecht grundsätzlich zu vermeiden sucht.

c) Aberkennung der Staatsangehörigkeit

Staatenlosigkeit als Rechtsfolge der Ausbürgerung wird im belgischen Staatsangehörigkeitsgesetz nur bei der Aberkennung der Staatsangehörigkeit gemäß Art. 23 hingenommen.[505]

Die Möglichkeit der Aberkennung wurde zunächst im Jahre 1922 in das belgische Staatsangehörigkeitsgesetz eingeführt. Es handelte sich zu dieser Zeit um eine Übergangsbestimmung, welche ein Korrektiv gegenüber den damals weit gefassten Einbürgerungsmöglichkeiten darstellen sollte.[506] Zunächst ging es hierbei vor allem um solche Belgier, welche im Ersten Weltkrieg gezeigt hatten, dass sie der belgischen Staatsangehörigkeit nicht würdig waren. Erst im Jahre 1934 wurde die Regelung über die Aberkennung der Staatsangehörigkeit gegen den Willen des Betroffenen zu einem festen Bestandteil des belgischen Staatsangehörigkeitsrechts.[507]

504 PINTENS, in: Bergmann/ Ferid, Ehe- und Kindschaftsrecht, Ordner III, Belgien (Stand: 15.03.2011), S.22.

505 Kritisch, ob Art.23 die richtige Reaktion auf eine unzureichende Integration sei, äußert sich FOBLETS, Rechtskundig Weekblad 2000-2001, 1145 (1156).

506 CLOSSET/ RENAULD, La nationalité, S.405.

507 CLOSSET/ RENAULD, La nationalité, S.405.

Bei der Schaffung des heutigen Gesetzbuchs über die belgische Staatsangehörigkeit im Jahre 1984 wurde die Regelung der Aberkennung übernommen. Ausgenommen von der Aberkennung waren zu dieser Zeit nur solche Belgier, welche aufgrund ihrer Abstammung die Staatsangehörigkeit besaßen. Mit der Schaffung des Erwerbs der Staatsangehörigkeit kraft Gesetz nach Art. 11 durch das Gesetz vom 13. Juni 1991 wurde auch der personelle Tatbestand des Art. 23 wie folgt geändert:[508]

In personeller Hinsicht trifft die Aberkennung nunmehr nur solche Belgier, die ihre Staatsangehörigkeit derivativ durch Einbürgerung erlangt haben. Nicht aberkannt werden kann die Staatsangehörigkeit, welche originär durch Abstammung oder durch Geburt im Inland von Gesetzes wegen erlangt wurde, Art. 11.

(1) Entscheidung des Verfassungsgerichtshofs

Die Ungleichbehandlung von belgischen Staatsangehörigen aufgrund der Art des Erwerbs der Staatsangehörigkeit führte zu einer Vorlage an den Verfassungsgerichtshof im Jahre 2008 durch den Appellationshof in Brüssel. Es wurde eine präjudizielle Frage an den Verfassungsgerichtshof gestellt, welche darauf abzielte, ob die Unterscheidung belgischer Staatsangehöriger in Art. 23 gegen die belgische Verfassung verstößt. Genauer wurde ein Verstoß gegen Art. 10 und 11 der Verfassung angefragt. In Art. 10 der belgischen Verfassung wird der Gleichbehandlungsgrundsatz geregelt und in Art. 11 ist ein allgemeines Diskriminierungsverbot kodifiziert.

Durch Urteil Nr. 85/2009 vom 14. Mai 2009 hat der belgische Verfassungsgerichtshof die präjudizielle Frage verneint: die Beschränkung der Möglichkeit der Aberkennung der Staatsangehörigkeit in personeller Hinsicht auf diejenigen Belgier, welche ihre Staatsangehörigkeit derivativ erworben haben, verstößt nach diesem Urteil nicht gegen die belgische Verfassung. Zwischen dem Erwerb der belgischen Staatsangehörigkeit kraft Gesetz durch Abstammung oder durch Geburt im Inland unter den Voraussetzungen des Art. 11 und dem derivativen Erwerb aufgrund eines Antrages nach den Art. 12bis § 1 Nr. 1 bestünden objektive Unterschiede.[509] Im ersten Fall – dem Erwerb kraft

---

508 Closset/ Renauld, La nationalité, S.406; vgl. zu den Änderungen des belgischen Staatsangehörigkeitsgesetzes in letzter Zeit auch Foblets/ Loones, T. Vreemd, 2007, 23 (30 f.).

509 VGH Belgien, Urteil Nr.85/2009 v.14.05.2009, Abs.B.5.

Gesetz – würde die belgische Staatsangehörigkeit von Rechts wegen an Minderjährige verliehen, bloß aufgrund des Umstandes ihrer Geburt. Im Gegensatz zum Erwerb nach Art. 12bis § 1 Nr. 1 sei in diesen Fällen ein entsprechender Antrag auf Verleihung der belgischen Staatsangehörigkeit nicht nötig.

Bei dem nachträglichen Erwerb der Staatsangehörigkeit wiederum sei nicht nur ein Antrag vonnöten, sondern es erfolge auch eine Prüfung über das Bestehen solcher persönlicher Fakten, welche derart schwer wiegen würden, dass eine Einbürgerung unmöglich sei.

Diese wesentlichen Unterschiede zwischen den verschiedenen Erwerbsmöglichkeiten der belgischen Staatsangehörigkeit würden als vernünftige Begründung ausreichen, um dem Gesetzgeber hinsichtlich der Differenzierung bei der Schaffung des Art. 23 einen Ermessenspielraum einzuräumen.[510] Der Erwerb der belgischen Staatsangehörigkeit kraft Geburt und Abstammung erfolge deshalb automatisch, weil von einer besonders starken und tiefen Verbindung mit dem Königreich Belgien ausgegangen werden müsse.[511] Bei einem nachträglichen Erwerb auf Antrag liege eine derart alte und enge Verbindung zu der belgischen Nation nicht vor.[512]

Weiterhin spreche für die Legitimität einer solchen Differenzierung zwischen nachträglichem und originärem Erwerb der Staatsangehörigkeit auch die Anerkennung der Überprüfungsmöglichkeit im Einbürgerungsverfahren. Wenn der Gesetzgeber rechtmäßigerweise im Rahmen des Einbürgerungsverfahrens überprüfen könne, ob aufgrund schwerwiegend negativer persönlicher Fakten ein Hindernis hinsichtlich einer Einbürgerung vorliegt, so müsse er bei dem Vorliegen ebensolcher Fakten nach der Einbürgerung diese auch wieder aberkennen dürfen.[513]

(2)Art. 23 § 1 Nr. 1

Art. 23 § 1 Nr. 1 sieht die Aberkennung der Staatsangehörigkeit für den Fall vor, dass Fakten verfälscht oder verheimlicht wurden, falsche Erklärungen abgegeben wurden oder falsche oder gefälschte Dokumente eingereicht wur-

---

510 VGH Belgien, Urteil Nr.85/2009 v.14.05.2009, Abs.B.7.

511 VGH Belgien, Urteil Nr.85/2009 v.14.05.2009, Abs.B.8; vgl. auch CLOSSET/RENAULD, La nationalité, S.408.

512 VGH Belgien, Urteil Nr.85/2009 v.14.05.2009, Abs.B.8.

513 VGH Belgien, Urteil Nr.85/2009 v.14.05.2009, Abs.B.9.

den und so die Zuerkennung der belgischen Staatsangehörigkeit erschlichen wurde. Wichtig ist, dass die Täuschung ausschlaggebend, das heißt kausal sein muss für die Verleihung der Staatsangehörigkeit.[514]

Diese Regelung entspricht im Wesentlichen dem in Deutschland neu eingeführten § 35 StAG.

Befristet ist die Möglichkeit der Aberkennung im belgischen Recht auf fünf Jahre.

(3) Art. 23 § 1 Nr. 2

Nach Art. 23 § 1 Nr. 2 kann die belgische Staatsangehörigkeit aufgrund eines groben Verstoßes gegen die Pflichten als belgischer Bürger aberkannt, das heißt entzogen werden.

Eine schwerwiegende Verletzung der Pflichten als belgischer Bürger wird als eine Verhaltensweise definiert, die in erheblicher Weise die öffentliche Ordnung, die Sicherheit Belgiens, seiner Einwohner oder seiner Institutionen gefährdet.[515] Das Handeln des Belgiers muss seine fehlende Verbundenheit zum Staat und seinen Institutionen zeigen, so dass offensichtlich kein Band zwischen dem Staatsangehörigen und Belgien mehr besteht.[516]

Vorher abgeurteilte Straftaten und ihre zugrunde liegende Motivation werden dabei von dem erkennenden Gericht als Nachweis für die Verletzung der belgischen Bürgerpflichten herangezogen.[517] Wichtig ist hierbei, dass es sich um rechtskräftige Verurteilungen handelt, da die Aberkennung der Staatsangehörigkeit unwiderruflich ist und deshalb mit Vorsicht und restriktiv angewandt werden soll.[518] Ein gutes Benehmen nach der abgeurteilten Straftat ist unerheblich, denn es reicht ein einmaliger Moment der Vernachlässigung der Pflichten als belgischer Staatsangehöriger aus, um das Band zwischen dem Staat und der Person zu zerstören.[519]

---

514 RENAULD, Revue du droit des étrangers 2007, 3 (15).

515 CLOSSET/ RENAULD, La nationalité, S.409; AERTS, T. Vreemd 2010, 31 (32).

516 CLOSSET/ RENAULD, La nationalité, S.409; RENAULD, La nationalité, S.73; VAN DE PUTTE/ CLEMENT, Nationaliteit, S.92; RENAULD, Revue du droit des étrangers 2009, 18 (19).

517 Cour d´Appel de Bruxelles, Urteil N° 2007/AR/1456, Revue du droit des étrangers 2009, 18; ARTS, T. Vreemd 2010, 31 (33).

518 AERTS, T. Vreemd 2010, 31(33).

519 AERTS, T. Vreemd 2010, 31 (33).

Allerdings darf die Aberkennung der belgischen Staatsangehörigkeit nicht zu einer Zensur der verfassungsrechtlich garantierten Freiheitsrechte, wie der Meinungsfreiheit, degradiert werden.[520] Auch soll der Entzug der Staatsangehörigkeit niemals an Merkmalen wie der Rasse, der Religion oder der Sprache festgemacht werden.[521] Weiterhin soll sorgfältig abgewogen werden zwischen dem Nutzen, den der Entzug der Staatsangehörigkeit Belgien bringt und dem Schaden, der dem Ausgebürgerten aufgrund der Folgen der Ausbürgerung, beispielsweise durch die Folge der Staatenlosigkeit, droht.[522] Die Aberkennung der Staatsangehörigkeit wird dabei nicht als Maßnahme des Strafrechts, sondern als solche des Staatsangehörigkeitsrechts verstanden. Sie stellt eine Form der Selbstverteidigung des Staates dar.[523]

Das Verfahren der Aberkennung ist auf Schnelligkeit ausgerichtet, erfährt aber trotzdem eine doppelte juristische Absicherung durch die Möglichkeit des Einspruchs und der Kassationsbeschwerde.[524]

Die Aberkennung wird gemäß Art. 23 § 1 Nr. 2 von dem belgischen Generalstaatsanwalt oder auf Anfrage des Justizministers eingeleitet und führt gemäß § 3 zu einer Aberkennungsklage vor dem Appellationsgerichtshof, das entspricht dem deutschen Berufungsgericht. Zuständig ist der Appellationsgerichtshof bei dem Wohnsitz des Betroffenen oder aber, falls dieser keinen Wohnsitz in Belgien hat, bei dem allgemeinen Appellationsgerichtshof in Brüssel.[525] Der Präsident des Gerichts bestimmt in der Sache einen Berichterstatter und muss innerhalb eines Monats nach der Anfrage entscheiden. Das Gericht prüft bei dieser Gelegenheit zunächst die personellen Voraussetzungen des Art. 23 § 1 Nr. 2 und dann anhand der vorgetragenen Verurteilungen den Verstoß gegen belgische Bürgerpflichten.

Innerhalb von acht Tagen kann gegen die Entscheidung des Gerichts Einspruch eingelegt werden, Art. 23 § 5. Die Frist beginnt mit der Zustellung der Entscheidung an den Betroffenen. Über den Einspruch wird innerhalb von 15 Tagen entschieden durch dieselbe Kammer, welche das Urteil gefällt hat.

---

520 Van de Putte/ Clement, Nationaliteit, S.92; Renauld, La nationalité, S.73; ders., Revue du droit des étrangers 2009, 18 (19).

521 Renauld, La nationalité, S.73; ders., Revue du droit des étrangers 2009, 18 (19);.

522 Aerts, T. Vreemd 2010, 31 (32).

523 Aerts, T. Vreemd 2010, 31 (32).

524 Closset/ Renauld, La nationalité, S.410.

525 Closset/ Renauld, La nationalité, S.411.

Gegen diese zweite Entscheidung kann wiederum gemäß Art. 23 § 6 eine Kassationsbeschwerde eingelegt werden, wie dies auch bei Strafsachen vorgesehen ist. Begründet werden kann die Kassationsbeschwerde allerdings nur mit dem Argument, dass der Betroffene seine Staatsangehörigkeit originär durch Geburt erworben hat und somit in personeller Hinsicht nicht unter den Tatbestand des Art. 23 § 1 Nr. 2 fällt.

Rechtsfolge der Aberkennung der belgischen Staatsangehörigkeit aufgrund eines Verstoßes gegen belgische Bürgerpflichten kann, wie bereits gesagt, auch die Staatenlosigkeit des Ausgebürgerten sein. Die Aberkennung hat allerdings keine Rückwirkung und wirkt sich nicht auf die Ehepartner oder Kinder des Betroffenen aus. Die Wiedererlangung der belgischen Staatsangehörigkeit durch ehemalige Staatsangehörige ist gemäß Art. 24 grundsätzlich wenig problematisch und erfordert lediglich einen Hauptwohnsitz im belgischen Staatsgebiet für die Dauer von 12 Monaten. Eine Ausnahme hierzu bildet die Aberkennung gemäß Art. 23. Nach Art. 23 § 9 ist ein Wiedererwerb der Staatsangehörigkeit in Falle einer vorangegangenen Aberkennung nur durch ein reguläres Einbürgerungsverfahren möglich.

(4) Urteil vom 26. Januar 2009

Mit Urteil des Appellationshofs in Brüssel vom 26. Januar 2009[526] wurde erstmals einem Staatsangehörigen die belgische Staatsangehörigkeit nach Art. 23 § 1 Nr. 2 aberkannt. Der Betroffene besaß die tunesische Staatsangehörigkeit und erwarb nachträglich die belgische Staatsangehörigkeit hinzu. Er wurde mehrfach rechtskräftig wegen terroristischen Handlungen und Unterstützung des islamistischen Extremismus verurteilt. Das Gericht bewertete dies als ernsthafte Untergrabung der Grundwerte einer demokratischen Gesellschaft im Allgemeinen und der belgischen im Besonderen.[527] Die Taten zeigten, dass dem Betroffenen das erforderliche Engagement für das Königreich Belgien und seinen Institutionen fehle. Es sei deutlich geworden, so das Gericht, dass die Bindung des Betroffenen an die belgische Staatsangehörig-

---

526 Cour d'Appel de Bruxelles, Urteil N° 2007/AR/1456, Revue du droit des étrangers 2009, 15; vgl auch die Anmerkung von RENAULD, Révue du dreit des étrangers 2009, 18.

527 Cour d'Appel de Bruxelles, Urteil N° 2007/AR/1456, Revue du droit des étrangers 2009, 15 (16).

keit nur fiktiv und nominal sei.[528] Der Betroffene nutze die Rechte, die er als Belgier erworben habe, um den radikalen Islamismus zu unterstützen. Dieser wiederum versuche, die verfassungsrechtlich geschützten Freiheiten zu beenden, welche kennzeichnend für das belgische Zusammenleben seien und die dem Betroffenen gerade die von ihm ausgenutzten Rechte verliehen. Der Betroffene sei nur an den Rechten eines Belgiers interessiert, um diese zu missbrauchen, nicht aber an den im Gegenzug erforderlichen Pflichten.[529] Eine solche Vorgehensweise sei unhaltbar und Grund genug für die Entziehung der belgischen Staatsangehörigkeit.

Der Betroffene legte hiergegen die Kassationsbeschwerde ein. Mit Urteil vom 10. Juni 2009[530] wies der Kassationshof die Beschwerde jedoch mit der Begründung zurück, der Kläger habe sich nicht mit der Begründung beschwert, seine Staatsangehörigkeit sei originärer Natur. Nur dieser Umstand kann jedoch mit der Kassationsbeschwerde gerügt werden.

2. Königreich Dänemark[531]

Zuletzt geändert wurde das dänische Staatsangehörigkeitsgesetz durch die Gesetzesbekanntmachung Nr. 422 vom 07. Juni 2004.[532] Im Verhältnis zu anderen nordischen Ländern Europas gelten aufgrund eines Staatsvertrages im dänischen Recht gewisse Erleichterungen für den Erwerb und die Beibehaltung der dänischen Staatsangehörigkeit. Gemäß § 3 des Staatsangehörigkeitsgesetzes erwerben Finnländer, Isländer, Norweger und Schweden die dänische Staatsangehörigkeit bereits durch die Abgabe einer entsprechenden Erklärung.

528 Cour d´Appel de Bruxelles, Urteil N° 2007/AR/1456, Revue du droit des étrangers 2009, 15 (16).

529 Cour d´Appel de Bruxelles. Urteil N° 2007/AR/1456, Revue du droit des étrangers 2009, 15 (18); AERTS, T. Vreemd 2010, 31(32 f).

530 Az.: P.09.0295.F/1; Zusammenfassung abgedruckt in: T.Vreemd 2010, 30.

531 Gesetzestext vollständig abgedruckt in: SCHERPE, in: BERGMANN/ FERID, Ehe- und Kindschaftsrecht, Ordner IV, Dänemark (Stand: 30.09.2007).

532 SCHERPE, in: BERGMANN/ FERID, Ehe- und Kindschaftsrecht, Ordner IV, Dänemark (Stand: 30.09.2007), S.8.

a) Erwerb

Wie in den meisten europäischen Ländern erfolgt der Erwerb der dänischen Staatsangehörigkeit grundsätzlich über das Abstammungsprinzip, § 1 Abs. 1. Das Territorialprinzip greift bei Findelkindern, § 1 Abs. 2. Erworben wird die dänische Staatsangehörigkeit außerdem durch Adoption, § 2A, und durch die Heirat eines dänischen Vaters mit einer ausländischen Mutter.

§ 4 kennt die Wiedereinbürgerung ehemaliger Staatsangehörigkeit durch Abgabe einer Erklärung mit der Erstreckung auf die Kinder, § 5. Voraussetzung ist der Verlust der alten Staatsangehörigkeit, § 4A, das heißt eine Mehrstaatlichkeit ist grundsätzlich – außer bei den vorgenannten nordischen Ländern – nicht erwünscht. Die Einbürgerung wird in § 6 normiert.

b) Verlust

Verloren geht die originäre dänische Staatsangehörigkeit gemäß § 7 bei dem Erwerb einer anderen Staatsangehörigkeit, Nr. 1, oder dem Dienst an einem anderen Staat und dem Erwerb dessen Staatsangehörigkeit, Nr. 2. Gemäß § 7 Nr. 3 erstreckt sich der Verlust der Staatsangehörigkeit hiernach auch auf minderjährige Kinder

Personen, welche keine Verbindung zu Dänemark aufweisen, können mit dem 22. Lebensjahr auf die Staatsangehörigkeit verzichten, es sei denn, sie würden dadurch staatenlos, § 8.

In § 9 ist die Entlassung aus der Staatsangehörigkeit bei dem Erwerb einer neuen Staatsangehörigkeit vorgesehen.

Eine erworbene Staatsangehörigkeit kann aberkannt werden gemäß § 8B, aber nur, wenn durch die Aberkennung keine Staatenlosigkeit eintritt. Abs. 1 regelt die Aberkennung im Falle eines Verstoßes gegen das 12. und 13. Kapitel des dänischen Strafgesetzbuches, das sind Straftaten gegen den Staat und terroristische Straftaten. Gleiches gilt, wenn eine entsprechende Verurteilung im Ausland erfolgte, Abs. 2. Der § 8B trat zum 01. Juli 2004 in Kraft.

Bisher wurde in keinem Fall § 8B des dänischen Staatsangehörigkeitsgesetzes schlussendlich angewandt. Insgesamt wurde bereits gegen sieben Personen in vier Fällen die Anwendung des § 8B in Erwägung gezogen.[533] Aller-

533 Schriftliche Auskunft von Frau DORIT HØRLYCK, Einbürgerungsbüro (Indfødsretskontoret) des Ministeriums für Flüchtlinge, Einwanderer und Integration

dings kommt, wie bereits gezeigt, eine Ausbürgerung nach dem dänischen Recht nicht in Betracht, wenn der Betroffene hierdurch staatenlos wird. Erforderlich war deshalb die Prüfung, ob die Betroffenen eine doppelte Staatsangehörigkeit besitzen. Bei vier der genannten Personen wurde festgestellt, dass sie alleine die dänische Staatsangehörigkeit besitzen. Eine Ausbürgerung kam deshalb in ihren Fällen nicht in Frage.

Dagegen besaßen die anderen drei Personen eine doppelte Staatsangehörigkeit und kamen grundsätzlich für eine Ausbürgerung in Betracht. Einer der Personen wurde hinsichtlich der ihr vorgeworfenen terroristischen Straftaten für nicht schuldig befunden, so dass sie die Voraussetzung des § 8B nicht erfüllte.

Der zweite Fall gegen einen des Terrorismus Beschuldigten wurde zurückgezogen. Somit kam auch hier eine Ausbürgerung nach § 8B nicht mehr in Betracht.

Die dritte Person wurde der ihm vorgeworfenen Taten nach dem 12. und 13. Kapitel des Strafgesetzbuches für schuldig befunden. Allerdings entschied das Gericht im Rahmen des ihm insoweit zustehenden Ermessens, dass trotz der verwirklichten Straftaten kein Entzug der dänischen Staatsangehörigkeit erfolgen sollte.

Das Ausbürgerungsverfahren bestimmt sich nach § 8D. Das Verfahren wird von der Staatsanwaltschaft auf Antrag des Ministers für Flüchtlinge, Einwanderer und Integration eingeleitet und zwar im Zusammenhang mit dem Strafverfahren betreffend die Straftaten nach den Kapiteln 12 und 13 des dänischen Strafgesetzbuches. Ausnahmsweise kann das Ausbürgerungsverfahren auch ohne ein gleichzeitiges Strafverfahren durchgeführt werden, muss dann allerdings vor dem Bezirksgericht eingeleitet werden. Zuständig ist das Gericht, in dessen Bezirk der Betroffene seinen ständigen Wohnsitz hat. In Ermangelung eines Wohnsitzes wird das Verfahren vor dem Stadtgericht in Kopenhagen durchgeführt werden. Die genauen Einzelheiten des Verfahrens bestimmen sich nach den Vorschriften der Strafrechtspflege.

Eine erleichterte Wiedereinbürgerung, wie grundsätzlich in § 4 vorgesehen, wird in den Fällen des § 8B ausgeschlossen, § 8C.

(Ministeriet for Flygtninge Indvandrere og Integration), Holbergsgade 6, 1057 Kobenhagen, Dänemark, vom 18.08.2010.

3. Schweizerische Eidgenossenschaft[534]

Die Schweiz kennt nicht eine einfache Staatsangehörigkeit sondern unterscheidet zwischen dem Bürgerrecht auf Bundesebene, dem Kantonsbürgerrecht und dem Bürgerrecht einer Gemeinde auf kommunaler Ebene. Der Erwerb einer der genannten Bürgerrechte führt auch zum Erwerb auf allen anderen Ebenen. Schweizerbürger gemäß Art. 37 Abs. 1 der Schweizer Bundesverfassung ist, wer das Bürgerrecht eines Kantons oder einer Gemeinde besitzt. Gemäß Art. 38 der Bundesverfassung hat der Bund die Kompetenz, Erwerb und Verlust des Schweizer Bürgerrechts zu regeln; hinsichtlich der Einbürgerung auf Kantonsebene hat er wenigstens eine gewisse Rahmenkompetenz.

Der Bund hat aufgrund dieser Befugnisse am 29. September 1952 das „Bundesgesetz über den Erwerb und den Verlust des Schweizer Bürgerrechts (Bürgerrechtsgesetz)“ erlassen.

a) Erwerb

Das Schweizer Bürgerrecht wird grundsätzlich durch Abstammung erworben, Art. 1. Unerheblich ist dabei, ob das Kind ehelich oder nicht ehelich ist. Ist bei einem außerehelichen Kind der Vater Schweizer, bedarf es der Begründung des Kindsverhältnisses.

Mit dem durch Abstammung erworbenen Schweizer Bürgerrecht erwirbt das Kind auch gemäß Art. 4 das Kantons- und Gemeindebürgerrecht des Vaters bei ehelichen Kindern und der Mutter bei außerehelichen Kindern.

Das Findelkind wird Kantonsbürger in dem Kanton, in dem es gefunden wird, Art. 6. Dadurch wird es auch Schweizer Bürger und das Kanton bestimmt, in welcher Gemeinde das Kind eingebürgert wird.

Auch durch Adoption erwirbt das Kind nach Art. 7 das Kantons- und Gemeinderecht des Adoptierenden und dadurch das Schweizer Bürgerrecht.

Daneben können die Bürgerrechte durch behördlichen Beschluss, das heißt durch Einbürgerung, erworben werden. Die Einbürgerung wird in den Art. 12 ff. geregelt. Sie bedarf der Bewilligung des Bundesamtes für Migration. Dieses erteilt eine Bewilligung nur, wenn der Bewerber um das Schweizer Bürgerrecht geeignet erscheint. Insbesondere geprüft wird: ob der Bewerber

534 Gesetzestext vollständig abgedruckt in: AEBI-MÜLLER, in: BERGMANN/ FERID, Ehe- und Kindschaftsrecht, Ordner XV, Schweiz (Stand: 30.09.2011).

in die Schweizer Lebensverhältnisse eingegliedert ist, mit den schweizerischen Lebensgewohnheiten, Sitten und Gebräuchen vertraut ist, die schweizerische Rechtsordnung beachtet und die innere oder äußere Sicherheit der Schweiz nicht gefährdet, Art. 14. Auch ein insgesamt zwölfjähriger Aufenthalt in der Schweiz ist erforderlich.

Das Bürgerrecht kennt für bestimmte Personengruppen eine erleichterte Einbürgerung nach Art. 26 ff. Darunter fallen Ehegatten von Schweizer Staatsangehörigen und gutgläubige Ausländer, die versehentlich über Jahre hinweg als Schweizer Bürger behandelt wurden. Weiterhin werden staatenlose unmündige Kinder und solche Kinder, deren Eltern eingebürgert wurden, ohne dass das Kind einbezogen wurde, erfasst. Auch wenn ein Elternteil kurz vor der Geburt des Kindes das Schweizer Bürgerrecht verliert, kann das Kind einen Antrag auf erleichterte Einbürgerung stellen.

Eine erleichterte Wiedereinbürgerung ehemaliger Staatsangehöriger gemäß Art. 18 ff. kommt in den Fällen in Frage, in denen die Abgabe einer Erklärung nach Art. 10 entschuldbar versäumt wurde, Art. 21, und nach einer Entlassung, Art. 23. Mit dem Wiedererwerb werden auch die anderen Bürgerrechte des Kantons und der Gemeinde nach Art. 24 wiedererworben.

Die Aufgabe anderer Staatsangehörigkeiten wird für eine Einbürgerung nicht verlangt.

b) Verlust

Das Bürgerrecht sieht den Verlust der Bürgerrechte kraft Gesetzes für den Fall der Aufhebung des Kindesverhältnisses und der Adoption eines Unmündigen durch einen anderen Staatsangehörigen vor, Art. 8 und Art. 8a. Voraussetzung ist, dass der Verlust des Schweizer Bürgerrechtes nicht zur Staatenlosigkeit des Kindes führt. Das im Ausland geborene Kind muss außerdem bis zur Vollendung seines 22. Lebensjahres erklären, das Schweizer Bürgerrecht beibehalten zu wollen, Art. 10. Durch den Verlust des Schweizer Bürgerrechts kraft Gesetz geht das Kind gemäß Art. 11 auch des Kantons- und Gemeindebürgerrechts verlustig.

Neu eingeführt wurde die Vorschrift des Art. 41, durch welche eine Einbürgerung für nichtig erklärt werden kann, wenn sie durch falsche Angaben oder in sonstiger Weise erschlichen wurde. Befristet wird die Möglichkeit eine Nichtigkeitserklärung auszusprechen bei Kenntnis der Behörde für zwei Jahre, ansonsten für acht Jahre, Art. 41 Abs. 1bis. Gemäß Abs. 3 erstreckt sich die Nichtigkeitserklärung auch auf solche Familienangehörige, welche ihre schweizerische Staatsangehörigkeit von dem Betroffenen ableiten.

Durch behördliche Entscheidung kann der Schweizer außerdem aus seinem Bürgerrecht entlassen werden. Dies geschieht gemäß Art. 42 Abs. 1 jedoch nur, wenn der Staatsangehörige keinen Wohnsitz in der Schweiz hat und eine andere Staatsangehörigkeit erwirbt oder bereits besitzt. Nach Abs. 3 des Art. 42 führt der Verlust des Schweizer Bürgerrechts auch zum Verlust des Kantons- und Gemeindebürgerrechts. Der Verlust erstreckt sich auf unmündige Kinder, solange diese dadurch nicht staatenlos werden, Art. 44.

Das Schweizer Bürgerrecht kann außerdem gemäß Art. 48 entzogen werden, wenn das Verhalten des Schweizers den Interessen oder dem Ansehen der Schweiz erheblich nachteilig ist. Bisher wurde Art. 48 jedoch nicht angewandt.[535] Er wird als absolut letztes und restriktiv anzuwendendes Mittel des Staatsangehörigkeitsrechts verstanden. Ursprünglich geschaffen wurde Art. 48 vor allem im Hinblick auf Kriegsverbrecher. Mögliche Anwendungsfälle sind deshalb im Bereich von international verurteilten Kriegsverbrechern oder bei terroristischen Aktivitäten zu suchen.

c) Annullierung der Einbürgerung?

Auch wenn Art. 48 bislang keine praktische Verwendung fand, gab es in den letzten Jahren in der Schweiz eine allgemeine Diskussion zu dem Thema der Annullierung der Einbürgerung von Kriminellen. Eine entsprechende parlamentarische Initiative wurde jedoch schlussendlich abgelehnt.

Am 19. März 2008 wurde durch die Fraktion der Schweizer Volkspartei im Nationalrat eine parlamentarische Alternative zur Änderung des Bürgerrechtsgesetzes eingebracht.[536] Das Gesetz sollte um einen neuen Art. 11 ergänzt werden, welcher folgenden Wortlaut haben sollte:

> „Eingebürgerte verlieren innerhalb der ersten zehn Jahre nach ihrer Einbürgerung oder innerhalb der ersten zehn Jahre nach Erreichung der Volljährigkeit das Schweizer Bürgerrecht, sofern sie dadurch nicht staatenlos werden, wenn sie:
>
> a) wegen eines vorsätzlichen Tötungsdelikts, wegen einer Vergewaltigung oder eines anderen schweren Sexualdelikts, wegen eines anderen Gewaltdelikts

535 Schriftliche Auskunft des Eidgenössischen Justiz- und Polizeidepartements, Bundesamt für Migration, Direktionsbereich Zuwanderung und Integration, Sektion Bürgerrecht, Quellenweg 6, 3003 Bern-Wabern, vom 05.08.2010.

536 http://www.parlament.ch/afs/data/d/bericht/2008/d_bericht_n_k11_0_20080409_0_20090122.htm#1 zuletzt abgerufen am 17.04.2012.

wie Raub, wegen Menschenhandels, Drogenhandels oder eines Einbruchsdelikts rechtskräftig verurteilt worden sind oder

b) missbräuchlich Leistungen der Sozialversicherungen oder der Sozialhilfe bezogen haben."

Der alte Art. 11 sollte zu Art. 12 werden. Als Begründung wurde eine überdurchschnittliche Kriminalität von neu eingebürgerten Schweizern angebracht.

Mit Verweis auf das Gleichbehandlungsgebot in der Verfassung der Schweiz wurde die Initiative letztendlich nicht weiter verfolgt und am 21. November 2008 mit folgender Argumentation zurückgewiesen: Die Schweizer Bundesverfassung sieht die Gleichbehandlung aller Schweizer Bürger vor. Hiernach haben alle Schweizer Bürger die gleichen Rechte und Pflichten. Würde man nun zwischen kürzlich eingebürgerten und solchen Schweizern unterscheiden, welche ihre Staatsangehörigkeit bereits lange oder kraft Geburt besitzen, würde dies das Gleichbehandlungsgebot verletzen, indem zwei Klassen von schweizerischen Bürgern geschaffen würden. Die konsequente Anwendung des Strafgesetzbuches sowie Bemühungen um die Resozialisierung der Täter und die Prävention von Straftaten werden als die geeigneteren Mittel zur Handhabung der dargestellten Problematik angesehen.

Weiterhin muss bedacht werden, dass das Schweizer Bürgerrecht nur entzogen werden kann, wenn dies nicht zur Staatenlosigkeit des Betroffenen führt. Der neue Art. 11 würde damit nur bei solchen Staatsangehörigen greifen, welche eine mehrfache Staatsangehörigkeit inne haben. Damit werde nicht nur eine Ungleichheit zwischen eingebürgerten und originären Staatsangehörigen geschaffen, sondern auch innerhalb der Gruppe der Eingebürgerten zwei Kategorien gebildet. Dies stelle eine noch größere und nicht zu akzeptierende Ungleichbehandlung dar.[537]

4. Vereinigte Staaten von Amerika[538]

Nach dem anglo-amerikanischen Verständnis der Rechtsordnung ist nicht nur das amerikanische Staatsangehörigkeitsrecht ausschlaggebend für die Frage von Erwerb und Verlust der Staatsangehörigkeit, sondern auch das unge-

537 http://www.parlament.ch/afs/data/d/bericht/2008/d_bericht_n_k11_0_20080409_0_20090122.htm#1 zuletzt abgerufen am 17.04.2012.

538 HENRICHS/ RIECK, in: BERGMANN/ FERID, Ehe- und Kindschaftsrecht, Ordner XVIII, Vereinigtes Staaten von Amerika (Stand: 31.07.1994).

schriebene Recht, das sogenannte „common law". Grundsätzlich bestimmen sich Belange des Staatsangehörigkeitsrechts jedoch nach dem Immigration and Nationality Act von 1952, zuletzt im Wesentlichen geändert durch den Immigration Reform and Control Act von 1986.

Als Bundesstaat kennen die Vereinigten Staaten die federal citizenship, das ist die Bundesstaatsangehörigkeit sowie die state-citizenship, also die Staatsangehörigkeit betreffend einen einzelnen Staat der USA. Die Einzelstaatsangehörigkeit setzt die Bundesstaatsangehörigkeit voraus und richtet sich nach dem Wohnsitz des Betroffenen. Hat eine Person keinen Wohnsitz in einem Staat der USA, besitzt sie auch keine state-citizenship.

Davon unabhängig kann eine Bundesstaatsangehörigkeit auch inne haben, wer außerhalb der USA seinen ständigen Wohnsitz hat. Von besonderem Interesse ist hier der Erwerb und der Verlust der Bundesstaatsangehörigkeit, da diese wie gesagt neben einem Wohnsitz im Inland die Voraussetzung für den Besitz der Staatsangehörigkeit eines Einzelstaates ist.

a) Erwerb

Der originäre Staatsangehörigkeitserwerb richtet sich im Grundsatz nach den §§ 1401 ff. des Immigration and Nationality Act 1952. Die Vereinigten Staaten bevorzugen als klassisches Einwanderungsland das Territorialprinzip, ius soli. Durch die Geburt im Inland wird dem Kind die u.s.-amerikanische Bundesstaatangehörigkeit verliehen, § 1401 lit. a). Dabei ist es unerheblich, welche Staatsangehörigkeit die Eltern des Kindes besitzen und ob sie sich legal oder illegal in den Vereinigten Staaten aufhalten. Nach § 1401 lit. c) kann aber auch dasjenige Kind, welches außerhalb des Territoriums der Vereinigten Staaten geboren wird, aber u.s.-amerikanische Eltern hat, die Bundesstaatsangehörigkeit erwerben. Dies entspricht dem Prinzip der Abstammung. Allerdings muss in diesem Fall wenigstens einer der Elternteile vor der Geburt seinen Wohnsitz in den USA gehabt haben. Das bedeutet, dass die u.s.-amerikanische Staatsangehörigkeit bei einer Auswanderung nicht über die zweite Generation hinaus vermittelt werden kann.

Weitere Erwerbsmöglichkeiten sieht § 1401 ff. für Findelkind sowie für solche Kinder vor, welche zwar außerhalb der USA, aber unter besonderen Umständen, beispielsweise in einer Besitzung der USA,[539] geboren werden.

539 Als Beispiel sind hier die Virgin Islands oft he United States zu nennen.

Die u.s.-amerikanische Staatsangehörigkeit kann außerdem durch Einbürgerung nach den §§ 1421 ff. nachträglich erworben werden. Voraussetzungen sind ein ausreichendes Verständnis der englischen Sprache, die Kenntnis und das Verständnis der Geschichte und der Regierung der USA, § 1423, sowie ein fünfjähriger Aufenthalt im Inland, § 1427. Bei einer Heirat mit einem U.S.-Bürger verkürzt sich gemäß § 1430 diese Zeit auf drei Jahre.

Es werden allerdings in § 1424 ff. auch Einbürgerungsverbote ausgesprochen. Eingebürgert werden darf demnach nicht, wer sich gegen die Grundsätze der Verfassung wendet und die Anarchie befürwortet.

b) Verlust

(1) Gesetzliche Regelungen

In dem Fall, dass ein Eingebürgerter nach der Verleihung der Staatsangehörigkeit sich einer destruktiven Organisation anschließt, wird davon ausgegangen, dass er bereits bei seiner Einbürgerung die Grundsätze der u.s.-amerikanischen Verfassung abgelehnt hat und deshalb einem Einbürgerungsverbot unterfiel. Hiernach kann seine Einbürgerung wieder zurückgenommen werden, § 1451 Nr. 2.

Auch eine Verlegung des dauerhaften Aufenthalts in das Ausland innerhalb von fünf Jahren nach der Einbürgerung sowie das Verschweigen wesentlicher Tatsachen oder unwahre Angaben bei dem Einbürgerungsverfahren führen zu einer Rücknahme der Einbürgerung nach § 1451.

Die Rücknahme erstreckt sich grundsätzlich nicht auf Ehegatten oder minderjährige Kinder des Betroffenen. Ausnahmsweise sind die Ehegatten und die minderjährigen Kinder jedoch dann ebenfalls von der Rücknahme der Einbürgerung berührt, wenn sich ihre Einbürgerung von der Staatsangehörigkeit des von der Rücknahme Betroffenen direkt ableitet. So beispielsweise wenn die Ehefrau deshalb eingebürgert wird, weil zuvor bereits der Ehemann U.S.-Bürger durch Einbürgerung wurde.

Unabhängig davon, ob die Staatsangehörigkeit originär oder nachträglich erworben wurde, geht die Staatsangehörigkeit nach § 1481 verloren. Voraussetzungen für den Verlust ist der Erwerb einer fremden Staatsangehörigkeit, die förmliche Zugehörigkeitserklärung zu einem fremden Staat oder der Dienst in fremden Streitkräften.

Jeder U.S.-Bürger kann förmlich auf seine Staatsangehörigkeit verzichten, sofern dies nicht den Interessen der nationalen Verteidigung widerspricht.

Weitere Verlustgründe sind Handlungen des Hochverrates, Umsturzversuche oder der Waffendienst gegen die USA.

(2) AFROYIM vs. RUSK

Durch die Entscheidung des Supreme Courts in dem Fall AFROYIM v. RUSK540 aus dem Jahre 1967 wurde jedoch ein Präzedenzfall hinsichtlich des unfreiwilligen Verlustes der u.s.-amerikanischen Staatsangehörigkeit geschaffen. BEYS AFROYIM hatte 1926 die amerikanische Staatsangehörigkeit durch Einbürgerung erworben, zog dann aber im Jahre 1950 nach Israel. Er erhielt die israelische Staatsangehörigkeit und nahm ein Jahr später auch an Wahlen teil. Als AFROYIM 1960 versuchte, seine u.s.-amerikanische Staatsangehörigkeit erneuern zu lassen, wurde ihm dies mit Hinweis auf sein politisches Engagement in Israel verweigert. AFROYIM verklagte daraufhin den zuständigen Secretary of State DEAN RUSK und erhielt vor dem Supreme Court Recht.

Mit fünf zu vier Stimmen entschied das Oberste Gericht, dass eine Staatsangehörigkeit nicht ohne den Willen des Betroffenen entzogen werden dürfe. Der Kongress habe nur die Macht, die Voraussetzungen der Einbürgerung zu regeln und dort Beschränkungen vorzusehen. Die Ausbürgerung entziehe sich jedoch der Gewalt des Kongresses und dürfe durch diesen nicht bestimmt werden. Vielmehr würde durch die Staatsangehörigkeit ein Band zwischen Bürger und Staat geschaffen, welches der Staat nicht ohne Weiteres zerstören dürfe.

In weiteren Urteilen festigte das Oberste Gericht diese Rechtsprechung. Die Bürgerschaftsrechte der Vereinigten Staaten würden keinen Unterschied machen zwischen nachträglich eingebürgerten Personen und solchen, welche durch Geburt im Inland die Staatsangehörigkeit besäßen. Eine Unterscheidung zwischen derivativen und originären Staatsangehörigen stelle eine ungerechtfertigte Diskriminierung der Eingebürgerten dar. Es würde dadurch unterstellt, dass sie nicht derart loyal gegenüber den Vereinigten Staaten seien wie andere Staatsangehörige. Auch würden eingebürgerte Staatsangehörige sich hierdurch nicht so frei bewegen und handeln können wie sonstige Staatsangehörige und damit eingeschränkt. Jeder Staatsangehörige der Vereinigten Staaten habe aber die gleichen Rechte, und der Kongress habe nicht die Gewalt, diese Rechte in irgendeiner Weise einzuschränken.

---

540 AFROYIM v. RUSK, 387 U.S. 253 (1967).

Nach diesen Entscheidungen des Supreme Court kann eine Ausbürgerung nur noch aus einem der oben dargestellten Gründe erfolgen, nämlich bei Täuschungs- oder Betrugshandlungen während des Einbürgerungsverfahrens. Mit dem Einwand, dass der Betroffene in diesem Fall die u.s.-amerikanische Staatsangehörigkeit nie wirksam erworben habe, fällt er auch nicht unter die oben dargestellte Argumentation. Ohne den wirksamen Erwerb einer Staatsangehörigkeit kommen dem Betroffenen auch nicht die Rechte eines U.S.-Bürgers zugute. Im Fall der Ausweisung des vermeintlichen KZ-Aufsehers IWAN DEMJANJUK kam diese Argumentation bereits zum Tragen. DEMJANJUK hatte während des Einbürgerungsverfahrens angegeben, sich nicht an den Gräueltaten der Nationalsozialisten in den Jahren 1933 bis 1945 beteiligt zu haben. Nach u.s.-amerikanischem Recht wurde ihm allerdings die Beteiligung an der Tötung von Juden als Aufseher eines KZs nachgewiesen. Hiernach hatte er bei seinem Einbürgerungsverfahren gelogen und somit niemals wirksam die Staatsangehörigkeit der Vereinigten Staaten erworben. DEMJANJUK wurde im Jahre 2009 nach Deutschland abgeschoben, wo er im Jahre 2012 verstarb.

Die U.S.-Regierung geht in ihrer konsularischen Praxis dergestalt vor, dass bei dem Vorliegen eines der Ausweisungsgründe des Gesetzes der im Ausland lebende betroffene Staatsangehörige durch die zuständige konsularische Vertretung gefragt wird, ob der Bürger den Willen hat, auf seine Staatsangehörigkeit zu verzichten.[541] Dieser Willen muss durch den Staatsangehörigen deutlich und schriftlich geäußert werden. Tut er dies nicht, kann die Staatsangehörigkeit grundsätzlich nicht aberkannt werden.[542] Allerdings hat die Regierung durch ihre Konsulate einige Fälle entwickelt, in denen ihrer Ansicht nach auch gegen den Willen des Betroffenen die Staatsangehörigkeit entzogen werden kann. So beispielsweise wenn der Staatsangehörige einer fremden und feindlichen Armee dient, bei einer Verurteilung wegen Landesverrats und in seltenen Fällen bei Verhaltensweisen, die unvereinbar sind mit der Beibehaltung der Staatsangehörigkeit.[543] Ob diese Fallgruppen auf Dauer Bestand haben werden, hängt von der Rechtsprechung des Supreme Court ab.

541 www.travel.state.gov/law/citizenship/citizenship_778.html, zuletzt abgerufen am 04.08.2012.

542 www.travel.state.gov/law/citizenship/citizenship_778.html, zuletzt abgerufen am 04.08.2012.

543 www.travel.state.gov/law/citizenship/citizenship_778.html, zuletzt abgerufen am 04.08.2012.

II. Weitere Staatsangehörigkeitsgesetze[544]

Wie bereits an den vorangegangenen Rechtsordnungen gezeigt, ist die Ausbürgerung aufgrund illoyalen Verhaltens also ein in vielen Rechtsordnungen gegenwärtiges Problem. Im Folgenden sollen in einem jeweils kurzen Überblick noch weitere Staatsangehörigkeitsgesetze vorgestellt werden, welchen der Verlust der Staatsangehörigkeit wegen eines Verhaltens des Betroffenen gegen die Grundordnung des Heimatlandes ebenfalls nicht fremd ist.

1. Arabische Republik Ägypten[545]

Der Erwerb und der Verlust der ägyptischen Staatsangehörigkeit richten sich nach dem Gesetz Nr. 26/1957 vom 21. Mai 1975 in der Fassung des Gesetzes Nr. 154/2004.

Gemäß Art. 6 der ägyptischen Verfassung ist die Staatsangehörigkeit durch Gesetz zu regeln. Nachdem zuvor die Gleichstellung der Frau mit dem Mann im ägyptischen Staatsangehörigkeitsrecht nicht vorgesehen war und ius sanguinis ausschließlich auf die Abstammung vom Vater Anwendung fand, wurde dies durch das Gesetz Nr. 154/2004 inzwischen geändert. Grund hierfür war die Pflicht zur Gleichstellung der Frau aufgrund völkervertragsrechtlicher Verpflichtungen Ägyptens.[546]

In Ägypten ist der Islam Staatsreligion und die Prinzipien der sharî'a sind die Hauptquellen der Gesetzgebung gemäß Art. 2 der Verfassung.[547] Der Bestand des Staates Israel wird von Ägypten abgelehnt. Als Folge davon werden „Zionisten" von der ägyptischen Staatsbürgerschaft zur Gänze ausgeschlossen.

Sowohl in den Erwerbs- als auch in den Verlusttatbeständen lässt sich außerdem die generelle Unerwünschtheit von Mehrstaatlichkeit erkennen.

---

544 Alle im Folgenden zitierten Rechtsnormen ohne ausdrückliche Gesetzesangabe sind solche des jeweils in dem Absatz besprochenen Staates.

545 Gesetzestext vollständig abgedruckt in: EBERT/ HEFNY, in: BERGMANN/ FERID, Ehe- und Kindschaftsrecht, Ordner I, Ägypten (Stand: 15.7.2008).

546 EBERT/ HEFNY, in: BERGMANN/ FERID, Ehe- und Kindschaftsrecht, Ordner I, Ägypten (Stand: 15.07.2008), S.6.

547 EBERT/ HEFNY, in: BERGMANN/ FERID, Ehe- und Kindschaftsrecht, Ordner I, Ägypten (Stand: 15.07.2008), S.4.

a) Erwerb

Der originäre Erwerb der ägyptischen Staatsangehörigkeit erfolgt durch die Abstammung, Art. 2 Nr. 1.

Das reine ius soli Prinzip findet gemäß Art. 2 Nr. 4 Anwendung auf das Findelkind.

Weiterhin kann die ägyptische Staatsangehörigkeit gemäß Art. 4 verliehen werden. Eine Verleihung erfolgt durch den Innenminister an Ausländer, die in der zweiten Generation in Ägypten geboren sind.

Ein im Inland geborener oder seit 10 Jahren in Ägypten lebender Ausländer der ersten Generation bedarf der Vorstrafenfreiheit, Sprachkenntnissen, körperlicher und geistiger Gesundheit und eines Berufs, um die Staatsangehörigkeit zu erwerben, Art. 4. Aufgrund eines entsprechenden Ersuchens können auch Ehefrau und Kinder eines solchen Ausländers Ägypter werden, Art. 6.

Bei der Eheschließung folgt die Staatsangehörigkeit der Frau nicht ipso iure der des Mannes nach. Jedoch kann sie vereinfacht einen entsprechenden Antrag stellen. So erwirbt eine Ausländerin bei der Heirat mit einem Ägypter gemäß Art. 7 die ägyptische Staatsangehörigkeit, solange die Ehe nicht innerhalb von zwei Jahren geschieden wird und der Innenminister keine Einwände gegen den Erwerb hat. Letztere Zusatzvoraussetzungen fallen bei der Ausländerin ägyptischer Herkunft gemäß Art. 14 weg.

Eine erleichterte Einbürgerung gilt außerdem für die Würdenträger einer ägyptischen Religionsgemeinschaft, Art. 5.

b) Verlust

Der Erwerb einer ausländischen Staatsangehörigkeit führt erst aufgrund einer behördlichen Genehmigung gemäß Art. 10 zu einem Verlust der ägyptischen Staatsangehörigkeit. Dieser Verlust erstreckt sich auch auf die Kinder des Betroffenen, nicht jedoch auf seine Ehefrau. Frauen verlieren durch die Heirat mit einem Ausländer dann ihre Staatsbürgerschaft, wenn sie dessen Staatsangehörigkeit annehmen, Art. 12.

Das ägyptische Staatsangehörigkeitsrecht kennt sowohl den Entzug gemäß Art. 15 bei Eingebürgerten als auch die Aberkennung gemäß Art. 16 bei jedem Ägypter.

Die Einbürgerung kann wieder entzogen werden, wenn sie durch Täuschungen oder unwahre Angaben erworben wurde. Der Entzug unterliegt einer Frist von 10 Jahren beziehungsweise fünf Jahren, wenn die Einbürgerung aufgrund einer Eheschließung erfolgte. Eine Erstreckung auf Familienangehörige ist nicht vorgesehen.

Die Aberkennung der ägyptischen Staatsangehörigkeit kann gemäß Art. 16 wegen mehrerer Gründe erfolgen. So, wenn eine fremde Staatsangehörigkeit ohne Genehmigung erworben wird oder in einen fremden Militärdienst eingetreten wird. Auch bei einem gewöhnlichen Aufenthalt im Ausland und damit verbundenen Verbrechen gegen die äußere Sicherheit des Staates oder Diensten für eine fremde Regierung oder ausländische Organisation gegen den Willen Ägyptens und daraus folgende Beeinträchtigungen nationaler Interessen erfolgt der Entzug. Ein Anschluss an ausländische Gruppierungen, welche ihre Ziele auf den Umsturz der gesellschaftlichen oder wirtschaftlichen Ordnung Ägyptens richten, führt ebenso zur Ausbürgerung wie das Zeigen von Anzeichen für Zionismus.

Die Aberkennung kann gemäß Art. 17 auf die Familienangehörigen ausgedehnt werden. Sie ist einer Fünf-Jahres-Frist unterworfen, Art. 18, und wirkt ex nunc, Art. 19.

2. Republik Angola[548]

Das angolanische Staatsangehörigkeitsgesetz „Nr. 1/05" stammt aus dem Jahre 2005. Es konkretisiert das „Lei Fundamental", die angolanische Verfassung aus dem Jahre 1975, in der lediglich die grundsätzliche Möglichkeit des Erwerbs der Staatsbürgerschaft geregelt ist.

Das angolanische Staatsangehörigkeitsrecht lässt Mehrstaatlichkeit in weiten Bereichen zu oder begünstigt diese sogar. Das muss jedenfalls auch auf die koloniale Vergangenheit des Landes zurückgeführt werden, welches Anfang 1975 die Unabhängigkeit von Portugal erlangte.

a) Erwerb

Der Erwerb der angolanischen Staatsangehörigkeit wird in den Art. 9 bis 14 geregelt. In Angola gilt grundsätzlich das ius sanguinis. Eine Ausnahme hierzu wird bei Findelkindern und Kindern Staatenloser gemacht. Weitere Er-

548 Gesetzestext vollständig abgedruckt in: Jayme, StAZ 2008, 51; vgl. auch RAU, in: BERGMANN/ FERID, Ehe- und Kindschaftsrecht, Ordner II, Angola (Stand: 30.06.1993).

werbsgründe sind die Adoption durch Angolaner und die Heirat eines Angolaners, wobei eine spätere Scheidung für die Beibehaltung der Staatsbürgerschaft unerheblich ist. Zu den Voraussetzungen der Einbürgerung, welche sich in Art. 13 finden, gehören u. a. ein Wohnsitz in Inland für mindestens 10 Jahre und die Eingliederung in die angolanische Gesellschaft. Kinder werden auf Antrag mit ihren Eltern eingebürgert und erhalten mit Volljährigkeit ein Optionsrecht.

b) Verlust

Der Verlust der angolanischen Staatsangehörigkeit wird in Art. 15 des Gesetzes Nr. 1/05 geregelt. Nach Art. 5 desselben Gesetzes tritt der Verlust zu dem Zeitpunkt ein, in dem die Voraussetzungen des Verlusttatbestandes erfüllt sind, gegenüber Dritten jedoch erst zum Zeitpunkt der behördlichen Registrierung des Verlustes.

Das angolanische Staatsangehörigkeitsrecht unterscheidet bei den Verlusttatbeständen zwischen demjenigen, welcher seine Staatsangehörigkeit aufgrund einer Einbürgerung erworben hat und demjenigen, der die Staatsangehörigkeit aufgrund des vorherrschenden ius sanguinis-Prinzips erworben hat.

Für letzteren gelten die folgenden Verlusttatbestände: So verliert derjenige, der freiwillig eine ausländische Staatsangehörigkeit erwirbt, die angolanische nur, wenn er einen derartigen Willen zum Verlust gegenüber behördlichen Stellen äußert. Dies gilt auch für das volljährig gewordene Kind, das im Ausland geboren und dort eine gleichwertige Staatsangehörigkeit erworben hat.

Wie bereits erwähnt, begünstigt das angolanische Recht dadurch Mehrstaatlichkeit. Eine Ausübung von Souveränitätsfunktionen zugunsten eines ausländischen Staates ohne eine entsprechende Bewilligung der Volksversammlung wird durch das angolanische Recht nicht geduldet und führt zu einem Verlust der Staatsbürgerschaft. Dieser Verlusttatbestand sanktioniert folglich eine mangelnde Treue des Bürgers.

Gegenüber demjenigen, welcher die angolanische Staatsangehörigkeit aufgrund Einbürgerung erworben hat, kennt das Gesetz Nr. 1/05 noch weitergehende Verlusttatbestände wegen mangelnder Treue zum Staat. So führt bei einem Eingebürgerten eine Straftat gegen die äußere Sicherheit, die Ableistung ausländischen Militärdienstes aber auch die Erschleichung der Einbürgerung durch Betrug zum Verlust derselben.

3. Commonwealth von Australien[549]

Das australische Staatsangehörigkeitsrecht richtet sich nach dem „Australien Citizenship Act“ aus dem Jahre 1948, zuletzt geändert durch Gesetz Nr. 71 aus dem Jahr 1993. Da Australien Mitglied des Britischen Commonwealth ist, führt der Erwerb der australischen Staatsangehörigkeit gleichzeitig zum Erwerb des Status als „britsh subject“. Der Stand eines „Citizen“ muss jedoch bei einer Einbürgerung gesondert verliehen werden.

a) Erwerb

Das australische Staatsangehörigkeitsrecht verbindet das Abstammungs- mit dem Territorialprinzip und verleiht die australische Staatsangehörigkeit aufgrund eines Zusammenspiels beider Elemente, Sec. 10 und 10B. Erfolgt die Geburt des Kindes im Ausland, muss ein Elternteil Australier sein und das Kind registriert werden. Erfolgt die Geburt im Inland, reicht der dauerhafte Aufenthalt der Eltern für den Erwerb der Staatsangehörigkeit.

Als weitere Erwerbstatbestände werden die Adoption, Sec. 10 A, und die Einbürgerung, Sec. 12 – 15 zugelassen. Letztere wird verweigert bei vorangegangenen oder bestehenden strafrechtlichen Verfahren oder auch bei der Verbüßung einer Haftstrafe. Die Verleihung der Staatsbürgerschaft wird von der Ableistung eines Treueides abhängig gemacht, Sec. 41.

b) Verlust

Das australische Staatsangehörigkeitsrecht will Staatenlosigkeit grundsätzlich verhindern. Ein Verzicht auf die Staatsangehörigkeit ist deshalb nur unter der Voraussetzung zulässig, dass der Betroffene eine andere Staatsangehörigkeit besitzt. Anderenfalls kann der Verzicht abgelehnt werden, Sec. 18. Auch Kinder verlieren ihre Staatsangehörigkeit nur dann, wenn sie gleichzeitig eine

549 Gesetzestext vollständig abgedruckt in: RIECK, in: BERGMANN/ FERID, Ehe- und Kindschaftsrecht, Ordner II, Australien (Stand: 31.05.1997).

neue erworben haben, Sec. 23. Ferner bleibt ihnen im Zeitpunkt der Volljährigkeit eine Rückerwerbsmöglichkeit gemäß Sec. 23 AA.

Allerdings kennt das australische Recht auch die Entziehung der Staatsangehörigkeit bei Eingebürgerten in Fällen der Täuschung über Einbürgerungsvoraussetzungen, aber auch bei einer Verurteilung von mehr als 12 Monaten Freiheitsstrafe, Sec. 21.

Der Erwerb einer fremden Staatsangehörigkeit führt gemäß Sec. 17 ebenfalls zum Verlust der australischen, jedoch ist die Möglichkeit einer Beibehaltung in Sec. 23 AA vorgesehen.

Mehrstaater verlieren ihre Staatsangehörigkeit bei einem Krieg Australiens mit dem Land, dessen Staatsangehörigkeit der Mehrstaater besitzt, oder wenn dieser außerhalb eines Krieges in dessen Streitkräften dient, Sec. 19.

4. Republik Finnland[550]

Das finnische Staatsangehörigkeitsgesetz stammt aus dem Jahre 2003 und wurde zuletzt geändert durch das Gesetz vom 15.Juli 2005. Die Vermeidung von Staatenlosigkeit ist ein durch Art.5 der Verfassung und § 4 des Staatsangehörigkeitsgesetzes festgelegtes Ziel des finnischen Staatsangehörigkeitsrechtes. Mehrstaatigkeit wird dagegen seit kurzer Zeit hingenommen.

a) Erwerb

Wie in den meisten skandinavischen Staaten gilt im finnischen Staatsangehörigkeitsrecht grundsätzlich das Prinzip der Abstammung. Dies legt sowohl Art.5 der finnischen Verfassung als auch § 9 Abs.1 des finnischen Staatsangehörigkeitsgesetzes fest. Die Staatsbürgerschaft leitet sich sowohl von der Mutter als auch vom Vater ab. Wird das Kind unehelich geboren, ist eine Bestätigung der Vaterschaft notwendig.

Das Territorialprinzip kommt im Falle von Staatenlosen, Flüchtlings- oder Findelkindern zum Tragen, § 9 Abs.1 Nr.4, Abs.2 und § 12.

Ein weiterer automatischer Erwerbstatbestand ist der der Adoption gemäß § 10, solange das Kind unter 12 Jahren alt ist. Ab 12 Jahren erwirbt das Kind die Staatsangehörigkeit nur durch Anzeige, § 27.

550 Gesetzestext vollständig abgedruckt in: ARENDS, in: BERGMANN/ FERID, Ehe- und Kindschaftsrecht, Ordner V, Finnland (Stand: 01.08.2010).

Außerdem bedarf es einer Anzeige, wenn ein Ausländer nachträglich die Staatsangehörigkeit aufgrund der finnischen Staatsangehörigkeit seines Vaters erwerben will, §26. Auch eine Person zwischen 18 und 23 Jahren und 10-jährigem Wohnsitz in Finnland kann durch Anzeige finnischer Staatsangehöriger werden, §28.

Der Wohnsitz spielt neben Sprachvoraussetzungen und fehlender Vorbestrafung auch bei der Einbürgerung nach §§ 13 ff. eine entscheidende Rolle. Für frühere finnische Staatsangehörige und Staatsangehörige anderer nordischer Staaten[551] gilt eine erleichterte Einbürgerung. Ebenso für Staatenlose, Flüchtlinge und Ehegatten finnischer Staatsangehöriger.

b) Verlust

Das finnische Staatsangehörigkeitsrecht kennt in § 35 die Entlassung aus der Staatsbürgerschaft, wenn dadurch keine Staatenlosigkeit eintritt.

Da, wie bereits erwähnt, Mehrstaatigkeit grundsätzlich hingenommen wird, kann ein Mehrstaater nach Vollendung des 22. Lebensjahres die finnische Staatsangehörigkeit beibehalten, wenn ausreichende enge Bindungen zu Finnland bestehen, § 34.

Die Aufhebung der Vaterschaft innerhalb von fünf Jahren nach Erwerb der Staatsangehörigkeit durch Abstammung kann ebenfalls zum Verlust der Staatsangehörigkeit führen, § 32. Dies liegt jedoch im Ermessen der zuständigen Behörde und bedarf einer ausführlichen Abwägung im Einzelfall.

Gleiches gilt für den Verlust der Staatsangehörigkeit, die gemäß § 33 durch Täuschung oder unter falschen Angaben erworben wurde. Auch hier greift jedoch die Fünf-Jahres-Frist. Neben dieser Möglichkeit der Rücknahme kennt Finnland keinen Entzug der Staatsbürgerschaft zu Sanktionszwecken.

5. Französische Republik[552]

Die französische Staatsangehörigkeit ist im Zivilgesetzbuch, dem Code Civil aus dem Jahre 1804, geregelt.

---

551 Island, Norwegen, Dänemark, Schweden.

552 Gesetzestext vollständig abgedruckt in: CHAUSSADE-KLEIN/ HENRICH/ SCHÖNBERGER, in: BERGMANN/ FERID, Ehe- und Kindschaftsrecht, Ordner V, Frankreich (Stand: 01.08.2009); vgl. auch DESPEUX, StAZ 2001, 129.

a) Erwerb

Grundsätzlich bestimmt sich die französische Staatsangehörigkeit nach der Abstammung von einem französischen Elternteil gemäß Art. 18 des Staatsangehörigkeitsgesetzes. Außerdem erwirbt ein Kind durch Geburt im Inland nach dem Territorialprinzip die französische Staatsangehörigkeit, wenn die Eltern unbekannt oder staatenlos sind oder ihre Staatsangehörigkeit dem Kind nicht vermitteln können, Art. 19. Bei einer Adoption gilt dies entsprechend gemäß Art. 20. Wird die französische Staatsangehörigkeit durch Geburt erworben, spricht das französische Staatsangehörigkeitsgesetz von einer „Nationalité d'origine", der originären Staatsangehörigkeit.

Nachträglich erworben werden kann die französische Staatsangehörigkeit gemäß Art. 21. Die Eheschließung mit einem Franzosen führt nicht automatisch zum Erwerb der Staatsangehörigkeit; aber nach vier Jahren Ehe und mit ausreichenden Sprachkenntnissen kann eine Erklärung mit dem Ziel der Einbürgerung abgegeben werden, Art. 21 – 1 und 2.

Weitere Erwerbsmöglichkeiten bestehen bei einer Geburt und dem gewöhnlichen Aufenthalt in Frankreich, wenn sich der Volljährige mindestens fünf Jahre seit dem 11. Lebensjahr in Frankreich aufgehalten hat, Art. 12 – 7, sowie bei einem adoptierten Kind, Art. 21 – 7. Die reguläre Einbürgerung bestimmt sich nach Art. 21 – 15.

b) Verlust

Die Regierung kann einer erfolgten Einbürgerung innerhalb 2 Jahren widersprechen, wenn der Eingebürgerte sich als unwürdig erweist oder sich mangelhaft integriert. Der Widerspruch wirkt auf den Zeitpunkt der Einbürgerung zurück, Art. 21 – 4.

In Kapitel IV werden daneben der Verlust, die Aberkennung und der Wiedererwerb der französischen Staatsangehörigkeit geregelt.

Der Verlust der Staatsangehörigkeit kann durch erklärten Verzicht erfolgen, wenn der Betroffene seinen gewöhnlichen Aufenthalt im Ausland hat und eine fremde Staatsangehörigkeit erworben hat, Art. 23.

Ehemaligen Staatsangehörigen steht danach die erleichterte Wiedereinbürgerung aus Art. 24 zu, die lediglich erkennbare Bande zu Frankreich fordert. Zu beachten ist aber, dass niemand die französische Staatsangehörigkeit erwerben oder wiedererwerben kann, wenn er wegen Verbrechen oder Vergehen gegen die grundlegenden Interessen der Nation oder terroristischen Handlungen zu einer Freiheitsstrafe von 6 Monaten ohne Bewährung verurteilt wurde.

Die Aberkennung der französischen Staatsangehörigkeit nach Art. 25 kann nur dann erfolgen, wenn der Betroffene dadurch nicht staatenlos wird und keine originäre Staatsangehörigkeit vorliegt. Gemäß Art. 25 Nr. 1 kann eine Aberkennung bei Vergehen oder Verbrechen gegen die grundlegenden Interessen der Nation oder terroristischen Handlungen erfolgen.

Nr. 2 sieht die gleiche Rechtsfolge bei einem Verstoß gegen Kapitel II des 3. Titels des IV. Buches des Strafgesetzbuches vor.

Aberkannt werden kann die Staatsangehörigkeit außerdem dann, wenn sich der Betroffene der Wehrpflicht entzieht, Art. 25 Nr. 3, oder zum Vorteil eines ausländischen Staates und damit zum Nachteil von Frankreich handelt, Art. 25 Nr. 4.

Die Möglichkeit der Aberkennung wird auf 10 Jahre befristet, zu Nr. 1 gilt eine Frist von 15 Jahren, Art. 25 – 1.

6. Königreich Großbritannien[553]

Die britische Staatsangehörigkeit wurde neu geregelt durch den British Nationality Act 1981, welcher zum 01. Januar 1983 in Kraft trat. Ziel der damaligen Änderungen war es, die Einwanderung aus den britischen Kolonien zu kontrollieren, welche vorher aufgrund einer einheitlichen Staatsangehörigkeit unbegrenzt möglich war.[554] Zuletzt entscheidend inhaltlich geändert wurde das britische Staatsangehörigkeitsgesetz durch den Borders, Citizenship and Immigration Act aus dem Jahre 2009.

In der britischen Staatsangehörigkeit muss unterschieden werden zwischen: der British Citizenship, das ist die Zugehörigkeit zu dem Vereinigten Königreich, den Kanalinseln und der Isle of Man, der British Overseas Territories Citizenship, das ist die Zugehörigkeit zu den überseeischen Territorien, der British Overseas Citizenship, das ist die Staatsangehörigkeit überseeischer Territorien, den British Subjects, das sind die britischen Untertanen, sowie den British Protected Persons, das sind sogenannte Schutzangehörige.

---

553 Gesetzestext vollständig abgedruckt in: HENRICH, in: BERGMANN/ FERID, Ehe- und Kindschaftsrecht, Ordner VI, Großbritannien (Stand: 01.03.2006).

554 HENRICH, in: BERGMANN/ FERID, Ehe- und Kindschaftsrecht, Ordner VI, Großbritannien (Stand: 01.03.2006), S.5.

Hier interessieren insbesondere Erwerb und Verlust des British Citizenship, da es sich hierbei um die britische Staatsangehörigkeit im eigentlichen Sinne des deutschen Verständnisses von Staatsangehörigkeit handelt. Bei den anderen Formen der britischen Nationalität ist das rechtliche Band zu Großbritannien zum Teil nur in abgestufter Form vorhanden. So erhält der Bürger des Commonwealth zwar konsularische Hilfe im Ausland, aber nicht unbedingt eine Einreisegenehmigung in das Territorium des Vereinigten Königsreichs.

a) Erwerb

Grundsätzlich wird die britische Staatsangehörigkeit in Form des British Citizenship erworben durch Abstammung oder Adoption von britischen Eltern oder ausländischen Eltern, die sich ständig im Vereinigten Königreich niedergelassen haben, Sec. 1 und 2. Auch das Findelkind, welches auf dem Territorium des Vereinigten Königreichs gefunden wird, erwirbt die britische Staatsangehörigkeit durch Geburt.

Kinder, die von britischen Eltern außerhalb des Vereinigten Königreichs geboren wurden, haben innerhalb von 12 Monaten einen Anspruch auf Registrierung als britischer Staatsangehöriger, Sec. 3.

Ein nachträglicher Erwerb der britischen Staatsangehörigkeit ist nach Sec. 6 durch eine Einbürgerung möglich.

b) Verlust

Das britische Staatsangehörigkeitsgesetz kennt zunächst den Verzicht auf die Staatsangehörigkeit nach Sec. 12. Voraussetzung für einen erfolgreichen Verzicht ist nach Abs. 3 jedoch der Erwerb einer anderen Staatsangehörigkeit und zwar innerhalb von sechs Monaten. Wird durch den Verzichtenden keine neue Staatsangehörigkeit erworben, wird er so behandelt, als habe er die britische Staatsangehörigkeit niemals verloren.

Außerdem kann der Verzichtende auf Antrag seine britische Staatsangehörigkeit wiedererwerben, wenn der Verzicht nur notwendig war, um eine andere Staatsangehörigkeit zu erwerben oder zu behalten, Sec. 13. Dieser Vorgang ist allerdings nur einmal möglich. Der Wiedererwerb der britischen Staatsangehörigkeit in diesem Fall fördert die Mehrstaatlichkeit der britischen Staatsangehörigen.

In den ergänzenden Vorschriften unter Sec. 40 wurde zum 01. April 2003 die Möglichkeit des Entzuges der Staatsangehörigkeit neu eingeführt. Entzogen werden kann jede Form der britischen Staatsangehörigkeit. Auch die originären Staatsangehörigen sind vom Entzug der Staatsangehörigkeit nicht ausgeschlossen. Voraussetzung ist, dass der Entzug der Staatsangehörigkeit dem öffentlichen Wohl dient, Abs. 2. Der Entzug selbst wird durch den Staatssekretär in die Wege geleitet. Er ist ausgeschlossen, wenn als Rechtsfolge die Staatenlosigkeit des Betroffenen eintritt, Abs. 4.

Im Falle der Staatsangehörigen, welche ihre Staatsangehörigkeit derivativ durch Einbürgerung oder Registrierung erhalten haben, sieht Abs. 3 außerdem den Entzug der Staatsangehörigkeit bei Betrug, falschen Angaben oder Verheimlichung wesentlicher Tatsachen im Rahmen des Einbürgerungsverfahrens vor.

In Sec. 40A sind die Rechtsmittel gegen den Entzug aufgeführt.

7. Italienische Republik[555]

Die bis dahin verstreuten Regelungen über die italienische Staatsangehörigkeit wurden mit Gesetz Nr.91 vom 05. Februar 1992, in Kraft ab dem 16. August 1992, neu geordnet und durch die Verordnung zur Ausführung des Gesetzes Nr. 91 vom 05. Februar 1992 und durch Dekret des Präsidenten der Republik Nr. 572 vom 12. Oktober 1993 konkretisiert.

a) Erwerb

Die italienische Staatsangehörigkeit wird gemäß Art. 1 Abs. 1 lit. a) durch Abstammung von Vater oder Mutter erworben. Das Geburtsortsprinzip gilt für Kinder dann, wenn ihnen anderenfalls Staatenlosigkeit droht, Art. 1 Abs. 1 lt. b). Weitere Erwerbsgründe sind die Adoption, Art. 3, der öffentliche oder Militärdienst bei gleichzeitig vorhandenen italienischen Vorfahren oder der dauernde Wohnsitz in Italien, Art. 4.

Die Eheschließung mit einem Italiener, Art. 5, führt ebenfalls zum Staatsangehörigkeitserwerb, wenn der Erwerb nicht gemäß Art. 6 wegen einer Verurteilung aufgrund politischer Straftaten oder wegen sonstigen Gründen

---

555 Gesetzestext vollständig abgedruckt in: HENRICH, in: BERGMANN/ FERID, Ordner VIII, Italien (Stand: 01.12.2010).

der öffentlichen Sicherheit ausgeschlossen ist. Die Staatsangehörigkeit kann außerdem verliehen werden u.a. bei herausragenden Diensten für Italien, Art. 9.

Der Einzubürgernde muss einen Eid leisten auf die Treue zur Republik und die Achtung der Verfassung und der Gesetze Italiens, Art. 10.

Gemäß Art. 11 Abs. 1 wird die doppelte Staatsangehörigkeit hingenommen; eine entsprechende Optionspflicht wurde abgeschafft.

b) Verlust

Auf die italienische Staatangehörigkeit kann gemäß Art. 11 verzichtet werden. Auch der öffentliche Dienst oder Militärdienst in einem anderen Land führt grundsätzlich zum Verlust der Staatsangehörigkeit, Art. 12. Bei einem vorangegangenen Verlust findet jedoch ein erleichterter Wiedererwerb der Staatsangehörigkeit gemäß Art. 13 statt. Die Rechtsfolgen der vorgenannten Artikel erstrecken sich auch auf die Kinder der Betroffenen, Art. 14.

8. Großherzogtum Luxemburg[556]

In Luxemburg gilt das Staatsangehörigkeitsgesetz vom 11. Dezember 1968 in der koordinierten Fassung vom 24. Juli 2001[557].

a) Erwerb

Der Erwerb der luxemburgischen Staatsangehörigkeit erfolgt durch die Abstammung von einem luxemburgischen Elternteil, Art. 1 Nr. 1. Bei Staatenlosen oder Findelkindern gilt das Territorialprinzip, Art. 1 Nr. 2 und 3. Erworben werden kann die Staatsangehörigkeit auch durch Adoption gemäß Art. 2 oder durch Einbürgerung gemäß Art. 6. Für letztere ist der Verlust der alten Staatsangehörigkeit erforderlich, sowie die Anerkennung der Pflichten eines Luxemburgers und eine erfolgreiche Integration, Art. 7 Nr. 2 bis 4. Handlungen gegen die äußere oder innere Sicherheit des Staates hindern eine Einbürgerung, Art. 7 Nr. 5 und 6.

---

556 Gesetzestext vollständig abgedruckt in: FRANK, in BERGMANN/ FERID, Ehe- und Kindschaftsrecht, Ordner XI, Luxemburg (Stand: 01.02.2003).

557 FRANK, BERGMANN/ FERID, Ehe- und Kindschaftsrecht, Ordner XI, Luxemburg (Stand: 01.02.2003), S.5 f.

Eine Optionsregelung trifft unter anderem das im Inland geborene Kind ausländischer Eltern und den Ausländer, der einen luxemburgischen Staatsangehörigen heiratet, Art. 19 Nr. 1 und 3.

b) Verlust

Das luxemburgische Staatsangehörigkeitsgesetz wünscht keine doppelte Staatsangehörigkeit. Der Verlust der Staatsangehörigkeit tritt deshalb gemäß Art. 25 bei dem Erwerb einer fremden Staatsangehörigkeit, Nr. 1, und dem Verzicht ein, Nr. 2. Der Verlust der Eltern erstreckt sich auf die Kinder gemäß Art. 25 Nr. 3. Auch die Adoption durch fremde Staatsangehörigkeit führt zum Verlust der Staatsangehörigkeit, Art. 25 Nr. 4.

Bei einem gebürtigen Luxemburger kann der Wiedererwerb der Staatsangehörigkeit bereits durch Erklärung erfolgen, Art. 26.

Ein Entzug der Staatsangehörigkeit kann nur bei solchen Staatsangehörigen durchgeführt werden, die nicht kraft Abstammung Luxemburger geworden sind. Die Entzugsgründe sind in Art. 27 lit. a) bis c) aufgeführt. Eine durch falsche Angaben, Betrug oder durch Verheimlichung wichtiger Tatsachen erschlichene Staatsangehörigkeit kann entzogen werden. Auch ein schwerwiegender Verstoß gegen luxemburgische Bürgerpflichten hat diese Rechtsfolge. Die Verübung einer in Art. 27 lit. c) näher aufgezählten Straftaten, unter anderem der Verfehlung gegen Strafvorschriften betreffend die innere und äußere Sicherheit, führt ebenfalls zum Entzug der Staatsangehörigkeit.

Für den Entzug ist ein Urteil eines Bezirksgerichts erforderlich, Art. 28, 29. Das Urteil erstreckt sich nicht automatisch auf die Familienmitglieder, diese erhalten jedoch die Option auf die luxemburgische Staatsangehörigkeit zu verzichten, Art. 30. Eine erleichterte Wiedererwerbsmöglichkeit ist nach einem Entzug ausgeschlossen, Art. 31.

9. Königreich Marokko[558]

Das Gesetz über die marokkanische Staatsangehörigkeit vom 06. September 1958 wurde zuletzt geändert durch das Gesetz vom 23. März 2007, welches

558 Gesetzestext vollständig abgedruckt in: NELLE, in: BERGMANN/ FERID, Ehe- und Kindschaftsrecht, Ordner XI, Marokko (Stand: 01.12.2009).

die Gleichstellung der Frau im Rahmen des Erwerbs der Staatsangehörigkeit kraft Abstammung gewährleisten sollte.[559]

a) Erwerb

Der Erwerb der marokkanischen Staatsangehörigkeit erfolgt originär durch Abstammung und zwar von beiden Elternteilen, Art. 6. Das Findelkind oder das Kind unbekannter Eltern erwirbt die Staatsangehörigkeit kraft Geburt im Inland, Art. 7.

Eine mehrfache Staatsangehörigkeit wird durch das marokkanische Gesetz im Rahmen des Erwerbs der Staatsangehörigkeit nicht abgelehnt, sondern vielfach sogar begünstigt. So erwirbt ein Kind durch Geburt im Inland die marokkanische Staatsangehörigkeit, wenn bereits die Eltern in Marokko geboren wurden oder der Vater aus einem arabischen oder islamischen Land stammt, Art. 9 Nr. 1. Die Gleichstellung der Frau ist in letzterem Punkt versäumt worden.

Durch Übernahme einer Pflegschaft durch marokkanische Eltern kann das Kind ebenfalls Marokkaner werden, Art. 9 Nr. 2.

Die Eheschließung führt bei einer Dauer der Ehe von fünf Jahren und bei einem Aufenthalt im Inland von ebenfalls fünf Jahren dazu, dass die Ausländerin durch Erklärung die Staatsangehörigkeit erwirbt, Art. 10.

Die Einbürgerung gemäß Art. 11 setzt einen fünfjährigen Aufenthalt im Inland ebenso voraus wie Volljährigkeit, geistige und körperliche Gesundheit, das Nichtvorliegen einer Verurteilung, Sprachkenntnisse und hinreichende Mittel zur Bestreitung des Lebensunterhaltes. Liegt eine dieser Voraussetzungen nicht vor, kann die Einbürgerung mit einer Frist von einem Jahr zurückgenommen werden, Art. 14. Dies gilt auch, wenn die Einbürgerung durch falsche Angaben oder gefälschte Unterlagen erschlichen wurde. Hier wird die Möglichkeit der Rücknahme jedoch nicht befristet.

Durch ein Dekret ist die Wiedererlangung einer originären Staatsangehörigkeit gemäß Art. 15 möglich.

559 NELLE, in: BERGMANN/ FERID, Ehe- und Kindschaftsrecht, Ordner XI, Marokko (Stand: 01.12.2009), S.11.

b) Verlust

Der Verlust der Staatsangehörigkeit erfolgt nach der Vorschrift des Art. 19. Nrn. 1 und 2 sehen den Verlust bei dem Erwerb einer fremden oder doppelter Staatsangehörigkeit vor.

Eine marokkanische Frau, die durch Eheschließung mit einem Ausländer dessen Staatsangehörigkeit erwirbt, verliert die marokkanische Staatsangehörigkeit, Art. 19 Nr. 3. Eine Verzichtsmöglichkeit wird in Art. 19 Nr. 4 festgelegt. Für Kinder mit einer doppelten Staatsangehörigkeit ist eine Optionsregelung vorgesehen. Der Verlust nach Art. 19 erstreckt sich gemäß Art. 21 auch auf die minderjährigen Kinder der Betroffenen.

Die Möglichkeit der Aberkennung kennt das marokkanische Staatsangehörigkeitsrecht in Art. 22, nur bei einer nachträglich erworbenen Staatsangehörigkeit. Aberkennungsgründe sind die Verurteilung wegen eines Angriffs auf die königliche Familie, wegen eines Verbrechens oder Vergehens gegen die innere oder äußere Sicherheit, wegen einer terroristischen Straftat oder wegen eines sonstigen Vergehens, welches zu einer Haftstrafe von mehr als fünf Jahren führt. Eine Aberkennung kann jedoch nur innerhalb von 10 Jahren nach dem Erwerb der Staatsangehörigkeit erfolgen.

Das Verfahren der Aberkennung bestimmt sich nach Art. 23 und erfolgt entweder durch königlichen Beschluss oder Dekret des Ministerrates. Eine Erstreckung der Aberkennung auf die minderjährigen Kinder und die Ehefrau des Betroffenen ist nur möglich, wenn diese ausländischer Abstammung sind und durch den Verlust der Staatsangehörigkeit nicht staatenlos werden, Art. 24.

10. Königreich Niederlande[560]

Das niederländische Staatsangehörigkeitsgesetz „Rijkswet op het Nederlandshap“ aus dem Jahre 1985 wurde mit den Gesetzen vom 21. Dezember 2000 und 18. April 2002 überarbeitet und neu verfasst.

---

560 Gesetzestext vollständig abgedruckt in: WEBER, in: BERGMANN/ FERID, Ehe- und Kindschaftsrecht, Ordner XIII, Niederlande (Stand: 01.09.2008); Vgl. auch VRINDS, StAZ 2004, 1.

a) Erwerb

Im niederländischen Staatsangehörigkeitsrecht gilt grundsätzlich das Abstammungsprinzip, welches jedoch durch das Territorialprinzip ergänzt wird. Hiernach werden grundsätzlich Kindern mit einem niederländischen Elternteil Niederländer, Art. 3. Der Geburt steht insoweit eine nachträgliche Anerkennung oder Legitimation, Art. 4, oder auch eine Adoption, Art. 5-5c, gleich. Durch Geburt im Inland wird ein Kind dann Niederländer, wenn ein Elternteil und ein Großelternteil ihren dauernden Wohnsitz im Inland haben, Art. 3 Abs. 3. Diese Einbürgerung in der dritten Generation soll der, durch den langjährigen Wohnsitz im Inland zu erwartenden Integration Rechenschaft schulden. Als „Inland" gilt nicht nur die Niederlande selbst sondern auch Niederländisch Antillen und Aruba.

Weitere Erwerbsmöglichkeit ist die Einbürgerung, Art. 7 ff. Der Einbürgerungswillige muss zur Erlangung der niederländischen Staatsangehörigkeit seine bisherige Staatsangehörigkeit aufgeben. Weitere Voraussetzungen für eine Einbürgerung sind der Wohnsitz in den Niederlanden, das Beherrschen der niederländischen Sprache sowie ein gewisser Integrationswille. Der Antrag auf Einbürgerung kann abgewiesen werden wegen einer Gefahr für die öffentliche Sicherheit und Ordnung oder die guten Sitten, Art. 9 Abs. 1, und ebenso, wenn die Aufgabe der vorherigen Staatsangehörigkeit nicht wenigstens ernstlich versucht wird. Grundsätzlich erstreckt sich der Erwerb der niederländischen Staatsangehörigkeit auch auf die Kinder der Eingebürgerten, Art. 11.

b) Verlust

Ein Verlust der Staatsangehörigkeit kann grundsätzlich immer nur dann eintreten, wenn keine Staatenlosigkeit die Folge ist. Verlusttatbestände sind der Verzicht aber auch der Erwerb einer ausländischen Staatsangehörigkeit, Art. 15. Im letzteren Fall erstreckt sich der Verlust der Staatsangehörigkeit auch auf die Kinder des Betroffenen. Kinder verlieren ihre Staatsangehörigkeit im Falle der Anerkennung, Legitimation oder Adoption durch einen Ausländer, wenn dadurch die ausländische Staatsangehörigkeit erworben wird, Art. 16. Der Niederländer verliert seine Staatsangehörigkeit außerdem, wenn er sich per Option für eine andere Staatsangehörigkeit entscheidet, mit dem das Übereinkommen über die Verringerung der Mehrstaatigkeit geschlossen wurde, Art. 15A; Art. 16A für Minderjährige.

Ein Entzug der niederländischen Staatsbürgerschaft ist bei einem Mehrstaater dann vorgesehen, wenn er sich über 10 Jahre dauerhaft in dem Ausland aufhält, dessen Staatsangehörigkeit er besitzt, Art. 15 Abs. 1 lit. c). Die Ableistung ausländischen Militärdienstes stellt ebenfalls einen Verlusttatbestand dar, Art. 15 Abs. 1 lit. e).

Weiterhin kennt das niederländische Staatsangehörigkeitsgesetz den Widerruf der Einbürgerung bei einer Täuschung innerhalb einer Frist von 12 Jahren, auch wenn dies die Staatenlosigkeit des Betroffenen zur Folge hat, Art. 14 Abs. 1 und 4. Die Frist greift nicht, wenn der Betroffene sich wegen Straftaten gegen das Kriegsstrafrecht, wegen Folter oder Völkermord schuldig gemacht hat.

11. Republik Rumänien[561]

Die rumänische Staatsangehörigkeit bestimmt sich nach dem Gesetz Nr. 21 vom 01. März 1991. Zuletzt geändert wurde das Gesetz über die rumänische Staatsangehörigkeit durch das Gesetz Nr. 259 vom 21. April 2009.[562]

a) Erwerb

Der Erwerb der rumänischen Staatsangehörigkeit erfolgt grundsätzlich nach dem Abstammungsprinzip. Rumäne ist derjenige, dessen Eltern oder Adoptiveltern die rumänische Staatsangehörigkeit inne haben, Art. 5 und 6. Im Falle einer Adoption ist für den Erwerb der Staatsangehörigkeit durch einen über 14jährigen dessen Einwilligung erforderlich. Das Territorialprinzip greift ausnahmsweise bei einem Findelkind.

Art. 8 regelt die Voraussetzungen für eine Einbürgerung. Neben der Volljährigkeit wird die Geburt im Inland oder eine Heirat mit einem Rumänen sowie ein mehrjähriger Wohnsitz im Inland verlangt. Weiterhin wird loyales Verhalten gegenüber Rumänien und gute Führung ebenso vorausgesetzt wie eine gute Führung und Kenntnisse von Sprache, Kultur und der Verfassung. Die Einbürgerung erstreckt sich auch auf minderjährige Kinder, Art. 9.

---

561 Gesetzestext vollständig abgedruckt in: LEONHARDT, in: BERGMANN/ FERID, Ehe- und Kindschaftsrecht, Ordner XIV, Rumänien (Stand: 31.08.2009).

562 LEONHARDT, in: BERGMANN/ FERID, Ehe- und Kindschaftsrecht, Ordner XIV, Rumänien (Stand: 31.08.2009), S.6.

Ehemaligen Staatsangehörigen steht gemäß Art. 10 die Möglichkeit eines erleichterten Wiedererwerbs zu.

Das Einbürgerungsverfahren bestimmt sich nach den Art. 11 bis 20.

b) Verlust

Das rumänische Staatsangehörigkeitsgesetz kennt den Entzug der Staatsangehörigkeit in Art. 24 nur dann, wenn die Staatsangehörigkeit nicht durch Geburt erworben wurde. Nach Art. 24 lit. a) kann die Staatsangehörigkeit bei einer Schädigung des Ansehens oder der ausländischen Interessen Rumäniens entzogen werden. Gleiches gilt für den Fall, dass ein Rumäne im Ausland gegnerischen Streitkräften beitritt oder die Staatsangehörigkeit durch einen Betrug erworben hat, Art. 24 lit. b) und c). Gemäß Art. 24 lit. d) ist ein weiterer Entzugsgrund die Unterhaltung von Beziehungen zu terroristischen Gruppen oder die Gefährdung der nationalen Sicherheit in sonstiger Weise.
Der Entzug der Staatsangehörigkeit erstreckt sich gemäß Art. 25 nicht auf Dritte.

Weitere Verlustmöglichkeiten sind der genehmigte Verzicht gemäß Art. 26 und die Adoption durch Ausländer gemäß Art. 28. Das minderjährige Kind verliert seine Staatsangehörigkeit nach Art. 27, wenn beide Elternteile auf die Staatsangehörigkeit verzichten und die Familie das Land verlässt.

Werden die Eltern eines Findelkindes vor der Vollendung seines 18.Lebensjahres ausfindig gemacht, verliert es die zuvor durch Art. 5 erlangte rumänische Staatsangehörigkeit wieder.

12. Russische Föderation[563]

In der Russischen Föderation gilt seit dem 1.Juli 2002 ein neues Staatsangehörigkeitsgesetz, das Föderale Gesetz über die Staatsangehörigkeit der Russischen Föderation vom 31.Mai 2002. Darin werden vor allem die Erwerbsmöglichkeiten der russischen Staatsangehörigkeit gegenüber vorangegangenen Regelungen wesentlich eingeschränkt.

---

563 Gesetzestext vollständig abgedruckt in: LORENZ, in: BERGMANN/ FERID, Ehe- und Kindschaftsrecht, Ordner XV, Russland (Stand: 01.03.2010); Vgl. auch HECKER, StAZ 2003, 245.

a) Erwerb

Hinsichtlich des Erwerbs der Staatsangehörigkeit kennt das russische Staatsangehörigkeitsgesetz Elemente des Abstammungs- als auch des Territorialprinzips. Grundsätzlich erwirbt das Kind mit wenigstens einem russischen Elternteil durch Abstammung die russische Staatsbürgerschaft, unabhängig davon, ob es ehelich oder nicht ehelich geboren wurde, Art.12 Abs.1 lit.a) und b). Zusätzlich ist eine Geburt im Inland erforderlich, wenn ein Elternteil Ausländer ist, Art.12 Abs.1 lit.c). Ausschließlich durch Geburt im Inland erwirbt ein Kind die russische Staatsangehörigkeit nach Art.12 Abs.1 lit.d) und Abs.2 wenn es sonst staatenlos würde oder ein Findelkind ist.

Weitere Erwerbstatbestände sind die Einbürgerung nach Art.13 ff. und die Adoption eines Kindes unter 18 Jahren durch wenigstens einen russischen Elternteil gemäß Art.26 Abs.2 bis 4. Die Einbürgerung setzt den dauernden Aufenthalt im Inland, die Abgabe einer Verpflichtung zur Einhaltung der russischen Verfassung, ein geregeltes Einkommen, Sprachkenntnisse sowie die Aufgabe der alten Staatsangehörigkeit voraus, Art. 13. Ehemalige Staatsangehörige können die russische Staatsangehörigkeit vereinfacht wiedererwerben, Art. 15.

Versagungsgründe für die Einbürgerung sind gemäß Art. 16 der Versuch der gewaltsamen Veränderung der Grundlagen der verfassungsgemäßen Ordnung oder die Gefährdung der allgemeinen Sicherheit, die Erschleichung der Einbürgerung, der Eintritt in ausländische Streitkräfte oder die Verwirklichung genauer bezeichneter Straftaten.

b) Verlust und Entzug

Die russische Staatsangehörigkeit kann aufgegeben werden, indem ein Antrag auf Entlassung gestellt wird, Art. 18 ff. Voraussetzung für die Entlassung ist allerdings, dass keine Staatenlosigkeit eintritt, Art. 20 lit. c).

Das russische Staatsangehörigkeitsrecht kennt außerdem in Art. 22 und 23 die Möglichkeit des unbefristeten Widerrufes der Einbürgerung oder der Entlassung bei Erschleichung oder Täuschung im Rahmen der Einbürgerung. Die nötige Feststellung, dass eine Täuschung vorliegt, trifft ein Gericht. Die Wirkung des Widerrufes tritt ex nunc ab dem Zeitpunkt der Entscheidung durch das Gericht ein.

Die Adoption durch einen Ausländer oder der Erwerb einer fremden Staatsangehörigkeit führen nicht zum automatischen Verlust der russischen

Staatsangehörigkeit, Art. 26 Abs. 1 und Art. 6. Der Eintritt der Mehrstaatigkeit wird demnach durch die Russische Föderation in diesem Fall hingenommen.

Der Entzug der Staatsangehörigkeit oder die Versagung der Änderung derselben wird aufgrund Art. 6 Abs. 3 der russischen Verfassung zur Gänze untersagt. Dies zeigt, dass der Widerruf der Einbürgerung im russischen Recht nicht als Entzug im Sinne der Verfassung verstanden wird.

13. Republik Türkei[564]

Das türkische Staatsangehörigkeitsgesetz wurde durch das Gesetz Nr. 5901 vom 29. Mai 2009 neu geregelt. Unterschiede zu dem vorherigen Gesetz ergeben sich jedoch im Wesentlichen nur im Bereich des Verlustes der Staatsangehörigkeit aufgrund der Verletzung der Wehrpflicht und des Erwerbs einer anderen Staatsangehörigkeit.

In Art. 66 der türkischen Verfassung vom 09. November 1982 werden sowohl das Abstammungsprinzip als auch das grundsätzliche Verbot des Entzugs der Staatsangehörigkeit festgelegt. Die Verfassung sieht außerdem einen Gesetzesvorbehalt für den Bereich der Staatsangehörigkeit vor und garantiert den Rechtsweg[565].

a) Erwerb

Durch Geburt wird die türkische Staatsangehörigkeit entweder durch die Abstammung von türkischen Eltern, Art. 7, oder aufgrund der Geburt im Inland vermittelt, wenn das Kind sonst staatenlos würde oder ein Findelkind ist, Art. 8.

Nachträglich kann die Staatsangehörigkeit durch Einbürgerung erworben werden nach den Vorschriften der Art. 9 ff. Dafür muss der Antragssteller gemäß Art. 11 volljährig sein und sich bereits seit fünf Jahren in der Türkei aufhalten mit dem Ziel, sich dort niederzulassen. Weitere Voraussetzungen sind Gesundheit, ausreichende Sprachkenntnisse und die Möglichkeit der Be-

564 Gesetzestext vollständig abgedruckt in: NOMER-ERTAN/ KOSSENDEY, StAZ 2009, 346; vgl auch RUMPF/ ODENDAHL, in: BERGMANN/ FERID, Ehe- und Kindschaftsrecht, Ordner XVII, Türkei (Stand: 30.6.2003).

565 RUMPF/ ODENDAHL, in: BERGMANN/ FERID, Ehe- und Kindschaftsrecht, Ordner XVII, Türkei (Stand: 30.6.2003), S.5.

streitung des eigenen Lebensunterhaltes. Ausgeschlossen ist eine Einbürgerung bei einer Gefahr für die öffentliche Sicherheit und Ordnung. Der Verlust der bisherigen Staatsangehörigkeit ist nicht zwingend, kann aber verlangt werden.

Eine weitere Erwerbsmöglichkeit für Minderjährige ist die Adoption durch türkische Staatsangehörige gemäß Art. 17.

b) Verlust

Gemäß Art. 24 kann der Volljährige, der eine fremde Staatsangehörigkeit erworben hat, aus der türkischen Staatsangehörigkeit entlassen werden. Das Verfahren richtet sich nach Art. 26 ff. Nach dem Erreichen der Volljährigkeit können Kinder, deren Eltern aus der Staatsangehörigkeit entlassen wurden, innerhalb von drei Jahren ein Optionsrecht auf Wiedereinbürgerung ausüben, Art. 21. Wurde die türkische Staatsangehörigkeit durch Geburt erworben, gelten für den Betroffenen trotz Entlassung weiterhin die Rechte eines türkischen Staatsangehörigen, mit Ausnahme der Wehrpflicht, des Wahlrechts, der Möglichkeit der Verbeamtung sowie bestimmter Zollregelungen.

Die Aberkennung der türkischen Staatsangehörigkeit wird in Art. 29 geregelt. Aberkennungsgründe sind Dienste für ein fremdes Land, beispielsweise im Militärwesen, wenn diese Dienste nicht mit den Interessen der Türkei vereinbar sind oder die Türkei sich im Kriegszustand mit diesem Land befindet. Die Aberkennung der Staatsangehörigkeit erfolgt auf Beschluss des Ministerrates und erstreckt sich nicht auf dritte Personen, Art. 30 Abs. 2.

Außerdem kann nach Art. 31 der Erwerb der türkischen Staatsangehörigkeit nachträglich aufgehoben werden, wenn bei der Einbürgerung falsche Erklärungen abgegeben oder wichtige Tatsachen verschwiegen wurden. Die Aufhebungsentscheidung erstreckt sich auch auf Kinder und Ehegatten, welche die Staatsangehörigkeit mit dem Betroffenen erworben haben, Art. 32. Wird die Staatsangehörigkeit aufgehoben, können die Betroffenen außerdem dazu aufgefordert werden, ihr Vermögen in der Türkei innerhalb eines Jahres zu liquidieren. Anderenfalls geht das Vermögen auf den Fiskus über, Art. 33.

Der Verlust der türkischen Staatsangehörigkeit kann des Weiteren durch Ausübung entsprechender Optionsrechte eintreten, die Kindern innerhalb von drei Jahren nach Erreichen ihrer Volljährigkeit zusteht. Hier geht es insbesondere um die Fälle von doppelter Staatsangehörigkeit, welche das türkische Staatsangehörigkeitsrecht grundsätzlich unterbinden möchte.

III. Vergleich mit Deutschland

Gemein sind allen Staatsangehörigkeitsgesetzen die grundsätzlichen Regeln des Erwerbs der Staatsangehörigkeit durch Geburt im Inland, durch Abstammung oder durch eine Einbürgerung.

Auf Seiten des Verlusts der Staatsangehörigkeit driften die Inhalte der einzelnen Rechtssysteme jedoch weit auseinander. Nicht alle Staatsangehörigkeitsgesetze kennen überhaupt die Rechtsfolge der Ausbürgerung. Sieht das Landesgesetz jedoch eine Ausbürgerung vor, zeigen sich in diesen Staatsangehörigkeitsgesetzen zwei grundsätzliche Differenzierungen im Hinblick auf die Ausbürgerung.

Zunächst wird zwischen der originären und der derivativen Staatsangehörigkeit unterschieden. In den meisten Staatsangehörigkeitsgesetzen weltweit wird die Möglichkeit der Ausbürgerung auf die derivativ erworbene Staatsangehörigkeit beschränkt. D.h. nur solche Staatsangehörige können ausgebürgert werden, welche nachträglich, durch Einbürgerung die Staatsangehörigkeit erworben haben. Einer der häufigsten Ausbürgerungsgründe ist die Täuschung im Rahmen des Einbürgerungsverfahrens. Hierbei können zwangsläufig nur derivativ erworbene Staatsangehörigkeiten erfasst werden. Andere, vermehrt auftretende Ausbürgerungsgründe, wie der Militärdienst für ein fremdes Land oder der Erwerb einer anderen Staatsangehörigkeit, führen jedoch nicht zwingend zu einer Unterscheidung zwischen derivativ und originär erworbener Staatsangehörigkeit.

Weiterhin wird in einigen Gesetzen bei der Ausbürgerung auch im Hinblick auf die Rechtsfolgen eine Differenzierung vorgenommen. Eine Ausbürgerung wird in diesem Fall nur möglich, soweit nicht die Rechtsfolge der Staatenlosigkeit eintritt. Hintergrund hierfür ist unzweifelhaft das verständliche und bereits mit völkerrechtlichen Verträgen verfolgte Ziel der Vermeidung der Schaffung von Staatenlosigkeit. Auch Deutschland verfolgt dieses Ziel, wie Art. 16 Abs. 1 GG zeigt.

Die Gründe der Differenzierung von einer Staatsangehörigkeit, welche durch Geburt erworben wurde, zu einer solchen, die durch Einbürgerung erworben wurde, sind nicht ganz so einfach darzustellen. Belgien begründet die Unterscheidung zwischen der derivativ und der originär erworbenen Staatsangehörigkeit mit der belgischen Kulturgemeinschaft, die durch die aufgrund Abstammung erworbene Staatsangehörigkeit weitergereicht wird. Ausnahmen werden vom Abstammungsprinzip im belgischen Staatsangehörigkeitsrecht nur bei im Inland geborenen Ausländern der dritten Generation zugelassen, also solchen Ausländern, die durch ein ständiges Leben und eine familiäre Verwurzelung im Inland einen gewissen Grad an Integration in die belgische Kulturgemeinschaft erwarten lassen.

Führt ein Staat den originären Erwerb der Staatsangehörigkeit jedoch vornehmlich oder nahezu ausschließlich auf die Geburt im Inland zurück, ist also die Geburt im Inland das vorherrschende Prinzip des Erwerbs der Staatsangehörigkeit, gleichgültig, ob sich die Eltern dauerhaft oder nur vorübergehend im Inland aufhalten, kann das Argument der Kulturnation für eine Unterscheidung zwischen der originären und der derivativen Staatsangehörigkeit nicht greifen. Die USA kennt demgemäß nur die Ausbürgerung aufgrund unwahrer Angaben im Einbürgerungsverfahren, welche jedoch zwangsläufig nur derivativ erworbene Staatsangehörigkeiten betreffen kann.

Auch Deutschland unterscheidet so faktisch zwischen Staatsangehörigen aufgrund Geburt und aufgrund Einbürgerung. Das deutsche Staatsangehörigkeitsgesetz kennt nur die rückwirkende Aberkennung der Verleihung der Staatsangehörigkeit wegen Täuschung oder Drohung im Einbürgerungsverfahren, § 35 StAG. Auch wenn dies im korrekten rechtlichen Sinne keine Ausbürgerung darstellt, hat es doch tatsächlich für den Betroffenen die gleichen Folgen und ist deshalb das einzige mit der Ausbürgerung anderer Länder vergleichbare Rechtsinstitut.

IV. Fazit

Die aufgezeigten Staatsangehörigkeitsgesetze anderer Länder zeigen interessanterweise, dass sie – soweit eine Ausbürgerungsmöglichkeit normiert ist – zumeist zwischen der durch Geburt und der durch Einbürgerung erworbenen Staatsangehörigkeit unterscheiden. Setzt man dies in Bezug zu der deutschen Gesetzgebung, zeichnet sich auch hier zumindest eine faktische Unterscheidung originär und derivativ erworbener Staatsangehörigkeiten ab. Ob eine solche Differenzierung jedoch gerechtfertigt werden kann, bleibt zu prüfen.

Kapitel 5: Die Staatsangehörigkeit im Europa- und Völkerrecht

Grundsätzlich gehört die Entscheidung eines Staates, bestimmte Personen zu seinen Staatsangehörigen zu zählen und andere von der Staatsangehörigkeit auszuschließen zu den ureigensten Bereichen der staatlichen Souveränität.[566] Die Personalhoheit des Staates garantiert das Selbstbestimmungsrecht des Staates hinsichtlich der Vergabe der eigenen Staatsangehörigkeit. Die Territorialhoheit des Staates bewirkt, dass er entscheiden kann, wer sich rechtmäßig auf seinem Gebiet aufhalten darf.

Allerdings zieht das Völkerrecht doch gewisse Grenzen im Bezug auf die Staatsangehörigkeitsregelungen der einzelnen Staaten. So kann ein Staat nicht unbegrenzt Personen einbürgern oder die Staatsangehörigkeit eines anderen Landes gesetzlich regeln, da hierdurch die Personalhoheit anderer Staaten beeinträchtigt würde. Auch hat ein Staat aufgrund seiner Territorialhoheit gegen einen anderen Staat grundsätzlich einen Anspruch auf die Rückübernahme seiner Staatsangehörigen.[567]

Das europäische Unionsrecht nimmt ebenfalls starken Einfluss auf die staatliche Souveränität der Mitgliedsstaaten der Union im Bereich der Staatsangehörigkeit, indem es beispielsweise die Freizügigkeit aller Staatsangehörigen europäischer Mitgliedsstaaten innerhalb der europäischen Union gewährleistet.

Anhand der in dieser Untersuchung aufgeworfenen Fragestellung interessiert jedoch vor allem die Rechtsfrage, ob das Europa- und Völkerrecht auch im Bezug auf den Verlust der Staatsangehörigkeit eine die Hoheitsgewalt der Staaten einschränkende Regelung trifft und inwieweit diese für die Bundesrepublik Deutschland verbindlich ist.

---

566 BVerfGE 37, 217 (218); HAILBRONNER, Rückübernahme, S.9; HANNAPPEL, Staatsangehörigkeit, S.24 f.; RANDELZHOFER, in: MAUNZ/ DÜRIG, GG, Art.16 Rn.10 (Stand: 09/1983); vgl. auch Art. 1 der Haager Konvention über gewisse Fragen beim Konflikt von Staatsangehörigkeitsgesetzen vom 12.04.1930, welche von Deutschland zwar unterzeichnet aber nicht ratifiziert wurde: „It is for each State to determine under its own law who are its nationals. This law shall be recognised by other States in so far as it is consistent with international conventions, international custom, and the principles of law generally recognised with regard to nationality."

567 Vgl. dazu im Folgenden Kapitel 5 IV. 1. b) (1).

Verstößt eine Ausbürgerung, das heißt der Verlust der Staatsangehörigkeit gegen den Willen des Betroffenen gegen völkerrechtliche oder europarechtliche Bestimmungen? Dabei muss insbesondere die mögliche Folge der Staatenlosigkeit berücksichtigt werden und wie diese sich in völkerrechtlicher Hinsicht auswirkt. Ist der Staat verpflichtet, auch ehemalige Staatsangehörige im Falle der Staatenlosigkeit zu unterstützen?

Weiterhin stellt sich die Frage, ob das allgemeine Völkerrecht oder das Völkervertragsrecht zwischen der Ausbürgerung von Mehrstaatern und Betroffenen mit nur einer Staatsangehörigkeit und zwischen dem originären und derivativen Erwerb der Staatsangehörigkeit differenziert. Von Interesse ist auch, auf welchen Gründen und Voraussetzungen eine völkerrechtlich zulässige Ausbürgerung fußt.

I. Bindungswirkung

Die Bundesrepublik muss als Mitgliedsstaat der Europäischen Union nicht nur völkerrechtliche Vorgaben beachten, sondern auch unionsrechtliche. Der Europäischen Union wohnt eine Supranationalität inne, welche auf einer Öffnung des souveränen Machtbereichs der Mitgliedsstaaten und einer teilweisen Übertragung der staatlichen Souveränität auf die Europäische Union beruht.[568] Voraussetzung hierfür ist der Rechtsanwendungsbefehl der Bundesrepublik Deutschland durch nationale Zustimmungsgesetze, welche sich auf die Integrationsermächtigung aus Art. 23 Abs. 1, 59 GG stützen.[569] Das Europarecht genießt soweit Anwendungsvorrang vor dem deutschen Recht als der Rechtsanwendungsbefehl aus dem nationalen Zustimmungsgesetz reicht.[570]

In Art. 216 Abs. 2 AEUV erklärt die Europäische Union die im Sinne des Art. 216 Abs. 1 und des Art. 218 AEUV im Rahmen ihrer Kompetenzen[571] geschlossenen völkerrechtlichen Abkommen für sich selbst, aber auch für die

568 NETTESHEIM, in: GRABITZ/ HILF, Europäische Union, Art. 1 AEUV, Rn.65 (Stand: 07/2010).

569 Vgl. zu den Unterschieden zu sonstigen völkerrechtlichen Organisationen, insbesondere zu der direkten Wirkung einiger Rechtsakte – namentlich der allgemein geltenden Verordnung gem. Art.288 Abs.2 AEUV: HOBE/ MÜLLER-SARTORI, JuS 2002, 8 (9); DI FABIO, Bundesverfassungsgericht, S. 114.

570 Vgl. hierzu HILLGRUBER, Hdb. Staatsrecht II, § 32, Rn.95 m.w.N.

571 HOBE/ MÜLLER-SARTORI, JuS 2002, 8 (10); VEDDER, EuR 2007, 57 (58 f.).

einzelnen Mitgliedsstaaten, als bindend. Auch wenn die Europäische Union selbst der EMRK bisher noch nicht beigetreten ist, ergibt sich aus Art. 6 Abs. 3 EUV, dass die Garantien der Konvention auf das europäische Recht anzuwenden sind.

Das Verhältnis der Europäischen Union zu den völkerrechtlichen Verträgen ihrer Mitgliedsstaaten bestimmt sich für Verträge, welche vor dem 01. Januar 1958[572] geschlossen wurden, nach Art. 351 AEUV (ex Art. 307 EG). Werden durch die Mitgliedsstaaten nach dem Beitritt zur Union völkerrechtliche Verträge mit Drittstaaten abgeschlossen, welche gegen die gemeinschaftliche Kompetenzordnung verstoßen, handeln die Mitgliedstaaten gegen das Gebot der Unionstreue und Rücksichtnahme aus Art. 10 EG,[573] so dass die Abkommen der europäischen Union nicht entgegengehalten werden können.

Abseits der europäischen Union kann die Bundesrepublik Deutschland selbstständig als Subjekt des Völkerrechts auftreten und handeln. Quellen des Völkerrechts sind, gemäß Art. 38 Abs. 1 lit. a) bis c) des IGH-Statuts, zwischenstaatliche Verträge, das völkerrechtliche Gewohnheitsrecht sowie die von den Kulturvölkern anerkannten Rechtsgrundsätze. Art. 38 Abs. 1 lit. a) bis c) des IGH-Status stellt jedoch insoweit keinen numerus clausus dar, da auch Resolutionen, Empfehlungen oder Verhaltenskodizes zwischenstaatliche Ordnungsprinzipien zum Ausdruck bringen können.[574] Nach allgemeiner Ansicht gibt es außerdem zwingende Normen des Völkerrechts, welche derart fundamentale Regelungen darstellen, dass sie nicht durch Verträge abbedungen werden können, das sogenannte ius cogens.[575]

Völkerrechtliche Verträge sind für diejenigen Vertragspartner bindend, die sie ratifiziert haben, gemäß Art. 26 der Wiener Konvention über das Recht der Verträge vom 23. Mai 1969, der die Bundesrepublik Deutschland mit Gesetz vom 03. August 1985 beigetreten ist.[576] In Deutschland werden völkerrechtliche Verträge – so auch die Europäische Menschenrechtskonvention –

---

572 Das ist der Tag des Inkrafttretens der Verträge über die Europäische WirtschaftsUnion (EWG) und die Europäische AtomUnion (EURATOM)

573 HOBE/ MÜLLER-SARTORI, JuS 2002, 8 (10); PACHE/ BIELITZ, EuR 2006, 316 (335); VEDDER, EuR 2007, 57 (63).

574 HANNAPPEL, Staatsangehörigkeit, S.17 f.

575 MEIERHÖFER, EuGRZ 2002, 391 (395); HERDEGEN, in: Maunz/ Dürig, GG, Art.1 Abs.2 Rn.30 (Stand: 02/2004).

576 BGBl. II, S.926 ff.

gemäß Art. 59 Abs. 2 S. 1 GG durch die Umsetzung in nationales Recht mit dem Rang eines Bundesgesetzes umgesetzt.

Das Völkergewohnheitsrecht ergibt sich aus der gemeinsamen Rechtsüberzeugung – opinio iuris – und der daraus folgenden Rechtspraxis der Staaten.[577] Staatenkonferenzen und die Resolutionen internationaler Organisationen können als Indizien für den gemeinsamen Rechtswillen der Staaten herangezogen werden.[578] Die Bundesrepublik Deutschland setzt die allgemeinen Regeln des Völkerrechts durch Art. 25 GG in innerstaatliches, dem Bundesrecht vorrangiges Recht[579] um.

Es bleiben demzufolge die durch die Bundesrepublik eingegangenen völkerrechtlichen Verpflichtungen betreffend die Staatsangehörigkeit zu prüfen. Daneben muss auch und im Besonderen auf die entsprechenden europarechtlichen Regelungen eingegangen werden.

II. Die Unionsbürgerschaft

Die Unionsbürgerschaft knüpft in ihrem Bestand zwingend an die Staatsangehörigkeit eines Mitgliedstaates an, da die Europäische Union selbst keine Staatsqualität aufweist.[580] Verliert also ein Staatsangehöriger Deutschlands seine Staatsangehörigkeit, führt dies zwangsläufig auch zum Verlust der Unionsbürgerschaft, soweit der Betroffene nicht eine weitere europäische Staatsangehörigkeit besitzt. Durch den Verlust der nationalen Staatsbürgerschaft verliert der Betroffene auch die mit der Unionsbürgerschaft verknüpften Rechte. Die Aberkennung der Staatsangehörigkeit durch einen Mitgliedsstaat der Europäischen Union hat folglich unmittelbare europarechtliche Konsequenzen. Zu diskutieren ist deshalb, wie diese Konsequenzen von der Europäischen Union selbst bewertet werden und ob beziehungsweise unter welchen Voraussetzungen die Ausbürgerung und der daraus folgende Verlust der Unionsbürgerschaft aus Sicht der Union gebilligt werden.

---

577 HANNAPPEL, Staatsangehörigkeit, S.16.

578 HANNAPPEL, Staatsangehörigkeit, S.16.

579 PAPIER, EuGRZ 2006, 1 (1).

580 EuGH, Urteil vom 07.07.1992, C-369/09 – MICHELETTI, Slg. 1992 , I/4239; EuGH, Urteil vom 20.02.2001, C-192/99 – KAUR, Slg. 2001, I/1251 (1264).

1. Die Entwicklung der Unionsbürgerschaft

Die Europäische Union kannte zunächst nur eine rein wirtschaftliche Ausrichtung. Der Unionsbürger wurde als arbeitende Person und somit als Wirtschaftfaktor wahrgenommen. Hinzu kam das entscheidende Element der Mobilität.[581] Durch die von der Unionsbürgerschaft gewährten Rechte sollte der aus wirtschaftlichen Gründen mobile Bürger geschützt und dem Inländer gleich gestellt werden. Erste Bürgerrechte waren aus diesem Grund zuvörderst auf die wirtschaftliche Mobilität ausgerichtet, wie die Arbeitnehmerfreizügigkeit und die Niederlassungsfreiheit, die auch heute wichtig für die Unionsbürgerschaft sind. Aber auch in diesem frühen Stadium der europäischen Gemeinschaften wurde bereits über einzelne Bürgerrechte für die „Marktbürger" der europäischen Gemeinschaften diskutiert, wie das Wahlrecht zum Europäischen Parlament.[582] Im Laufe der Zeit, als die Europäische Union begann, sich mehr als eigenständige Organisation, denn als Staatenverbund aus nur wirtschaftlichen Gründen zu sehen, traten vermehrt soziale und politische Bürgerrechte zu den vormals wirtschaftlich ausgerichteten Regelungen hinzu.

Durch den Vertrag von Maastricht wurde erstmals eine Unionsbürgerschaft mit eigenen Rechten und Pflichten geschaffen. Die teilweise neuen Rechte der Bürger der Europäischen Union waren nun primärrechtlich gesichert, so beispielsweise die Freizügigkeit. Auch konsularischer Schutz außerhalb der europäischen Union steht mittlerweile allen Unionsbürgern durch alle Mitgliedsstaaten zu, Art. 23 AEUV. Daneben wurde ein Kommunalwahlrecht im europäischen Ausland geschaffen.

Inzwischen, insbesondere durch den Vertrag von Lissabon, wächst die Union noch weiter zusammen, was auch dazu führt, dass die Unionsbürgerschaft immer mehr unmittelbare Rechte der Unionsbürger auslöst. Die Unionsbürgerschaft ist ein eigenständiger Rechtsstatus, der sich direkt aus der autonomen Rechtsordnung der Europäischen Union ableitet.[583] Sie selbst erscheint den Vertragsparteien immer schutzwürdiger. Dies wirkt sich auch dann aus, wenn der Verlust einer Staatsangehörigkeit eines europäischen Mitgliedstaates zum Verlust der gemittelten Unionsbürgerschaft führt, wie neuere Urteile des EuGH zeigen.

581 NETTESHEIM, JZ 2011, 1030 (1030 f.)

582 HAAG, in: GROEBEN/ SCHWARZE, EU, Art.17 AEUV Rn.1 ff.

583 KOTALAKIDIS, Unionsbürgerschaft, S.309 f.

2. Der Verlust der Unionsbürgerschaft

Wer deutscher Staatsangehöriger ist, der ist auch Unionsbürger nach Art. 20 Abs. 1 S. 1 AEUV. Dem Unionsbürger stehen gemäß Art. 20 Abs. 2 AEUV Rechte und Pflichten aufgrund seiner Unionsbürgerschaft zu und seit den Anfängen der europäischen Union hat sich die Unionsbürgerschaft immer mehr zu einem eigenständigeren Status entwickelt. Hieraus ergeben sich Fragen im Hinblick auf die Wechselwirkungen zwischen dem nationalen Staatsangehörigkeitsrecht und dem Unionsbürgerstatus. Insbesondere vor dem Hintergrund, dass ein Verlust der nationalen Staatsangehörigkeit eines Mitgliedstaates immer zwangsläufig auch zu einem Verlust der Unionsbürgerschaft führt, stellen sich Fragen nach der europarechtlichen Komponente einer mitgliedsstaatlichen Ausbürgerung.

a) Die gemittelte Unionsbürgerschaft

Bis zum jetzigen Zeitpunkt wird die Unionsbürgerschaft durch die nationale Staatsangehörigkeit wenigstens eines Mitgliedstaates gemittelt. Die Unionsbürgerschaft ist an die Staatsangehörigkeit der Mitgliedstaaten gebunden.[584] In der Erklärung (Nr. 2) zur Staatsangehörigkeit der Mitgliedsstaaten[585] heißt es dementsprechend:

> „Die Konferenz erklärt, dass bei Bezugnahmen des Vertrags zur Gründung der Europäischen Union auf die Staatsangehörigen der Mitgliedstaaten die Frage, welchem Mitgliedstaat eine Person angehört, allein durch Bezug auf das innerstaatliche Recht des betreffenden Mitgliedstaats geregelt wird. Die Mitgliedstaaten können zur Unterrichtung in einer Erklärung gegenüber dem Vorsitz angeben, wer für die Zwecke der Union als ihr Staatsangehöriger anzusehen ist, und ihre Erklärung erforderlichenfalls ändern."

In Abschnitt A des Beschlusses von Edinburgh vom 11./ 12. Dezember 1992[586] heißt es zur Unionsbürgerschaft:

> „Mit den im Zweiten Teil des Vertrages über die Europäische Union enthaltenen Bestimmungen über die Unionsbürgerschaft werden den Staatsangehörigen der Mitgliedstaaten die in diesem Teil aufgeführten zusätzlichen Rechte und der dort spezifizierte zusätzliche Schutz gewährt. Die betreffenden Bestimmungen treten

---

584 SCHÖNBERGER, Unionsbürger, S.276; SAUERWALD, Unionsbürgerschaft, S.75; BLANKE, DÖV 1993, 412 (415).

585 Abl. 1992, C 191, S.98.

586 Abl. 1992, C 348, S.1.

in keiner Weise an die Stelle der nationalen Staatsbürgerschaft. Die Frage, ob eine Person die Staatsangehörigkeit eines Mitgliedstaats besitzt, wird einzig und allein auf der Grundlage des innerstaatlichen Rechts des betreffenden Mitgliedstaats geregelt."

Die Unionsbürgerschaft ist deshalb auch nicht mit der deutschen Bundesstaatsangehörigkeit zu vergleichen, da sich diese unmittelbar von der Bundesrepublik und nicht von der Zugehörigkeit zu den Ländern ableitet, ähnelt aber sehr wohl den Anfängen des deutschen Bundesstaates.[587]

Die Mittelbarkeit der Unionsbürgerschaft zeigte sich in der Vergangenheit auch deutlich darin, dass die einzelnen Mitgliedstaaten für die Vermittlung der Unionsbürgerschaft stets ihr eigenes Verständnis ihrer Staatsangehörigkeit zu Grunde legten. In der Erklärung Nr. 63 zur Schlussakte des Vertrages von Lissabon vom 30.03.2010[588] erklärten Großbritannien und Nordirland ihr Verständnis der Staatsangehörigkeit, so dass nur die British citizen mit einer dauernden Aufenthaltserlaubnis als Staatsangehörige im unionsrechtlichen Sinne angesehen werden dürfen. Die Unionsbürgerschaft musste folglich immer als ein Minus zur nationalen Staatsangehörigkeit angesehen werden, da sie nicht in der Lage war, den gleichen Umfang an Rechten und Pflichten wie diese zu gewähren.

Mit dem Vertrag von Lissabon wurde der Art. 20 AEUV (ex Art. 17 EG) in seinem Wortlaut neu gefasst. Art. 20 Abs. 1 S. 3 AEUV lautet nun:

„Die Unionsbürgerschaft tritt zur nationalen Staatsbürgerschaft hinzu, ersetzt sie aber nicht."

Bereits in dieser neuen Formulierung kann ein Wendepunkt dahingehend gesehen werden, dass die Unionsbürgerschaft einen neuen Status erhält und die nationale Staatsangehörigkeit teilweise überlagert.[589] Auf der Grundlage dieses Wortlautes des Art. 20 Abs. 1 S. 3 AEUV wird der Unionsbürgerschaft eine selbstständige rechtliche Bedeutung zugesprochen, die allein auf der Grundlage des Unionsrechts beruht.[590]

---

587 SCHÖNBERGER, in: GRABITZ/ HILF, Europäische Union, Art. 20 AEUV, Rn.4 und 29 (Stand: 08/2012).

588 Abl. EU 2010 Nr. C 83 S. 335.

589 SCHÖNBERGER, in: GRABITZ/ HILF, Europäische Union, Art. 20 AEUV, Rn.30 ff. (Stand: 08/2012); LÄMMERMANN, NVwZ 2012, 75 (76); WOLLENSCHLÄGER, ELJ 2011, 1 (1 ff.) zur „Grundfreiheit ohne Markt".

590 Schlussanträge GA MADURO, Rs. C-135/08 – ROTTMANN, Slg. 2010, I/1449, Rn.23; vgl. dazu bereits CRAIG, CMLR 48 (2011), 395 (415).

Allerdings muss trotzdem eine untrennbare Verbindung der Unionsbürgerschaft mit der nationalen Staatsangehörigkeit eines Mitgliedstaates angenommen werden. Selbst wenn man der Unionsbürgerschaft einen eigenständigen rechtlichen Status zusprechen möchte, stellen die nationale und die Unionsbürgerschaft doch im Ergebnis „zwei Teile eines Ganzen“[591] dar. Und innerhalb dieses „Ganzen“ regelt die nationale Staatsangehörigkeit zuvörderst und grundlegend die Voraussetzungen für den Erwerb und den Verlust der Staatsangehörigkeit. Die Unionsbürgerschaft folgt der nationalen Staatsangehörigkeit nach. Generalanwalt MADURO bezeichnet es als das „Wunder der Unionsbürgerschaft“, dass durch diese einerseits die Bindungen an den eigenen Staat verstärkt werden, weil nur Unionsbürger ist, wer Staatsangehöriger eines Mitgliedsstaates ist, und andererseits die Unionsbürgerschaft als über die Staatsangehörigkeit hinausgehende Bürgerschaft den Bürger emanzipiert.[592]

Da also demzufolge jeder Erwerb und Verlust der Staatsangehörigkeit eine gewisse unionsrechtliche Dimension besitzt, stellt sich die Frage, in welchen Fallkonstellationen eine unionsrechtliche Prüfung im Rahmen eines eigentlich rein nationalen Sachverhaltes erfolgen muss. In welchen Fallkonstellationen eröffnet die nationale Anwendung des Staatsangehörigkeitsrechts den Anwendungsbereich des Unionsrechts, so dass die Rechtsfolge des Erwerbs oder Verlustes der Unionsbürgerschaft in die Abwägung des Erwerbs oder Verlustes der nationalen Staatsangehörigkeit als Abwägungsfaktor mit einfließen muss?

b) Der Fall ROTTMANN

In dem Fall ROTTMANN hatte sich der EuGH[593] nach einem Vorlagebeschluss des 5. Senates des Bundesverwaltungsgerichts[594] mit der Frage auseinander zu setzen, ob die Ausbürgerung eines Unionsbürgers aufgrund einer arglistigen Täuschung dem Unionsrecht widerspricht. Insbesondere kam es den Bundesrichtern auf die Problematik der aus der Ausbürgerung resultierenden Staatenlosigkeit des Betroffenen an.

591 SCHÖNBERGER, in: GRABITZ/ HILF, Europäische Union, Art. 20 AEUV, Rn.32 (Stand: 08/2012).

592 Schlussanträge GA MADURO, Rs. C-135/08 – ROTTMANN, Slg. 2010, I/1449, Rn.23.

593 EuGH, Urteil vom 02.03.2010, Rs. C-135/08 – ROTTMANN, Slg. 2010, I/1449.

594 BVerwG, Beschluss vom 18.02.2008, Az.: 5 C 13/07.

Dem Fall liegt der Sachverhalt[595] eines österreichischen Staatsangehörigen zugrunde, welcher die deutsche Staatsangehörigkeit beantragte. Hierbei täuschte er arglistig über die Tatsache, dass in Österreich ein Strafverfahren gegen ihn anhängig war. Er wurde in Deutschland eingebürgert und verlor aus diesem Grund die österreichische Staatsangehörigkeit. Nach Bekanntwerden der Täuschung bürgerte ihn die Bundesrepublik wieder aus, indem sie die Einbürgerung zurücknahm, wodurch der Betroffene staatenlos wurde, da die österreichische Staatsangehörigkeit nicht kraft Gesetz wieder auflebte.

Die Vorlage des Bundesverwaltungsgerichts betraf zum einen die Frage, ob das Gemeinschaftsrecht einem Verlust der mitgliedsstaatlichen Staatsangehörigkeit entgegen steht, da der Verlust der nationalen Staatsangehörigkeit gleichzeitig zum Verlust der unionsbürgerlichen Rechte und Grundfreiheiten führt; dies vor dem besonderen Hintergrund der Rechtsfolge der Staatenlosigkeit.[596] Zum anderen wurde die Frage vorgelegt, ob, wenn das Gemeinschaftsrecht dem Verlust der Staatsangehörigkeit entgegensteht, die Rücknahme der Einbürgerung auszusetzen sei. Oder ob die Rechtsfolge der Staatenlosigkeit aufgrund des Verlustes der ursprünglichen – hier der österreichischen – Staatsangehörigkeit durch europarechtkonforme Auslegung des Rechts dieses Mitgliedsstaates verhindert werden müsse.[597]

Generalanwalt MADURO prüft in seinen Schlussanträgen das wegen der Täuschung fehlende schutzwürdige Vertrauen des Betroffenen ebenso wie den Verstoß der Ausbürgerung gegen sonstige Rechte. Hierbei macht er deutlich, dass es im legitimen Interesse des Staates steht, sich der Loyalität seiner Angehörigen zu versichern.[598] Falsche Angaben im Einbürgerungsverfahren bewertet MADURO als illoyales Verhalten, wobei die Rechtsfolge der Staatenlosigkeit auch nach Völkerrecht kein Hinderungsgrund sei.[599]

Der EuGH bejahte in seiner Entscheidung die grundsätzliche Betroffenheit des europäischen Rechts, da der Bürger durch den Verlust der nationalen Staatsangehörigkeit auch der Unionbürgerschaft verlustig ginge. Zwar falle die Regelung über den Erwerb und den Verlust der nationalen Staatsangehö-

595 EuGH, Urteil vom 02.03.2010, Rs. C-135/08 – ROTTMANN, Slg. 2010, I/1449, Rn.23 ff.

596 EuGH, Urteil vom 02.03.2010, Rs. C-135/08 – ROTTMANN, Slg. 2010, I/1449, Rn.35.

597 EuGH, Urteil vom 02.03.2010, Rs. C-135/08 – ROTTMANN, Slg. 2010, I/1449, Rn.35.

598 Schlussanträge GA MADURO, Rs. C-135/08 – ROTTMANN, Slg. 2010, I/1449, Rn.33.

599 Schlussanträge GA MADURO, Rs. C-135/08 – ROTTMANN, Slg. 2010, I/1449, Rn.23.

rigkeit bereits nach dem Völkerrecht in den Zuständigkeitsbereich der einzelnen Mitgliedsstaaten.[600] Allerdings entspreche die Ausbürgerung wegen einer betrügerischen Handlung einem im Allgemeininteresse liegenden Grund. Es sei legitim, dass der Mitgliedsstaat die Verbundenheit und Loyalität sowie die Gegenseitigkeit der Rechte und Pflichten, die der Staatsangehörigkeit zugrunde lägen, schützen wolle.[601] Im vorliegenden Fall sah der EuGH deswegen im Handeln Deutschlands keinen Verstoß gegen Unionsrecht. Insbesondere sei der Mitgliedsstaat nicht verpflichtet, wegen einer drohenden Staatenlosigkeit auf die Ausbürgerung zu verzichten.[602]

Bei seinen Ausführungen nimmt der EuGH dabei auch auf das Urteil in Sachen MICHELETTI Bezug, in welchem es heißt:

> „Die Festlegung der Voraussetzungen für den Erwerb und den Verlust der Staatsangehörigkeit unterliegt nach dem internationalen Recht der Zuständigkeit der einzelnen Mitgliedstaaten; von dieser Zuständigkeit ist unter Beachtung des Gemeinschaftsrechts Gebrauch zu machen.“[603]

Diese Ausführungen in der Rechtssache MICHELETTI ändere nach Ansicht des Gerichts jedoch nichts daran, dass, sobald durch eine mitgliedstaatliche Gesetzgebung das Unionsrecht betroffen wäre, dieses auch beachtet werden müsse.[604] Der Unionsbürgerstatus sei „der grundlegende Status der Angehörigen der Mitgliedstaaten“.[605] Damit werde nicht in die genannte völkerrechtliche Zuständigkeit der Staaten in Sachen Staatsangehörigkeit eingegriffen, sondern nur eine gerichtliche Kontrolle mit der Inblicknahme des Unionsrechts begründet.[606]

Allerdings sprach der EuGH auch eine entscheidende Voraussetzung für einen nach Unionsrecht zulässigen Verlust der Unionsbürgerschaft an: Der Verlust der Rechte des Unionsbürgers aufgrund des Verlustes der nationalen Staatsangehörigkeit müsse immer eine Prüfung der Verhältnismäßigkeit durchlaufen. Der Verlust müsse gerechtfertigt sein im Verhältnis einmal zu der Schwere des vom Betroffenen begangenen Verstoßes, zweitens zu der

---

600 EuGH, Urteil vom 02.03.2010, Rs. C-135/08 – ROTTMANN, Slg. 2010, I/1449, Rn.39.

601 EuGH, Urteil vom 02.03.2010, Rs. C-135/08 – ROTTMANN, Slg. 2010, I/1449, Rn.51.

602 EuGH, Urteil vom 02.03.2010, Rs. C-135/08 – ROTTMANN, Slg. 2010, I/1449, Rn.52.

603 EuGH, Urteil vom 07.07.1992, Rs. C-369/90 – MICHELETTI, Slg. 1992, I/4239, Rn.10.

604 EuGH, Urteil vom 02.03.2010, Rs. C-135/08 – ROTTMANN, Slg. 2010, I/1449, Rn.41.

605 EuGH, Urteil vom 02.03.2010, Rs. C-135/08 – ROTTMANN, Slg. 2010, I/1449, Rn.43.

606 EuGH, Urteil vom 02.03.2010, Rs. C-135/08 – ROTTMANN, Slg. 2010, I/1449, Rn.48.

Zeit, die zwischen der Einbürgerungsentscheidung und der Rückübernahmeentscheidung vergangen sei und drittens zu der grundsätzlichen Möglichkeit des Betroffenen, seine ursprüngliche Staatsangehörigkeit wiederzuerlangen.[607] Eventuell reiche es für den letzten Punkt jedoch bereits aus, dem Betroffenen eine angemessene Frist zur Beantragung seiner ursprünglichen Staatsangehörigkeit einzuräumen.[608]

Im Fall ROTTMANN beging der Staatsangehörige eine arglistige Täuschung gegenüber dem ihn einbürgernden Staat. Richtigerweise muss sich diese Rechtsprechung des EuGH auch auf andere Fälle illoyalen Verhaltens durch einen Staatsangehörigen eines Mitgliedsstaates anwenden lassen, wie es auch die Ausführungen des Generalanwaltes bereits vermuten lassen.[609] Erforderlich für eine nach Unionsrecht zulässige Ausbürgerung ist, dass der Ausbürgerungsgrund im überwiegenden Allgemeininteresse liegt. Dies wird sich auf die Fälle der in dieser Untersuchung angesprochenen Illoyalität, wie bei schweren Straftaten gegen den Bestand des Staates und seiner Einrichtungen, erst recht anwenden lassen. Denn bei verfassungsfeindlichen Aktivitäten ist das Gemeinwohl in ungleich größerem Ausmaße tangiert als bei einer Täuschung im Rahmen eines Einbürgerungsverfahrens.

c) Fazit

Das europäische Recht steht nach dieser Rechtsprechung des EuGH grundsätzlich dem Verlust der Staatsangehörigkeit eines Mitgliedstaates mit der Folge des Verlustes der Unionsbürgerschaft jedenfalls dann nicht entgegen, wenn die Gefährdung der öffentlichen Sicherheit und Ordnung beziehungsweise des Gemeinwohls Gründe für die Aberkennung der Staatsangehörigkeit sind.

3. Der Kernbereich der Unionsbürgerschaft

Die neusten Entwicklungen in der Rechtsprechung des EuGH, insbesondere die Ausbildung eines Kernbereichs der Rechte des Unionsbürgers, werfen al-

607 EuGH, Urteil vom 02.03.2010, Rs. C-135/08 – ROTTMANN, Slg. 2010, I/1449, Rn.55 ff.

608 EuGH, Urteil vom 02.03.2010, Rs. C-135/08 – ROTTMANN, Slg. 2010, I/1449, Rn.58.

609 Vgl. dazu Schlussanträge GA MADURO, Rs. C-135/08 – ROTTMANN, Slg. 2010, I/1449, Rn.33.

lerdings die Frage auf, ob ohne Weiteres an dem vorgenannten Ergebnis festgehalten werden kann, dass die überwiegende Betroffenheit des Gemeinwohls einen Verlust der Unionsbürgerschaft rechtfertigen kann.

a) Bisherige Rechtsprechung des EuGH

Zum Schutzbereich der Unionsbürgerschaft gehörte bislang stets das aufenthaltsrechtliche Moment verbunden mit einem grenzüberschreitenden Element.[610] Problematisiert wurde das Aufenthaltsrecht für Unionsbürger in allen Ländern der Union dann, wenn der Aufenthalt tatsächlich oder vermeintlich an das Aufenthaltsrecht eines Drittstaatlers gebunden war.

In der Rechtssache CARPENTER[611] beispielsweise wurden die Kinder eines Unionsbürgers von seiner drittstaatsangehörigen Ehefrau betreut. Deren Ausweisung würde den Ehemann zwingen, so das Vorbringen der Klägerseite, zusammen mit seinen Kindern auszureisen, da er sonst keine Betreuung für seine Kinder habe und seinen grenzüberschreitenden Beruf nicht mehr ausüben könne.

Eine chinesische Staatsangehörige hat in der Rechtssache ZHU und CHEN[612] nach Einreise und Aufenthalt in Großbritannien ihr Kind schließlich in Nordirland geboren, so dass dieses aufgrund des gegebenen ius soli die irische Staatsangehörigkeit erhielt. Eine weitergehende Aufenthaltserlaubnis der Mutter wurde in Großbritannien jedoch in der Folge abgelehnt.

Die Rechtssache METOCK[613] befasste sich mit mehreren Ehepaaren, bei denen ein Partner als Unionsbürger in einem anderen Mitgliedstaat lebt und arbeitet, die jeweiligen Ehepartner jedoch Drittstaatsangehörige waren.

All diese bis zu diesem Zeitpunkt durch das Gericht zu prüfenden Sachverhalte hatten damit gemein, dass ein – jedenfalls zu konstruierender[614] – grenzüberschreitender Aspekt im zu prüfenden Sachverhalt gegeben war.

Im Konkreten ging es um Kinder beziehungsweise Ehegatten, welche die Staatsangehörigkeit eines Mitgliedsstaates und damit die Unionsbürgerschaft besaßen, deren Eltern oder sonstige Erziehungsberechtigte beziehungsweise deren Ehepartner aber keine Aufenthaltserlaubnis in einem Land der Europäi-

610 Vgl. hierzu auch SEMMELMANN, EuR 2009, 683 (687).

611 EuGH, Urteil vom 11.07.2002, Rs. C-60/00 – CARPENTER, Slg. 2002, I/6279.

612 EuGH, Urteil vom 19.10.2004, Rs. C-200/02 – ZHU und CHEN, Slg. 2004, I/9925.

613 EuGH, Urteil vom 25.07.2008, Rs. C-127/08 – METOCK, Slg. 2008, I/6241.

614 TEWOCHT, ZEuS 2013, 219 (222).

schen Union hatten. Unter Rückgriff auf das Recht des Unionsbürgers auf Freizügigkeit aus Art. 20, 21 AEUV wurde den Drittstaatlern in diesen Fällen eine Aufenthaltserlaubnis zugestanden. Dabei ging es jedoch nicht um die Rechte des Drittstaatlers, sondern stets um die Rechte des Unionsbürgers aus dem Unionsrecht, die er nicht verwirklichen kann, wenn der ihn begleitende Erziehungsberechtigte beziehungsweise der Ehepartner keine Aufenthaltsgenehmigung erhält. Das Aufenthaltsrecht der Erziehungsberechtigten erlischt jedoch nach richtiger Ansicht, wenn der Unionsbürger keine zwingende Betreuung mehr benötigt, also wenn er volljährig beziehungsweise nicht mehr unterhaltsberechtigt ist.[615]

All diesen Fällen war gemeinsam, dass das Verhalten der Unionsbürger in den Anwendungsbereich des Unionsrechts fiel, weil die Unionsbürger sich innerhalb der europäischen Union bewegten oder grenzüberschreitend arbeiteten. Eröffnet wurde die unionsrechtliche Prüfung auch in der Rechtssache ROTTMANN aufgrund des grenzüberschreitenden Elementes des Sachverhaltes. Denn der Betroffene bewegte sich von Österreich nach Deutschland und stellte so einen – jedenfalls begründbaren – Grenzbezug her. Eine weitergehende Ausweitung des Anwendungsbereichs des Vertrages auf rein interne Sachverhalte wurde dagegen bislang stets abgelehnt.[616]

b) Die Kernbereichs-Doktrin

Nun hat die Rechtssache ZAMBRANO[617] jedoch scheinbar ein neues Verständnis von Unionsbürgerschaft geschaffen. Der EuGH hat in dieser Entscheidung die Unionsbürgerschaft auf eine neue Stufe gehoben. Er schuf einen Kernbereich der Unionsbürgerschaft, der auch auf innerstaatliche Angelegenheiten anwendbar ist, eines grenzüberschreitenden Elementes – jedenfalls dem ersten Anschein nach – also nicht bedarf.[618]

---

615 HAILBRONNER/ THYM, NJW 2011, 2008 (2012 f.); HUBER, NVwZ 2011, 856 (858).

616 Schlussanträge GA MADURO, Rs. C-135/08 – ROTTMANN, Slg. 2010, I/1449, Rn.11.

617 EuGH, Urteil vom 08.03.2011, Rs. C-34/09 – ZAMBRANO, Slg. 2011, I/1177.

618 So GUTMANN, InfAuslR 2011, 177 (178); NETTESHEIM, JZ 2011, 1030 (1031); WELTE, InfAuslR 2011, 265 (266); vgl. dazu als a.A. GRAF VITZTHUM, EuR 2011, 550 (565).

(1) Der Fall ZAMBRANO

Im Fall ZAMBRANO begehrt ein Vater mit kolumbianischer Staatsangehörigkeit sozialrechtliche und arbeitsrechtliche Unterstützung durch das Land, in dem er sich aufhält, namentlich Belgien.[619] RUIZ ZAMBRANO und seine Ehefrau beantragten in Belgien Asyl und ein Aufenthaltsrecht, was zu mehreren Gerichtsverfahren führte. In der Zwischenzeit arbeitete der Kläger und führte Sozialbeiträge an den belgischen Staat ab. Seine Kinder DIEGO und JESSICA wurden in Belgien geboren und nach Art. 10 des belgischen Staatsangehörigkeitsgesetzes a. F. belgische Staatsangehörige. Nachdem er die Arbeitsstelle verloren hatte, klagte ZAMBRANO auf Sozialleistungen. Der Arbeitsgerichtshof in Brüssel legte die Klage dem EuGH nach Art. 234 EG mit einem Vorabentscheidungsgesuch betreffend die Auslegung der Art. 12, 17 und 18 EG sowie Art. 21, 24 und 34 Charta der Grundrechte der Europäischen Union vor.[620]

Die Vorlagefragen stellen insbesondere darauf ab, ob sich ein Unionsbürger auch dann auf seine Rechte aus seiner Unionsbürgerschaft berufen kann, wenn er bislang von seinem Recht, sich in der Union frei zu bewegen keinen Gebrauch gemacht hat.[621] Muss ihm eine solche Möglichkeit, von diesem Recht Gebrauch zu machen, durch ein Aufenthalts- und Arbeitsrecht der Erziehungsberechtigten und Unterhaltsverpflichteten gewährleistet werden?[622]

Der Gerichtshof stellte zunächst in Fortführung der älteren Entscheidungen klar, dass der Unionsbürgerstatus ein grundlegender Status der Angehörigen der Mitgliedstaaten ist. Weiterhin verband der EuGH dann einen Kernbestand an Rechten mit diesem Status.[623] Das Gericht stützt sich hierbei allein auf Art. 20 AEUV.[624] Einem Drittstaatsangehörigen stehe ein Aufenthalts- und ein Arbeitsrecht zu, wenn dies dazu nötig sei, Kindern mit einer Unionsbürgerschaft die Verwirklichung des Kernbestandes ihrer Rechte zu ermöglichen. Weitere Ausführungen zu Art und Umfang des Kernbestandes fehlen in der Entscheidungsbegründung.

---

619 EuGH, Urteil vom 08.03.2011, Rs. C-34/09 – ZAMBRANO, Slg. 2011, I/1177, Rn.15 ff.

620 EuGH, Urteil vom 08.03.2011, Rs. C-34/09 – ZAMBRANO, Slg. 2011, I/1177, Rn.35.

621 EuGH, Urteil vom 08.03.2011, Rs. C-34/09 – ZAMBRANO, Slg. 2011, I/1177, Rn.35.

622 EuGH, Urteil vom 08.03.2011, Rs. C-34/09 – ZAMBRANO, Slg. 2011, I/1177, Rn.35.

623 EuGH, Urteil vom 08.03.2011, Rs. C-34/09 – ZAMBRANO, Slg. 2011, I/1177, Rn.42.

624 EuGH, Urteil vom 08.03.2011, Rs. C-34/09 – ZAMBRANO, Slg. 2011, I/1177, Rn.45.

(2) Kritik an der Rechtsprechung zu ZAMBRANO

Die Besonderheit der Rechtssache ZAMBRANO liegt darin, dass kein direkter oder tatsächlicher Grenzbezug gegeben ist. Es wird lediglich die Aussicht auf beziehungsweise die zukünftige Möglichkeit eines Sachverhaltes mit Grenzbezug geschützt ohne dass ein tatsächlich vorliegendes grenzüberschreitendes Element aus Art. 21 AEUV angenommen wird. Das Gericht stützt sich auch nicht auf die Vorschriften aus der Charta der Grundrechte der Europäischen Union oder der EMRK, sondern ausschließlich auf Art. 20 AEUV selbst.[625] Es wird ein mobilitätsunabhängiger Schutz[626] beziehungsweise die Aussicht auf zukünftige Mobilität gewährt.

Demgegenüber hatten die bis zu diesem Urteil getroffenen Entscheidungen des EuGH stets einen tatsächlichen Grenzbezug gefordert. Die Eröffnung des Anwendungsbereichs des Unionsrechts und im Besonderen der Freizügigkeitsrichtlinie fußte stets auf einem Grenzbezug, dadurch, dass die betroffenen Unionsbürger in einem anderen Mitgliedstaat als dem ihrer Staatsangehörigkeit lebten oder arbeiteten. Hintergrund dieser Überlegungen zur Erforderlichkeit eines Grenzbezuges ist das Prinzip der begrenzten Einzelermächtigung des europäischen Gesetzgebers, das eine Eröffnung des Unionsrechts nur in den vertraglich geregelten Fällen zulässt.

Die durch den EuGH in der Rechtssache ZAMBRANO gelieferte Begründung ist denkbar kurz ausgefallen. Diese kurze Begründung führte in der Literatur zu den unterschiedlichsten Auslegungen des Urteils.

Teilweise wurde angenommen, dass der Unionsbürgerschaft eine neue Bedeutung weg von dem Schutz zugunsten eines wirtschaftlichen Hintergrundes hin zum reinen Schutz aufgrund der Tatsache des Besitzes der Unionsbürgerschaft gewährt wurde.[627] Die Unionsbürgerschaft habe sich folglich von der nationalen Staatsangehörigkeit teilweise gelöst und von der Marktbürgerschaft verabschiedet. Vieles deute darauf hin, dass die Unionsbürgerschaft zu einem föderalen Bürgerrecht ausgebaut werden solle.[628]

Stark kritisiert wird das Urteil ZAMBRANO für seine mangelhafte Begründung, welche zu Rechtsunsicherheiten führt und eine methodisch korrekte Herleitung des Kernbereichs nicht nachvollziehbar macht. Das Unionsrecht

625 NETTESHEIM, JZ 2011, 1030 (1032).

626 HAILBRONNER/ THYM, NJW 2011, 2008 (2009).

627 Vgl. HAILBRONNER/ THYM, NJW 2011, 2008 (2011).

628 HAILBRONNER/ THYM, NJW 2011, 2008 (2011); NETTESHEIM, JZ 2011, 1030 (1036 f.).

sieht mit Art. 21 AEUV und den konkretisierenden Durchführungsvorschriften – insbesondere der Freizügigkeitsrichtlinie[629] – ein gestuftes System des Aufenthaltsrechts von Unionsbürgern und deren Familienangehörigen mit Staatsangehörigkeiten aus Drittstaaten vor. Im Urteil ZAMBRANO ging das Gericht jedoch nicht auf das vorhandene Sekundärrecht ein beziehungsweise setzte sich mit diesem auseinander, sondern stützte seine Entscheidung allein auf Art. 20 AEUV.[630] Nach HAILBRONNER/ THYM verstößt die Entscheidung aber gegen den Wortlaut des Art. 20 AEUV, wonach die Regeln der Unionsbürgerschaft die der nationalen Staatsangehörigkeit eben nicht ersetzen würden, sondern nur hinzuträten.[631] Auch nach ZAMBRANO ist das nationale Recht allerdings anwendbar und bleibt es, solange nicht der Kernbereichsschutz dem entgegensteht.

Weiterhin führte die mangelhafte Begründung der Entscheidung zu einer Rechtsunsicherheit dahingehen, dass nicht klar wurde, wie weit der sogenannte Kernbereich der Unionsbürgerschaft gefasst werden soll. Es sind grundsätzlich viele Bereiche denkbar, die einem Kernbereichsschutz zugänglich sein könnten.[632] Eine exzessive Anwendung des Kernbereichs durch den EuGH wurde befürchtet.[633]

(3) Folgeentscheidungen MCCARTHY und DERECI

Diese Befürchtung der exzessiven Anwendung des Kernbereichs der Unionsbürgerschaft durch den EuGH wurde jedoch nicht bestätigt. Denn kurze Zeit später hatte der EuGH in den Rechtssachen MCCARTHY[634] und DERECI[635] Gelegenheit, sich mit der Unionsbürgerschaft und ihrer Reichweite erneut zu beschäftigen und diese zu begrenzen.

In der Rechtssache MCCARTHY stützte sich eine irisch-britische Unionsbürgerin auf ihre Unionsbürgerschaft und klagte ein Aufenthaltsrecht ihres jamaikanischen Mannes in Großbritannien ein. Anderenfalls müsse sie mit ihm die Europäische Union verlassen. Auch im Fall DERECI wurde auf der

629 RL 2004/38/EG vom 29.04.2004, Abl. L 158 vom 30.04.2004, S.77 ff.
630 HAILBRONNER/ THYM, NJW 2011, 2008 (2010).
631 HAILBRONNER/ THYM, NJW 2011, 2008 (2011).
632 HAILBRONNER/ THYM, NJW 2011, 2008 (2011); NETTESHEIM, JZ 2011, 1030 (1033 f.).
633 HAILBRONNER/ THYM, NJW 2011, 2008 (2013).
634 EuGH, Urteil vom 05.05.2011, Rs. C-434/09 – MCCARTHY, Slg. 2011, I/3375.
635 EuGH, Urteil vom 15.11.2011, Rs. C-256/11 – DERECI, Slg. 2011.

Grundlage der Familienzusammengehörigkeit von erwachsenen Unionsbürgern ein Aufenthaltsrecht für die Familienmitglieder der Kläger gefordert.

Der EuGH nutzte insbesondere die Rechtssache MCCARTHY dazu, den Anwendungsbereich des Kernbereichs der Unionsbürgerschaft wieder erheblich einzuschränken beziehungsweise klarstellend nicht auf Ehegatten oder sonstige Familienangehörige auszuweiten. Es wurde hierdurch deutlich, dass die Rechtssache ZAMBRANO und der Kernbereich der Unionsbürgerschaft nur in absoluten Ausnahmesituationen greifen sollte.[636] Grundsätzlich verwies der EuGH richtigerweise für Fragen des Schutzes der Familie auf die Charta der Grundrechte der Europäischen Union, dort Art. 7, und Art. 8 EMRK.

Begründet wurde die Konkretisierung damit, dass das Aufenthaltsrecht eines Drittstaatsangehörigen nur dann gegeben sei, wenn ein Unionsbürger sonst faktisch gezwungen werde, die Union zu verlassen, wie das bei minderjährigen Kindern im Hinblick auf die Unterhaltspflicht der Erziehungsberechtigten der Fall ist. Das Aufenthaltsrecht Drittstaatsangehöriger aus Art. 20 AEUV könne nicht lediglich mit wirtschaftlichen Aspekten oder dem Wunsch, als Familie zusammen zu leben, begründet werden.[637] Notwendig ist also vielmehr, auch nach der Rechtsprechung in Sachen ZAMBRANO, ein unionsrechtlicher Bezug.

Ein unmittelbarer Rückgriff auf Art. 20 AEUV kommt danach nur in Betracht, wenn die Rechte, die das Unionsrecht den Unionsbürgern gibt, zur Gänze vereitelt werden. Dies ist dann der Fall, wenn das Unionsrecht de facto durch das Verlassen des Unionsgebietes[638] oder rechtlich durch den Verlust der Staatsbürgerschaft nicht mehr ausgeübt werden kann.[639] Dabei muss das Verlassen des Unionsgebietes für den Unionsbürger zwingend sein, weil er auf den Drittstaatler in jedem Fall angewiesen ist.[640]

---

636 LOHSE, EuGRZ 2012, 693 (697), nennt die Entscheidung in der Rechtssache „Zambrano" eine „Notlösung"; TEWOCHT, ZEuS 2013, 219 (232), spricht von einer „notfallartigen Ausnahmesituation".

637 EuGH, Urteil vom 15.11.2011, Rs. C-256/11 – DERECI, Slg. 2011; vgl. dazu kritisch SHUIBHNE, CMLR 49 (2012), 349 (372 ff.).

638 GRAF VITZTHUM, EuR 2011, 550 (561).

639 TEWOCHT, ZEuS 2013, 219 (223).

640 TEWOCHT, ZEuS 2013, 219 (232); vgl. auch EuGH, Urteil vom 06.12.2012, Rs. C-356/11, C-357/11 – O. und S., Slg. 2012.

(4) Fazit

Die Kernbereichstheorie des EuGH – im französischen Originaltext „l'essentiel“ – erinnert stark an die Wesensgehaltsgarantie des Art. 52 Abs. 1 S. 1 der Charta der Grundrechte der Europäischen Union beziehungsweise des Art. 19 Abs. 2 GG.[641] Auch wenn diese Auslegung als Wesensgehaltsgarantie der Unionsbürgerschaft teilweise abgelehnt wird, da es sich vielmehr um eine zusätzliche Position in den Unionsbürgerrechten handele,[642] ist doch der Gedanke, dass eine Einschränkung von Rechten dort ein Ende hat, wo das Recht zur Gänze verwehrt wird, kein neuer.

VITZTHUM begrüßt diese Entwicklung und spricht von der „Entdeckung der Heimat der Unionsbürger“.[643] So wie Staatsangehörige ihren Aufenthalt im Staatsgebiet nehmen können, so könnten nun auch die Unionsbürger ihren Aufenthalt im Unionsgebiet nehmen und nicht gezwungen werden, dieses zu verlassen, sei es auch durch die faktischen Umstände.[644]

Dieser Ansicht folgend würde der Schutzbereich des Kernbereichs der Unionsrechte jedoch nur für solche Fälle gelten, die eine faktische Ausweisung des Unionsbürgers aus dem gesamten Unionsgebiet zur Folge haben. Mit Blick auf die Rechtssache ROTTMANN wird eine zukünftige Anwendung der Kernbereichstheorie jedoch auch dann nicht auszuschließen sein, wenn die Ausbürgerung zu einem gänzlichen Verlust aller Unionsbürgerrechte führt, auch wenn keine Ausweisung aus dem Gebiet der Union erfolgt.[645] SCHÖNBERGER vertritt dabei die Ansicht, dass die Entziehung der Staatsangehörigkeit selbstverständlich eine unionsrechtliche Dimension hat, ohne dass es auf ein grenzüberschreitendes Element ankäme, da anderenfalls die Abhängigkeit der Unionsbürgerschaft von der nationalen Staatsangehörigkeit nicht hinreichend berücksichtigt würde.[646]

Insgesamt kann der Kernbereich der verbürgten Rechte weder in seinem genauen Inhalt noch in exakten Grenzen anhand der kurzen und unklaren Begründung des Urteils festgemacht werden. Auch die folgenden Urteile geben

---

641 GRAF VITZTHUM, EuR 2011, 550 (562).

642 SCHÖNBERGER, in: GRABITZ/ HILF, Europäische Union, Art. 20 AEUV, Rn.57 (Stand: 08/2012).

643 GRAF VITZTHUM, EuR 2011, 550 (566).

644 GRAF VITZTHUM, EuR 2011, 550 (566).

645 TEWOCHT, ZEuS 2013, 219 (223).

646 SCHÖNBERGER, in: GRABITZ/ HILF, Europäische Union, Art. 20 AEUV, Rn.44 (Stand: 08/2012).

lediglich vor, welche Sachverhalte nicht unter den Kernbereich der Unionsbürgerschaft fallen. So stellt sich beispielsweise die Frage nach dem Schutz eines durch seine Verwandten betreuten pflegebedürftigen Erwachsenen durch den Kernbereich der Unionsbürgerschaft.[647]

Problematisch erscheint in diesem Zusammenhang aber insbesondere, ob durch den Kernbereich nicht eine zusätzliche europäische Kompetenz geschaffen wurde,[648] die es dem EuGH ermöglicht, sich in rein inländische Sachverhalte „einzumischen". So könnte sich ein Deutscher nach der jetzigen Deutung der Kernbereichstheorie innerhalb Deutschlands bei dem Verlust der deutschen Staatsangehörigkeit auf der Grundlage des Art. 20 AEUV gegen seinen eigenen Staat richten.[649] Auch wenn dies zur Aufgabe der Inländerdiskriminierung führen würde, stellt eine solche Anwendung des Art. 20 AEUV doch eine unzulässige Ausweitung der europäischen Verträge dar. Auch gemäß Art. 51 Abs. 1 S. 1 der Charta der Grundrechte der Europäischen Union sind die Mitgliedstaaten nur bei der Durchführung des Rechts der Union an die Unionsgrundrechte gebunden.

Eine Klärung dieser kompetenzrechtlich fraglichen richterlichen Rechtsfortbildung kann nur durch das Handeln des Unionsgesetzgebers erfolgen.[650]

c) Schranken des Kernbereichs

In der Rechtssache ROTTMANN wurden dem Schutz der Unionsbürgerschaft Schranken gesetzt und zwar dann, wenn das Aufenthaltsinteresse des Betroffenen auf das überwiegende Ausweisungsinteresse des Staates aus Gründen der öffentlichen Sicherheit und Ordnung trifft.[651] Die grundsätzliche Möglichkeit der Beschränkung des europarechtlich verbürgten Aufenthaltsrechts aus Gründen der öffentlichen Sicherheit und Ordnung wurde sowohl vom EuGH[652] anerkannt als auch in der Freizügigkeitsrichtlinie berücksichtigt.[653]

647 EPINEY, NVwZ 2012, 930 (931); vgl. auch TEWOCHT, ZEuS 2013, 219 (232).

648 TEWOCHT, ZEuS 2013, 219 (228).

649 FRENZ, ZAR 2011, 221 (222); WELTE, InfAuslR 2011, 265 (266); vgl. auch GRAF VITZTHUM, EuR 2011, 550 (557 f.).

650 LOHSE, EuGRZ 2012, 693 (697 f.).

651 NETTESHEIM, JZ 2011, 1030 (1034).

652 EuGH, Urteil vom 25.07.2002, Rs. C-459/99 – MRAX, Slg. 2002 I/6591; EuGH, Urteil vom 29.04.2004, Rs. C-482/01, C-493/01 – ORFANOPOULUS und OLIVERI, Slg. 2004, I/5257.

653 RASCHKA, ZAR 2012, 231 (235 f.).

Die nachfolgende Entscheidung ZAMBRANO wirft nun die Frage auf, ob auch bei einer Betroffenheit des Kernbereichs der Unionsbürgerschaft eine Abwägung der Interessen des Staates und des Unionsbürgers stattfinden kann. Geht man davon aus, dass der Kernbereich dem Wesensgehalt der Unionsbürgerschaft entspricht, wäre dieser einer Abwägung nicht zugänglich. Eine weitergehende Einschränkung bei der Betroffenheit des Wesensgehaltes kommt nicht in Betracht.[654]

Betrachtet man aber die vorliegenden Entscheidungen des EuGH geht es bei dem Kernbereich der Unionsbürgerschaft nicht darum, grundsätzlich jegliche weitergehende Abwägung der Interessen des Staatsangehörigen gegen die Interessen des Mitgliedstaates zu unterbinden. Der Kernbereich der Unionsbürgerschaft stellt vielmehr eine Überwindung des grundsätzlichen Erfordernisses eines grenzüberschreitenden Elementes in Ausnahmefällen dar.[655] Bei der Betroffenheit des Kernbereichs der Unionsbürgerschaft muss deshalb die Beachtung der unionsbürgerlichen Rechte in die Abwägung der Ausbürgerungsentscheidung mit einfließen. Die Ausbürgerungsentscheidung schlechthin untersagen kann das Unionsrecht nicht.[656]

So muss stets eine einzelfallbezogene Gegenüberstellung der jeweiligen Interessen[657] und Rechte erfolgen. Als auf Seiten des Unionsbürgers beachtenswerte Interessen sind insbesondere seine Integrationstiefe sowie die Möglichkeit einer selbstständigen Lebensführung in einem Mitgliedsstaat beziehungsweise die Tiefe des Zwangs, mit seinen Eltern das Land der Europäischen Union verlassen zu müssen.[658] Auf der anderen Seite muss das Verhalten des Unionsbürgers – wie im Fall ROTTMANN – als Anknüpfungspunkt für den Verlust der Unionsbürgerschaft berücksichtigt werden.[659]

---

654 Vgl. dazu GRAF VITZTHUM, EuR 2011, 550 (557 f.).

655 Vgl. dazu TEWOCHT, ZEuS 2013, 219 (225 f.).

656 SCHÖNBERGER, in: GRABITZ/ HILF, Europäische Union, Art. 20 AEUV, Rn.45 (Stand: 08/2012); Schlussanträge GA MADURO, Rs. C-135/08 – ROTTMANN, Slg. 2010, I/1449, Rn.24.

657 Vgl. dazu HAILBRONNER/ THYM, NJW 2011, 2008 (2012); NETTESHEIM, JZ 2011, 1030 (1034).

658 NETTESHEIM, JZ 2011, 1030 (1034).

659 TEWOCHT, ZEuS 2013, 219 (233).

4. Ergebnis

Der durch den EuGH neu geschaffene Kernbereich der Unionsbürgerschaft muss insbesondere für die fehlende Kompetenz des EuGH bei der Prüfung eines reinen Inlandssachverhaltes kritisiert werden. Außerdem wirft dieser neu geschaffene Kernbereich trotz der in den letzten Entscheidungen getroffenen Klarstellungen noch diverse Fragen zum Inhalt und Umfang des Kernbereichs auf. In jedem Fall kann die Anwendbarkeit des Kernbereichs der Unionsrechte jedoch richtigerweise nicht dazu führen, dass ein Eingriff in die Unionsbürgerschaft durch Ausbürgerung eines Staatsangehörigen eines Mitgliedstaates nicht mehr in Betracht kommt. Die Kernbereichstheorie kann allenfalls dazu führen, dass eine Abwägung auch der Rechtsfolge des Verlustes des Unionsbürgerstatus bei einer Ausbürgerung erfolgen muss. Diese Abwägung muss jedoch bei den in der vorliegenden Arbeit angesprochenen Fällen von Illoyalität zu Lasten den Unionsbürgers ausfallen.

III. Staatsangehörigkeit im Völkerrecht

Neben dem staatsrechtlichen gibt es auch einen völkerrechtlichen Begriff von Staatsangehörigkeit. Nach letzterem bestimmt sich, ob Staaten Ein- oder Ausbürgerungen anderer Staaten hinnehmen müssen. Nur wenn ein Staat ein völkerrechtskonformes Staatsangehörigkeitsrecht anwendet, müssen die durch ihn ausgeführten Ein- und Ausbürgerungen in ihren Rechtsfolgen durch dritte Staaten akzeptiert werden.[660] So wurde beispielsweise in dem von den Mitgliedern des Europarats geschlossenen Europäischen Übereinkommen über die Staatsangehörigkeit vom 6. November 1997[661] vereinbart:

> „*Art. 3* Zuständigkeit des Staates: (1) Jeder Staat bestimmt nach seinem eigenen Recht, wer seine Staatsangehörigen sind. (2) Dieses Recht ist von den anderen Staaten anzuerkennen, soweit es mit anwendbaren internationalen Übereinkommen, dem Völkergewohnheitsrecht und den mit Bezug auf die Staatsangehörigkeit allgemein anerkannten Rechtsgrundsätzen in Einklang steht."

Die völkerrechtlichen Voraussetzungen für den Verlust einer Staatsangehörigkeit sind somit für ein wirksames Handeln eines Staates von entscheidender Bedeutung und sollen im Folgenden dargestellt werden.

---

660 DAHM/ DELBRÜCK, Völkerrechtssubjekte, S.83.

661 BGBl. II 2004, S.578.

Durch das Völkerrecht regeln die einzelnen Völkerrechtssubjekte ihre Beziehungen zueinander. Die Rechtsetzenden sind damit zugleich die Verpflichteten und Berechtigten aus dem Völkerrecht, so dass die Fortgeltung der jeweiligen völkerrechtlichen Vorschrift stets auf dem Konsens der Betroffenen beruht.[662] Während die Staaten als „geborene" Völkerrechtssubjekte gelten, da sie den Hauptteil der völkerrechtlichen Regelungen schaffen und das Völkerrecht zur Gänze befolgen müssen, treten internationale Organisationen als „gekorene" Völkerrechtssubjekte auf. Auf sie können nur die völkerrechtlichen Normen angewandt werden, die sie betreffen, so dass sie als partielle Völkerrechtssubjekte einzustufen sind.[663] Historische Völkerrechtssubjekte wie der Heilige Stuhl, der Malteserorden oder das Internationale Komitee des Roten Kreuzes werden den geborenen Völkerrechtssubjekten gleichgestellt.[664] Individuen sind grundsätzlich und traditionell bloße Objekte des Völkerrechts und können nur durch ihren Staat handeln.

Allerdings gewinnt der internationale Menschenrechtsschutz immer größere Bedeutung. Durch mehrere völkerrechtliche Regelungen wird der Einzelne inzwischen zum Träger von Rechten, aber auch von Pflichten, des internationalen Rechts.[665] Die Schaffung eines internationalen Strafrechts, auch gegen einzelne Personen, zeigt beispielhaft diese Individualisierung in Teilen des Völkerrechts. Das Individuum gewinnt dadurch eine partielle Völkerrechtssubjektiviät, welche jedoch passiv bleiben muss, da es – im Unterschied zu den vorgenannten Völkerrechtssubjekten – keinerlei unmittelbare Möglichkeit zur Änderung oder Beeinflussung seiner völkerrechtlichen Position hat.[666]

1. Der völkerrechtliche Begriff der Staatsangehörigkeit

Auch im Bereich des Staatsangehörigkeitsrechts ist das Völkerrecht zuvörderst ein Recht zwischen den Staaten untereinander und nicht ein Recht zwi-

---

662 V. HEINEGG, in: EPPING/ HILLGRUBER, BeckOK-GG, Art.25 Rn.2 (Stand: 01/2012).

663 V. HEINEGG, in: EPPING/ HILLGRUBER, BeckOK-GG, Art.25 Rn.1 (Stand: 01/2012); NETTESHEIM, in: MAUNZ/ DÜRIG, GG, Art.32 Rn.34 ff. (Stand: 03/2007).

664 V. HEINEGG, in: EPPING/ HILLGRUBER, BeckOK-GG, Art.25 Rn.1; NETTESHEIM, in MAUNZ/ DÜRIG, GG, Art.32 Rn.34 ff. (Stand: 03/2007).

665 HAILBRONNER, Rückübernahme, S.9.

666 NETTESHEIM, in: MAUNZ/ DÜRIG, GG, Art.32 Rn.38 (Stand: 03/2007); vgl. auch MAIERHÖFER, EuGRZ 2002, 391 (396).

schen dem Staat und den betroffenen Staatsangehörigen.[667] Das Staatsangehörigkeitsrecht hat folglich eine völkerrechtliche und eine staatsrechtliche Seite.

Während die nationale Staatsangehörigkeit ein Band zwischen dem Staatsangehörigen und seinem Staat begründet, führt die Staatsangehörigkeit des Einzelnen in völkerrechtlicher Hinsicht dazu, dass der Staat gegenüber anderen Staaten Rechte und Pflichten im Bezug auf seine Staatsangehörigen hat.[668] Aus der Personalhoheit des Staates über seine Staatsangehörigen ergibt sich sein Recht, auf diese auch außerhalb seines Territoriums rechtlich zuzugreifen.[669] Die Kehrseite hierzu bildet die Verpflichtung zu diplomatischem und konsularischem Schutz und zur Rückübernahme der eigenen Staatsangehörigen. Die Pflicht zur Rückübernahme korrespondiert zusätzlich mit dem grundsätzlichen Recht jedes Staates, fremde Staatsangehörige aus dem eigenen Territorium auszuweisen.[670] Häufig decken sich der völkerrechtliche und der innerstaatliche Begriff der Staatsangehörigkeit und stellen die zwei Seiten einer Medaille dar.

In einigen Fällen können die Staatsangehörigkeit nach dem Völkerrecht und diese nach dem nationalen Recht jedoch auch auseinander fallen. In der NOTTEBOHM-Entscheidung des IGH[671] wurde einem Staat die Möglichkeit verwehrt, seine Schutzrechte an einem von ihm eingebürgerten Staatsangehörigen auszuüben. Begründet wurde diese Entscheidung mit dem fehlenden „genuine link“ zwischen dem Staatsangehörigen und seinem Staat. Der „genuine link“ soll eine grundlegende Verbindung existentieller Art des eingebürgerten Staatsangehörigen zu seinem Staate darstellen. Teilweise wird die Auffassung vertreten, dass es sich hierbei lediglich um die Voraussetzung für die Begründung des Rechts auf diplomatischen Schutz handelt, welches sich normalerweise bereits aus dem Innehaben der Staatsangehörigkeit ergibt.[672] Richtig ist jedoch, dass der „genuine link“ als völkerrechtliche Voraussetzung für den Erwerb der Staatsangehörigkeit gewertet werden muss,[673] da eine Trennung zwischen der Staatsangehörigkeit und dem hieraus resultierenden

667 HANNAPPEL, Staatsangehörigkeit, S.13.

668 RANDELZHOFER, in: MAUNZ/ DÜRIG, GG, Art.16 Abs. 1 Rn.9 (Stand: 09/1983).

669 HANNAPPEL, Staatsangehörigkeit, S.26.

670 Kritisch hierzu CHU, Rückübernahme, S.14 ff., der wohl eine faktische, jedoch keine rechtliche Korrelation sieht.

671 Vom 06.04.1955, ICJ Rep. 1955, 4.

672 RANDELZHOFER, in: MAUNZ/ DÜRIG, GG, Art.16 Abs.1 Rn.38 (Stand: 09/1983).

673 HANNAPPEL, Staatsangehörigkeit, S.13.

diplomatischen Schutz abzulehnen ist.[674] Durch die Schaffung eines zusätzlichen Kriteriums durch den IGH sollte jedoch richtigerweise verhindert werden, dass einem fremden Staat durch willkürliche Einbürgerungen die Möglichkeit eröffnet wird, sich in die Belange eines anderen Staates einzumischen. Auch wenn der einbürgernde Staat also nach seinem innerstaatlichen Recht dem Betroffenen eine vollwertige Staatsangehörigkeit verliehen hat, werden dem Staat nach diesem Urteil völkerrechtlich nicht zwangsläufig die vollumfänglichen Rechte in Bezug auf seinen Staatsangehörigen eingeräumt.

Solange eine Staatsangehörigkeit jedoch nach dem nationalen Recht begründet wird und dem völkerrechtlichen Grundverständnis von Staatsangehörigkeit nicht widerspricht, knüpft das Völkerrecht auch alle oben beschriebenen Rechte und Pflichten an diese Staatsangehörigkeit. In diesem Fall stimmen beide Formen der Staatsangehörigkeit, die völkerrechtliche und die innerstaatliche, überein. Die Staatsangehörigkeit aus völkerrechtlicher Sicht bestimmt sich dann nach der staatsrechtlichen Auffassung von Staatsangehörigkeit, es sei denn, die Grenzen des Völkerrechts werden überschritten.

Im umgekehrten Fall ist es möglich, dass einem Staatsangehörigen, obwohl er nach dem völkerrechtlichen Verständnis voll unter die Personalhoheit eines Staates fällt und alle Rechte und Pflichten der beteiligten Staaten hieraus begründet werden, ihm innerstaatlich kaum Bürgerrechte eingeräumt werden. Als Beispiel ist hier das Staatsangehörigkeitsrecht von Großbritannien zu nennen, wonach die Staatsangehörigen des Commonwealth zwar völkerrechtsgemäß unter den Schutz Großbritanniens fallen, jedoch innerstaatlich weniger Bürgerrechte als die Bürger Großbritanniens haben. Teilweise wird ihnen sogar die Einreise nach Großbritannien versagt.

Ein Staat ist nicht dazu verpflichtet, solche Regelungen betreffend die Staatsangehörigkeit zu schaffen, welche völkerrechtsgemäß sind. Schließt der Staat allerdings Völkerrechtsverträge über Fragen der Staatsangehörigkeit ab, wird bei der Durchführung der Verträge im Zweifel auf das völkerrechtsgemäße Verständnis von Staatsangehörigkeit abgestellt, es sei denn, die völkerrechtswidrige Staatsangehörigkeit wird durch die beteiligten Staaten ausdrücklich anerkannt. Auch dann kann diese Anerkennung jedoch nur zwischen den beteiligten Staaten – bilateral – Wirksamkeit entfalten. Für den einzelnen Staat ist es somit zwar möglich, eine völkerrechtswidrige Staatsangehörigkeit zu schaffen und diese im eigenen Rechtssystem auch zu verteidigen, aber offensichtlich ist dies nicht wünschenswert.

674 HAILBRONNER, in: HAILBRONNER/ RENNER, Teil I. E. Rn.28.

Gerade der Bereich der Staatsangehörigkeit führt zu einer Abgrenzung der Staatsvölker und hat damit entscheidende Konsequenzen im Bereich des Völkerrechts. Ist das Staatsangehörigkeitsrecht des Staates nun als Verstoß gegen das Völkerrecht anzusehen und klaffen internationale Regelungen und das innerstaatliche Recht auseinander, führt das zu juristisch überaus komplizierten Konstellationen, welche nicht erstrebenswert sind. Für die Bundesrepublik Deutschland kommt außerdem eine völkerrechtswidrige Gesetzesänderung hin zu einer Ausbürgerung illoyaler Staatsangehöriger nicht in Betracht.

2. Die Ausbürgerung als Verstoß gegen Völkerrecht?

Eine Ausbürgerung, die nach völkerrechtlichen Grundsätzen zulässig ist, muss von anderen Staaten beachtet werden.[675] Es stellt sich deshalb die Frage, ob die oben genannten bindenden Verträge aus dem Völker- und Europarecht dazu führen, dass beziehungsweise in welchen Fällen eine Ausbürgerung gegen den Willen des Betroffenen rechtswidrig ist. Insbesondere die Folge der Staatenlosigkeit wirft hierbei auf den ersten Blick Probleme auf. Deshalb ist zu unterscheiden zwischen der Konstellation, dass ein Mehrstaatler ausgebürgert werden soll zu einer solchen, in der die Ausbürgerung zur einer de iure-Staatenlosigkeit des Betroffenen führt.[676]

Art. 15 der Allgemeinen Erklärung der Menschenrechte besagt:

> „(1) Jeder hat das Recht auf eine Staatsangehörigkeit.
> (2) Niemandem darf seine Staatsangehörigkeit willkürlich entzogen noch das Recht versagt werden, seine Staatsangehörigkeit zu wechseln."

In dem Übereinkommen zur Verminderung der Staatenlosigkeit vom 30. August 1961[677] wird in den Art. 7 bis 9 folgendes geregelt:

> „Art. 7 Verzicht auf Staatsangehörigkeit
> (1)
> a) Lässt das Recht eines Vertragsstaats den Verzicht auf die Staatsangehörigkeit zu, so hat der Verzicht den Verlust der Staatsangehörigkeit nur dann zur Folge, wenn der Betreffende eine andere Staatsangehörigkeit besitzt oder erwirbt.

675 DAHM/ DELBRÜCK, Völkerrechtssubjekte, S.83.

676 Die de facto-Staatenlosigkeit ist – wie bereits dargestellt – keine rechtliche Staatenlosigkeit, so dass sie hier nicht von Relevanz ist; vgl. auch HANNAPPEL, Staatsangehörigkeit, S. 42.

677 BGBl. 1977 II, S.598.

b) Buchstabe a ist nicht anzuwenden, wenn seine Anwendung mit den in den Artikeln 13 und 14 der am 10. Dezember 1948 von der Generalversammlung der Vereinten Nationen angenommenen Allgemeinen Erklärung der Menschenrechte enthaltenen Grundsätze unvereinbar wäre.

(2) Ein Staatsangehöriger eines Vertragsstaats, der in einem ausländischen Staat die Einbürgerung anstrebt, verliert seine Staatsangehörigkeit nur dann, wenn er die ausländische Staatsangehörigkeit erwirbt oder die Zusicherung des ausländischen Staates für die Verleihung der Staatsangehörigkeit erhalten hat.

(3) Vorbehaltlich der Absätze 4 und 5 verliert ein Staatsangehöriger eines Vertragsstaats weder wegen Verlassens des Landes, Auslandsaufenthalts oder Verletzung einer Meldepflicht noch aus einem ähnlichen Grund seine Staatsangehörigkeit, wenn er dadurch staatenlos wird.

(4) Eine eingebürgerte Person kann auf Grund eines Auslandsaufenthalts nach einer im Recht des Vertragsstaats festgesetzten Dauer, die nicht weniger als sieben aufeinanderfolgende Jahre betragen darf, ihre Staatsangehörigkeit verlieren, wenn sie es unterlässt, der zuständigen Behörde ihre Absicht mitzuteilen, sich ihre Staatsangehörigkeit zu erhalten.

(5) Für Staatsangehörige eines Vertragsstaats, die außerhalb seines Hoheitsgebiets geboren sind, kann das Recht dieses Staates die Erhaltung der Staatsangehörigkeit über den Ablauf eines Jahres nach Erreichung der Volljährigkeit hinaus davon abhängig machen, dass sie sich zu diesem Zeitpunkt in seinem Hoheitsgebiet aufhalten oder bei der zuständigen Behörde registriert sind.

(6) Mit Ausnahme der in diesem Artikel vorgesehenen Fälle verliert niemand die Staatsangehörigkeit eines Vertragsstaats, wenn er dadurch staatenlos würde, selbst wenn dieser Verlust durch keine andere Bestimmung dieses Übereinkommens ausdrücklich verboten ist.

Art. 8 Entzug der Staatsangehörigkeit

(1) Ein Vertragsstaat darf keiner Person seine Staatsangehörigkeit entziehen, wenn sie dadurch staatenlos wird.

(2) Ungeachtet des Absatzes 1 kann einer Person die Staatsangehörigkeit eines Vertragsstaats entzogen werden

a) in Fällen, in denen es nach Artikel 7 Absätze 4 und 5 zulässig ist, dass eine Person ihre Staatsangehörigkeit verliert;

b) wenn die Staatsangehörigkeit durch falsche Angaben oder betrügerische Handlungen erworben worden ist.

(3) Ungeachtet des Absatzes 1 kann sich jeder Vertragsstaat die Möglichkeit erhalten, einer Person die Staatsangehörigkeit zu entziehen, wenn er bei der Unterzeichnung, der Ratifikation oder dem Beitritt erklärt, dass er davon aus einem oder mehreren der folgenden Gründe, die sein innerstaatliches Recht zu diesem Zeitpunkt vorsieht, Gebrauch macht:

a) wenn die Person im Widerspruch zu ihrer Treuepflicht gegenüber dem Vertragsstaat

i) unter Missachtung eines ausdrücklichen Verbots des Vertragsstaats einem anderen Staat Dienste geleistet oder weiterhin geleistet hat oder von einem anderen Staat Vergütungen bezogen oder weiterhin bezogen hat oder

ii) ein den Lebensinteressen des Staates in schwerwiegender Weise abträglichen Verhalten an den Tag gelegt hat;

b) wenn die Person einen Treueeid oder eine förmliche Treueerklärung gegenüber einem anderen Staat abgegeben oder in eindeutiger Weise ihre Entschlossenheit bekundet hat, dem Vertragsstaat die Treue aufzukündigen.

(4) Jeder Vertragsstaat übt die ihm nach den Absätzen 2 und 3 eingeräumte Befugnis, einer Person seine Staatsangehörigkeit zu entziehen, nur in Übereinstimmung mit einer gesetzlichen Regelung aus, die dem Betreffenden das Recht auf umfassenden Rechtsschutz durch ein Gericht oder eine andere unabhängige Stelle gewährt.

Art. 9 Diskriminierungsverbot bei Entzug der Staatsangehörigkeit

Ein Vertragsstaat darf keiner Person oder Personengruppe aus rassischen, ethnischen, religiösen oder politischen Gründen ihre Staatsangehörigkeit entziehen."

Unter dem 6. November 1997 schlossen die Mitglieder des Europarates das Europäische Übereinkommen über die Staatsangehörigkeit:[678]

„Art. 4 Grundsätze

Die Staatsangehörigkeitsvorschriften jedes Vertragsstaats müssen auf folgenden Grundsätzen beruhen:

a) jeder hat das Recht auf eine Staatsangehörigkeit;

b) Staatenlosigkeit ist zu vermeiden;

c) niemandem darf die Staatsangehörigkeit willkürlich entzogen werden;

d) weder die Schließung noch die Auflösung einer Ehe zwischen einem Staatsangehörigen eines Vertragsstaats und einem Ausländer noch die Änderung der Staatsangehörigkeit eines Ehegatten während der Ehe berührt ohne weiteres die Staatsangehörigkeit des anderen Ehegatten.

Art. 7 Verlust der Staatsangehörigkeit kraft Gesetzes oder auf Veranlassung eines Vertragsstaats

(1) Ein Vertragsstaat darf in seinem innerstaatlichen Recht nicht den Verlust der Staatsangehörigkeit kraft Gesetzes oder auf seine Veranlassung vorsehen, außer in folgenden Fällen:

a) freiwilliger Erwerb einer anderen Staatsangehörigkeit;

b) Erwerb der Staatsangehörigkeit des Vertragsstaats durch arglistiges Verhalten, falsche Angaben oder die Verschleierung einer erheblichen Tatsache, die dem Antragsteller zuzurechnen sind;

c) freiwilliger Dienst in ausländischen Streitkräften;

---

678 BGBl. II 2004, S.578.

d) Verhalten, das den wesentlichen Interessen des Vertragsstaats in schwerwiegender Weise abträglich ist;

e) Fehlen einer echten Bindung zwischen dem Vertragsstaat und einem Staatsangehörigen mit gewöhnlichem Aufenthalt im Ausland;

f) Feststellung während der Minderjährigkeit eines Kindes, dass die durch innerstaatliches Recht bestimmten Voraussetzungen, die zum Erwerb der Staatsangehörigkeit des Vertragsstaats kraft Gesetzes geführt haben, nicht mehr erfüllt sind;

g) Adoption eines Kindes, wenn dieses die ausländische Staatsangehörigkeit eines oder beider adoptierenden Elternteile erwirbt oder besitzt.

(2) 1Ein Vertragsstaat kann – außer in den Fällen des Absatzes 1 Buchstaben c und d – den Verlust seiner Staatsangehörigkeit für Kinder vorsehen, deren Eltern diese Staatsangehörigkeit verlieren. Kinder verlieren jedoch diese Staatsangehörigkeit nicht, wenn einer ihrer Elternteile sie beibehält.

(3) Ein Vertragsstaat darf – außer in den in Absatz 1 Buchstabe b genannten Fällen – in seinem innerstaatlichen Recht den Verlust der Staatsangehörigkeit nach den Absätzen 1 und 2 nicht vorsehen, wenn der Betreffende dadurch staatenlos würde.“

a) Verbot von Diskriminierungen

Ausbürgerungen aus Gründen von Rasse, Weltanschauung, Religion oder Geschlecht laufen nicht nur den im Grundgesetz verankerten Werten der Bundesrepublik Deutschland zuwider, sondern verstoßen auch gegen Art. 9 des Übereinkommens zur Verminderung der Staatenlosigkeit und andere Vertragswerke, die Diskriminierungen aus den genannten Gründen verbieten. Zu nennen sind hier nur das Diskriminierungsverbot aus Art. 14 EMRK, die Gleichheitsrechte aus Art. 20 – 26 der Charta der Grundrechte der Europäischen Union, aber auch Art. 24 der Arabischen Charta der Menschenrecht, welcher Religions-, Gedanken- und Meinungsfreiheit garantiert.

b) Verbot willkürlicher Ausbürgerungen

Nach Art. 15 Abs. 2 der Allgemeinen Erklärung der Menschenrechte und Art. 4 des Europäischen Übereinkommens über die Staatsangehörigkeit darf niemandem seine Staatsangehörigkeit willkürlich entzogen werden.[679] Die Allgemeine Erklärung der Menschenrechte stellte als Resolution der General-

679 Das Verbot eines willkürlichen Entzuges der Staatsangehörigkeit verbietet auch Art. 24 der Arabischen Charta der Menschenrechte.

versammlung der Vereinten Nationen zunächst kein bindendes Recht dar.[680] Dadurch, dass in der Folge jedoch zahlreiche internationale und nationale Dokumente auf den Inhalt der Allgemeinen Erklärung der Menschenrechte Bezug genommen haben, ist sie inzwischen – jedenfalls in ihren elementarsten Garantien der Menschenrechte[681] – in Völkergewohnheitsrechts erstarkt und als völkerrechtlich verbindliches Recht anzusehen.[682] Selbst wenn man aber das Verbot des willkürlichen Entzugs der Staatsangehörigkeit nicht als elementares Recht der Allgemeinen Menschenrechtserklärung gelten lassen will, ist Art. 15 Abs. 2 aber zumindest ein Ausdruck der politischen Meinung der Mitglieder der Vereinten Nationen[683] und soll aus diesem Grunde berücksichtigt werden.

Das Merkmal der Willkür wird im deutschen Rechtssystem bei einer Entscheidung aufgrund sachfremder Erwägungen bejaht, welche objektiv unvertretbar und außer Verhältnis zur Situation getroffen wird.[684] Auch wenn höherrangiges Recht nicht durch nachrangiges definiert werden kann und darf, muss hier in Ermangelung einer eindeutigen Definition des Merkmals der Willkür auf internationaler Ebene auf die unumstrittene Auslegung durch das nachrangige Recht zurückgegriffen werden.

Die Ausbürgerung eines Staatsangehörigen aufgrund illoyalen Verhaltens, das heißt, aufgrund seiner Abwendung von rechtsstaatlichen Pflichten und auch seiner Abwendung von der freiheitlich demokratischen Grundordnung der Bundesrepublik, kann nicht als willkürlich gewertet werden.[685] Der Schutz des Staates, seines Bestandes und damit auch der Schutz der Bürger, welche sich in ihrer Gesamtheit zu der Bundesrepublik und ihrem Wertesystem bekennen, ist kein sachfremdes Interesse, sondern ein Grundanliegen Deutschlands. Ist das Ausmaß des Vertrauensbruchs durch den Auszubürgernden außerdem gravierend genug, steht die Aberkennung der Staatsangehörigkeit jenes Landes, dessen Rechtsordnung und Werte nicht geschätzt werden, nicht

---

680 HANNAPPEL, Staatsangehörigkeit, S.31.

681 So HAILBRONNER/ KAU, in: GRAF VITZTHUM, Völkerrecht, S.227; VERDROSS/ SIMMA, Völkerrecht, S.822 f.

682 HERDEGEN, in: MAUNZ/ DÜRIG, GG, Art.1 Abs.2 Rn.24 (Stand: 02/2004), 29; HOBE, Völkerrecht, S.425; KEMPEN/ HILLGRUBER, Völkerrecht, S.312; a.A. EPPING, in: IPSEN, Völkerrecht, § 7 Rn.9.

683 DREIER, in: DREIER, GG, Vorb., Rn.25.

684 HERDEGEN, in: MAUNZ/ DÜRIG, GG, Art.1 Abs.1 Rn.120 (Stand: 05/2009).

685 Vgl. hierzu auch DAHM/ DELBRÜCK, Völkerrechtssubjekte, S.81 f.

außer dem Verhältnis zur Situation, sondern stellen geradezu eine konsequente Reaktion dar.

c) Verbot der Schaffung von Staatenlosigkeit?

Grundsätzlich hat sich die Bundesrepublik dazu verpflichtet, die Schaffung eines rechtlichen Zustandes, der die Staatenlosigkeit zur Folge hat, zu vermeiden. Dies ergibt sich aus Art. 8 Abs. 1 des Übereinkommens zur Verminderung der Staatenlosigkeit[686] ebenso wie aus Art. 4 des Europäischen Übereinkommens über die Staatsangehörigkeit[687]. Art. 15 Abs. 1 der Allgemeinen Erklärung der Menschenrechte gibt gar ein Recht auf Staatsangehörigkeit. Allerdings erfährt diese generelle Pflicht zur Vermeidung der Staatenlosigkeit immer wieder Einschränkungen.

In Art. 8 Abs. 2 lit. b) des Übereinkommens zur Verminderung der Staatenlosigkeit wird das grundsätzliche Verbot des Entzuges der Staatsangehörigkeit mit der Folge der Staatenlosigkeit im Bezug auf den betrügerischen Erwerb der Staatsangehörigkeit eingeschränkt. Wird also die Einbürgerung erschlichen oder im Einbürgerungsverfahren arglistig getäuscht, kann die Staatsangehörigkeit demzufolge entzogen werden, auch wenn der Betroffene dadurch staatenlos würde. Diese Vorschrift kann sich jedoch naturgemäß nur an solche Bürger richten, welche die deutsche Staatsangehörigkeit durch Einbürgerung und nicht bereits originär durch Geburt erworben haben. Der durch Art. 8 Abs. 2 lit. b) des Übereinkommens geregelte Sachverhalt entspricht damit dem des § 35 StAG.

Weiterhin erkennt Art. 8 Abs. 3 des Übereinkommens den Entzug der Staatsangehörigkeit aufgrund solcher Tatsachen an, welche zeigen, dass sich der Betroffene in Widerspruch zu seinen Treuepflichten gegenüber dem Staat gesetzt hat. Dies gilt insbesondere dort, wo das Verhalten des Staatsangehörigen den Lebensinteressen des Staates zuwider läuft und sich damit die Aufkündigung seiner Treue gegenüber dem Staat manifestiert. Diese Regelung kann sowohl originäre als auch eingebürgerte Staatsangehörige erfassen. Dies zeigt, dass illoyales Verhalten aus dem absoluten Gebot der Vermeidung von Staatenlosigkeit herausfällt. Es wird eine Abwägung getroffen zwischen dem Bestand des Staates und den Interessen des Einzelnen, nicht staatenlos zu werden. Vor dem Hintergrund, dass das Verhalten des Einzelnen selbst zu der

686 Vom 30.08.1961, BGBl. 1977 II, S.579.

687 Vom 06.11.1997, BGBl. 2004 II, S.578.

Konfliktsituation geführt hat, fällt die Abwägung zugunsten des Schutzes des Staates aus.

Art. 8 Abs. 3 des Übereinkommens kann allerdings nicht durch die Bundesrepublik angewandt werden, da eine entsprechende Erklärung, von den Regelungen Gebrauch machen zu wollen, nicht abgegeben wurde.

Das Europäische Übereinkommen über die Staatsangehörigkeit sieht in Art. 7 Abs. 1 grundsätzlich vor, dass ein Bürger seine Staatsangehörigkeit nicht aufgrund eines Gesetzes oder auf Veranlassung des Vertragsstaates verlieren darf. Hierfür werden in Art. 7 lit. a) bis g) jedoch Ausnahmetatbestände geschaffen. Interessant ist hier insbesondere die Ausweisung aufgrund arglistigen Verhaltens bei der Einbürgerung gemäß lit. b), und aufgrund eines Verhaltens, das den wesentlichen Interessen des Staates zuwiderläuft, lit. d).

Der Abs. 3 des Art. 7 schränkt die ausnahmsweise Erlaubnis zum Entzug der Staatsangehörigkeit jedoch wieder ein. So darf ein Betroffener durch den Verlust der Staatsangehörigkeit nach dem Abs. 1 nicht staatenlos werden. Eine Rückausnahme gilt insoweit nur für lit. b), also der Ausbürgerung aufgrund arglistiger Täuschung.

Dies führt zu dem Ergebnis, dass die Ausbürgerungsgründe aus Art. 7 Abs. 1 lit. a) bis g) nur bei Mehrstaatlern bedenkenlos angewandt werden dürfen, da diese durch den Verlust einer Staatsangehörigkeit nicht staatenlos werden. Die Ausbürgerung kann dagegen bei Staatsangehörigen ohne eine zweite Staatsangehörigkeit nur im Falle der arglistigen Täuschung bei dem Einbürgerungsverfahren zu jeder Zeit und mit der Konsequenz der Staatenlosigkeit erfolgen. Allerdings hat dies weiterhin zur Folge, dass nur eingebürgerte und nicht originäre Staatsangehörige von einem Entzug der Staatsangehörigkeit betroffen werden können. Außerdem erscheint es schwierig, im Falle eines Eingebürgerten, welcher erst nach seiner Einbürgerung verfassungsschädliche Neigungen zeigt, nachzuweisen, ob er schon bei dem Bekenntnis zur freiheitlich demokratischen Grundordnung im Einbürgerungsverfahren insgeheim log und damit arglistig täuschte.

Praktisch wird es daher sehr schwierig, illoyale Staatsangehörige auszubürgern, wenn ihnen dadurch die Staatenlosigkeit droht. Lediglich der Nachweis der Mitgliedschaft in einer terroristischen Vereinigung zum Zeitpunkt der Einbürgerung oder sonstige Anhaltspunkte, welche eine anfängliche verfassungsfeindliche Gesinnung zeigen, könnten hier Abhilfe schaffen. Es muss deshalb in Erwägung gezogen werden, die Beweislast, dass der Betroffene nicht schon bei der Einbürgerung illoyal gegenüber Deutschland eingestellt war, diesem selbst aufzuerlegen.

d) Völkergewohnheitsrecht und ius cogens

Das Völkergewohnheitsrecht und das zwingende Völkerrecht kennen keine Pflicht der Staaten, Staatenlosigkeit um jeden Preis zu vermeiden.[688] Dies zeigen schon die bereits aufgeführten Völkerrechtsverträge, in denen zwar eine Vermeidung der Staatenlosigkeit angestrebt wird, diese jedoch nicht vollkommen und in jedem Fall ausgeschlossen ist.

Weiter kann argumentiert werden, dass Völkerrechtsverträge gegen die Staatenlosigkeit sowie die Einrichtung der Stelle eines Beauftragten für Staatenlose bei den Vereinten Nationen nicht vonnöten wären, wenn es zwingendes Völkerrecht wäre, dass der Zustand der Staatenlosigkeit nicht rechtswirksam sein kann. In diesem Fall wäre die Ausbürgerung mit der Folge der Staatenlosigkeit bereits nach dem allgemeinen Völkerrecht rechtswidrig, und aus völkerrechtlicher Sicht behielte der Betroffene die Staatsangehörigkeit des ausbürgernden Landes.

e) Ergebnis

Aus völkerrechtlicher Sicht ist eine Ausbürgerung aus gewichtigem Grund auch mit der Folge der Staatenlosigkeit grundsätzlich möglich. Lediglich willkürliche und diskriminierende Ausbürgerungsgründe können nicht geltend gemacht werden. Sobald sich ein Staatsangehöriger jedoch gegen die Existenz seines Heimatlandes richtet, kann und muss eine Abwägung zugunsten des Staates und zu Lasten des einzelnen Staatsangehörigen erfolgen.

Völkervertraglich ist die Bundesrepublik an das Europäischen Übereinkommens über die Staatsangehörigkeit gebunden, was zur Folge hat, dass eine Ausbürgerung mit der Folge der Staatenlosigkeit nur schwerlich möglich ist beziehungsweise die völkerrechtlichen Pflichten Deutschlands verletzt. Allerdings kann Deutschland seine eingegangenen Verpflichtungen in Form der

688 RANDELZHOFER, in: MAUNZ/ DÜRIG, GG, Art.16 Abs.1 Rn.33 (Stand: 09/1983); BROWNLIE, International Law, S.396 ff.; HOBE, Völkerrecht, S.93; EPPING/ GLORIA, in: IPSEN, Völkerrecht, § 24 Rn.28 f.; WEIS, Nationality S.126; vgl. auch HANNAPPEL, Staatsangehörigkeit, S.30 f. zu der Allgemeinen Erklärung der Menschenrechte und der Europäischen Menschenrechtskonvention.

aufgezeigten völkerrechtlichen Verträge jederzeit kündigen. Art. 19 Abs. 1 des Übereinkommens zur Vermeidung von Staatenlosigkeit sieht diese Möglichkeit ebenso vor wie Art. 31 des Europäischen Übereinkommens über die Staatsangehörigkeit. Sollte also auf Seiten Deutschlands ein politischer Wille dahingehend bestehen, die Rechtsfolge der Staatenlosigkeit im Falle der Ausbürgerung aufgrund illoyalen Verhaltens zulassen zu wollen, stehen dem weder europarechtliche noch völkerrechtliche Bedenken entgegen, da die bestehenden völkerrechtlichen Verpflichtungen kündbar sind.

IV. Die Rückübernahme ehemaliger Staatsangehöriger

Mit der Frage nach der Ausbürgerung illoyaler Staatsangehöriger muss auch die Frage nach den Folgen der Ausbürgerung gestellt werden. Wie bereits gezeigt ist der Entzug der Staatsangehörigkeit mit der Konsequenz der Staatenlosigkeit des Betroffenen in Grenzen rechtlich möglich. Es ergibt sich nun die Problematik, welcher Staat die Verantwortung für den nun Staatenlosen zu übernehmen hat.

1. Die Rückübernahme eigener Staatsangehöriger

Bevor man sich mit der Frage auseinandersetzt, ob ehemalige Staatsangehörige durch ihr Heimatland wiederaufgenommen werden müssen, soll der Hintergrund für die Annahme beleuchtet werden, dass Betroffene, welche noch Staatsangehörige eines Landes sind, wieder durch dieses zwingend zurückgenommen werden müssen. Dabei interessiert in der vertieften Betrachtung nicht, ob der einzelne Staatsangehörige einen Anspruch gegen seinen Heimatstaat auf Rückkehr hat, sondern ob der Aufenthaltsstaat einen solchen Anspruch gegen den Heimatstaat geltend machen kann.

Der Anspruch des privaten Bürgers gegen seinen Staat ergibt sich aus dem rechtlichen Band der Staatsangehörigkeit selbst. Durch dieses darf der Staatsangehörige konsularischen und diplomatischen Schutz einfordern und sich im Inland niederlassen. Begrenzt und geregelt wird dieser Anspruch durch die nationalen Regelungen über die Staatsangehörigkeit des Heimatstaates und kann vom Aufenthaltsstaat nicht beeinflusst werden. Der Anspruch von Staaten gegeneinander auf Rückübernahme eigener Staatsangehöriger ergibt sich dagegen aus dem Völkerrecht und ist unabhängig von der Tatsache, ob der Staatsangehörige nach nationalem Recht einen Anspruch auf Aufnahme durch seinen Staat hat.[689]

a) Rückübernahmeabkommen

Rechtlich eindeutig ist die Verpflichtung zur Rückübernahme von Staatsangehörigen dort, wo völkerrechtliche Verträge eben diese Rechtsfrage behandeln.

Bereits im 19. Jahrhundert wurde die Pflicht zur Rückübernahme von illegalen Einwanderern durch Verträge zwischen den deutschen Staaten begründet.[690] So schloss in den Jahren 1818 und 1820 Preußen mit Bayern und mit Sachsen Verträge, in denen es um die Rückübernahme von „Vagabunden" und „Ausgewiesenen" ging. Auch der Gothaer Vertrag aus dem Jahre 1851 und die Eisenacher Übereinkünfte aus den Jahren 1853 und 1858 regelten zwischen 17 deutschen Staaten die Behandlung Heimatloser und die Rückübernahme eigener und ehemaliger Staatsangehöriger. Auf der zweiten Haager Konferenz im Jahre 1930 wurde versucht, Einigkeit hinsichtlich der Frage der Rückführung von eigenen und ehemaligen Staatsangehörigen zu erzielen. Dies scheiterte jedoch an der Rechtsansicht einiger Staaten, nicht zur Aufnahme eigener Staatsangehöriger verpflichtet zu sein.

Nach dem zweiten Weltkrieg und mit dem Beginn des Kalten Krieges in den Jahren 1950 bis 1970 wurden ausschließlich im westeuropäischen Raum Rückübernahmeabkommen geschlossen.[691] Diese sahen durchweg eine Aufnahmepflicht bezüglich eigener Staatsangehöriger vor. Aber auch Drittstaatsangehörige und Staatenlose, welche über das Gebiet eines Vertragsstaates illegal in das Gebiet des anderen Vertragsstaates eingereist waren, konnten zurückgeführt werden.

Voraussetzung war jedoch zumeist, dass der Zeitpunkt der illegalen Einreise nicht zu lange zurück lag. Für die Rückführung illegal eingereister Drittstaatsangehöriger oder Staatenloser galt damit eine Frist. Diese war allerdings schwerlich zu bestimmen, da der Zeitpunkt gerade einer illegalen Einreise nur schwer festzustellen war. Ehemalige Staatsangehörige wurden in den Ab-

689 HAILBRONNER, Rückübernahme, S.10 und 33.

690 Vgl. – auch zum Folgenden – CHU, Rückübernahme, S. 22 ff.

691 Insgesamt waren es 15 RÜA, so CHU, Rückübernahme, S. 25 f.

kommen vernachlässigt. Die Rückübernahmeabkommen waren zumeist bilateraler Natur. Lediglich im skandinavischen Raum und zwischen den Beneluxstaaten wurden bereits zu diesem Zeitpunkt multilaterale Abkommen geschlossen und damit ein Gebiet faktisch ohne Binnengrenzen geschaffen.

Nach der Öffnung des Ostblocks wurden die Rückübernahmeabkommen in großer Zahl auch mit osteuropäischen Ländern abgeschlossen, um damit die Zuwanderung aus Osteuropa einzudämmen.[692] Die generelle Wiederaufnahmepflicht hinsichtlich eigener Staatsangehöriger wurde in diesen Übereinkommen ebenso bestätigt wie die Verpflichtung, über das Hoheitsgebiet des Vertragspartners eingereiste Drittstaatsangehörige und Staatenlose zurückzunehmen. Allerdings entfiel in den neueren Verträgen die Befristung der Ausweisung anhand des Zeitpunkts der illegalen Einreise.

Ehemaligen Staatsangehörigen wurde weiterhin nur wenig Beachtung geschenkt. Lediglich vereinzelt wurde auch ihre Rückübernahme durch den früheren Heimatstaat geregelt, soweit nicht bereits eine neue Staatsangehörigkeit erworben wurde.[693] Ein Musterabkommen des Europäischen Rates,[694] welches eine Aufnahmeverpflichtung auch für ehemalige Staatsangehörige vorsah, änderte daran nichts.

Durch die Schengen-Übereinkommen[695] und das entsprechende Durchführungsübereinkommen[696] wurden die Binnengrenzen in der Europäischen Union in praktischer Hinsicht aufgehoben, denn Grenzkontrollen und die Überwachung von illegaler Einwanderung fand seitdem nur noch an den Außengrenzen der Europäischen Union statt. Hierdurch entstand jedoch die Problematik, dass einmal illegal Eingereiste sich frei zwischen den europäi-

692 In dieser Zeit wurden in Europa 305 RÜA abgeschlossen; in derselben Zeitspanne und USA, Kanada und Australien nur 18; vgl. hierzu und zum Folgenden CHU, Rückübernahme, S. 28 ff.

693 Vgl. nur Art.2 Abs.1 in dem deutsch-bulgarischen RÜA aus dem Jahr 1995, BGBl. II, S.99, sowie das deutsch-ungarische Abkommen in Art.1 Abs.1, BGBl. II 1999, S.90.

694 Empfehlung des Rates vom 30.11.1994 betreffend den Musterentwurf eines bilateralen Rückübernahmeabkommens zwischen einem Mitgliedstaat und einem Drittstaat, in Kraft seit dem 01.01.1995, Amtsblatt Nr. C 274 vom 19.09.1996, S.20 ff.; vgl. auch die Empfehlung des Rates vom 24.07.1995 betreffend Leitsätze für die Ausarbeitung von Protokollen zur Durchführung von Rückübernahmeabkommen, in Kraft seit dem 01.07.1995, Amtsblatt Nr. C 274 vom 19.09.1996, S.25 ff.

695 BGBl. 1993 II, S. 1010.

696 Amtsblatt Nr. L 239 vom 22.09.2000 S.19.

schen Staaten bewegen konnten und nur durch diese Länder ausgewiesen werden konnten, welche ein hinreichendes Rückübernahmeabkommen mit dem jeweiligen Heimatstaat hatten. Die Europäische Union strebte deshalb eine gemeinsame und einheitliche Politik der Mitgliedstaaten in Fragen der illegalen Einwanderung an.[697] In Art. 79 Abs. 2 lit. c) AEUV (ex-Art. 63 Abs. 2 lit. b) EGV) wird dem Europäischen Parlament und Rat die Kompetenz zugesprochen, Maßnahmen betreffend die Abschiebung und Rückführung illegaler Einwanderer zu erlassen. Aufgrund dieser Vorschrift schloss Europäische Union bereits 13 Rückübernahmeabkommen, welche für alle Mitgliedstaaten verbindlich sind und damit multilateralen Charakter haben.

Die Kompetenz der Europäischen Union in Fragen der Abschiebung und Rückführung schließt aber nicht aus, dass die Mitgliedstaaten selbst weitere Rückübernahmeabkommen abschließen. Diese dürfen allerdings inhaltlich nicht den Rückübernahmeabkommen der Europäischen Union zuwiderlaufen, da sonst die Zusammenarbeit und Einheit innerhalb der Union gefährdet wird und gemeinsame Ziele nicht erreicht werden können, Art. 4 Abs. 3 AEUV (entspricht inhaltlich dem ex-Art. 10 EGV). Aus diesem Grund orientieren sich die neusten Rückübernahmeabkommen an dem Vertragsmuster der Europäischen Union. Sie regeln nicht nur die Aufnahme eigener Staatsangehöriger, sondern auch die Rückführung ehemaliger Staatsangehöriger, soweit diese nach dem Verlust der Staatsangehörigkeit keine neue erworben haben und auch keine Einbürgerungszusage eines anderen Landes erhalten haben. Auch bei der Durchreise Drittstaatsangehöriger oder Staatenloser mit der Folge der illegalen Einreise muss der Vertragsstaat, durch dessen Territorium die Durchreise erfolgte, die illegal Eingereisten wieder zurücknehmen.

Erstaunlich ist, dass die klassischen Zuwanderungsländer wie die USA, Kanada und Australien nur eine geringe Anzahl an Rückübernahmeabkommen abgeschlossen haben. Es schließen insbesondere europäische Staaten nach der dargestellten Vertragsvorlage der Europäischen Union standardisierte Rückübernahmeabkommen ab. Die Verpflichtung zur Rückübernahme eigener und ehemaliger Staatsangehöriger hat dadurch in dem weit überwiegenden Teil der entsprechenden Abkommen Einzug gefunden. Aber auch in sonstigen Assoziationsabkommen oder Kooperationsverträgen werden inzwischen, nach Anregung der Europäischen Union, standardisierte Rückübernahmeklauseln eingefügt.

697 Vgl. CHU, Rückübernahme, S. 35 ff.

Solange eine entsprechende vertragliche Vereinbarung gegeben ist, ist die Verpflichtung zur Rückübernahme eigener Staatsangehöriger unproblematisch gegeben. Außen vor bleiben aber insoweit informelle Rückübernahmeabkommen durch zwischenstaatliche Verständigungen – beispielsweise mittels eines Memorandums oder eines Briefwechsels –, da diese Abkommen keinen rechtsverbindlichen Charakter aufweisen.[698]

b) Pflicht zur Rückübernahme aus völkerrechtlichen Grundsätzen

Besteht keine Verpflichtung zur Rückübernahme der eigenen Staatsangehörigen aus einem völkerrechtlichen Vertrag stellt sich die Frage nach einer generellen Pflicht zur Rückübernahme aufgrund von allgemeinen völkerrechtlichen Regelungen.

(1) Ausweisungskompetenz des Aufenthaltsstaates

Eine generelle Pflicht zur Aufnahme der eigenen Staatsangehörigen kann als Gegenstück zu der Ausweisungskompetenz des Aufenthaltsstaates begründet werden. Zu der Souveränität eines Staates gehören insbesondere die Territorialhoheit und die Personalhoheit. Außerdem hat ein Staat das Recht, auf seine Selbsterhaltung zu achten und sein Bestehen zu schützen.

(1.1) *Personalhoheit*

Die Personalhoheit gibt dem Staat die Kompetenz, durch nationales Recht zu bestimmen, wer zu seinem Staatsvolk gehören soll. Daraus ergibt sich jedoch nicht das Recht des Staates, seine gesellschaftlichen Strukturen zu gestalten und Ausländer, die aufgrund ihres Verhaltens, zum Beispiel durch die Missachtung von Gesetzen, diese Strukturen gefährden, auszuweisen. Die Personalhoheit eines Staates bezieht sich lediglich auf sein Staatsvolk, das heißt auf die Personen, welche mittels des Bandes der Staatsangehörigkeit mit dem Staat verbunden sind. Gegenüber Ausländern kann ein Staat nur insoweit Rechte geltend machen, als sie sich auf dem Territorium des Staates aufhalten. Sobald ein Ausländer das Territorium des Staates verlässt, hat dieser keinerlei Kompetenzen mehr, in dessen Rechte einzugreifen. Die Befugnis, eine

---

698 CHU, Rückübernahme, S. 40.

Ausweisung gegenüber einem Ausländer durchzusetzen, beruht also bei genauer Betrachtung nicht auf der Personalhoheit des Staates, sondern auf seiner Territorialhoheit.[699]

(1.2) *Territorialhoheit*

Die Territorialhoheit gibt dem Staat das Recht zu bestimmen, wer sich auf seinem Staatsgebiet aufhalten darf. Ein- und Ausreise sowie der Aufenthalt von Ausländern darf durch die nationale Gesetzgebung des Staates geregelt werden und muss von anderen Staaten akzeptiert werden.[700] Das Recht des Staates auf Ausweisung von ihm nicht gewollter Ausländer ist unbeschränkbar. Eine Pflicht des Aufenthaltsstaates, die Ausweisung zu rechtfertigen, besteht nicht. Insbesondere muss die Annahme abgelehnt werden, dass ein Ausländer grundsätzlich das Recht habe, sich auf fremdem Territorium zu bewegen, solange er nicht eine Gefahr für die öffentliche Sicherheit und Ordnung darstelle, also die innerstaatliche Rechtsordnung achte.[701]

Eine solche Betrachtung schränkt die Territorialhoheit eines Staates in unzulässiger Weise ein.[702] Das Staatsgebiet ist eines der drei Grundelemente des Staates und begründet seine Existenz im Wesentlichen. Die Kompetenz, über dieses Staatsgebiet frei und ohne Einschränkung zu verfügen, ist für einen Staat von entscheidender Bedeutung und lebensnotwendig.

Dass ein allgemeines Recht des Ausländers, sich in einem fremden Territorium zu bewegen, völkerrechtlich nicht anerkannt ist, zeigen die Regelungen über umfassende Visumspflichten für Ausländer im Großteil aller Staaten.[703] Die Freizügigkeitsregelungen der Europäischen Union mit den Schengen-Abkommen wären ebenfalls nicht vonnöten, wenn ein Ausländer sich frei zwischen den Staaten bewegen dürfte, solange er sich rechtmäßig verhält.[704]

Aus dem absoluten Recht des Staates, Ausländer auszuweisen, muss sich die Pflicht auf Aufnahme des Ausländers durch einen Drittstaat ergeben. An-

---

699 CHU, Rückübernahme, S.10 f.

700 NOLL, Return, S.71; HAILBRONNER, Rückübernahme, S. 11; ders., ZaöRV 57/1997, 1 (4); GOODWIN-GILL, International Law, S.21.

701 NAFZIGER, AJIL 77/1983, 804 (845 f.) stellt zwar heraus, dass das Einreiseverbot für Ausländer ein anerkanntes Recht der Staaten ist, sieht dies jedoch kritisch im Hinblick auf willkürliche Einreiseverbote.

702 CHU, Rückübernahme, S.13.

703 CHU, Rückübernahme, S.13 f.

704 Vgl. auch das APEC-Programm und das ASEAN-Programm.

derenfalls wäre das Ausweisungsrecht des Aufenthaltstaates nur theoretischer Natur und nicht durchsetzbar. Zwar sind Fälle denkbar, in denen Immigranten ohne Aufnahme durch einen anderen Staat ausgewiesen werden. Als praktisches Beispiel werden hier die Bootsflüchtlinge benannt, welche mitunter wieder in internationale Gewässer zurückgesandt wurden.[705] Allerdings treten diese Fälle selten auf und sind im Hinblick auf die Situation der Bundesrepublik Deutschland nicht von Gewicht. In den meisten Fällen und ausdrücklich im Fall Deutschlands wird eine Ausweisung von Ausländern nicht ohne einen aufnehmenden Staat erfolgen können.

(1.3) *Selbsterhaltungsrecht des Staates*

Jeder Staat hat das völkerrechtlich anerkannte Recht, seine eigene Existenz zu wahren und die dafür nötigen Mittel zu ergreifen. Gefährdet ein Ausländer durch sein Verhalten die staatliche Ordnung oder die innere und äußere Sicherheit eines Staates, hat dieser das Recht, ihn auszuweisen. Das Selbsterhaltungsrecht greift jedoch nur ein, wenn ein Ausländer den Bestand des Staates durch schwere Straftaten – wie Terrorakte oder Taten gegen die rechtsstaatliche und demokratische Ordnung – wirklich gefährdet.[706] Bei einer Ausweisung aus sonstigen Gründen kann auf die Rechte des Staates aus seiner Territorialhoheit zurückgegriffen werden.

Auch in diesem Fall stellt sich allerdings die Problematik, welcher Staat dazu verpflichtet werden kann, den unerwünschten Ausländer bei sich aufzunehmen. Denn gerade im Bereich der Gefährdung der inneren oder äußeren Sicherheit durch einen Ausländer ist das Interesse des Aufenthaltstaates groß, die Ausweisung so schnell wie möglich durchzuführen, um die Gefährdungslage zu unterbinden.

(2) Aufnahmepflicht des Heimatstaates

Die Ausweisungskompetenz des Aufenthaltstaates muss also mit einer Aufnahmepflicht eines anderen Staates korrelieren.[707] Die Kompetenz des aufnehmenden Staates, über die Ein- und Ausreise in sein Territorium zu bestimmen, ist dabei nachrangig gegenüber der Territorialhoheit des ausweisen-

705 CHU, Rückübernahme, S.15.
706 CHU, Rückübernahme, S.11.
707 Vgl. VERDROSS/ SIMMA, Völkerrecht, S.794 § 1202.

den Staates und muss zurücktreten.[708] Bei dem zur Aufnahme verpflichteten Staat müssen deshalb neben den absoluten Grundsatz seiner Territorialhoheit noch weitere Elemente hinzutreten, welche eine besondere Verantwortung für die betroffene Person begründen.

(1.1) *Allgemeine Verpflichtungen*

Eine Aufnahmepflicht kann sich zunächst aus völkerrechtlichen Verträgen, insbesondere Vereinbarungen zwischen benachbarten Staaten, ergeben. Das Nachbarland des Aufenthaltstaates kann außerdem aus Gründen der guten Nachbarschaft dazu verpflichtet sein, über ihn illegal eingereiste Ausländer wieder zurückzunehmen. Zu den allgemeinen völkerrechtlichen Grundsätzen guter Nachbarschaft gehört es, dass Staaten ihr Territorium nicht zu Lasten anderer Staaten nutzen lassen. Wird durch einen Staat illegale Einwanderung in den Nachbarstaat geduldet oder sogar gefördert, kann sich hieraus als Form der Wiedergutmachung eine Pflicht zur Rückübernahme der illegal eingewanderten Ausländer ergeben.[709]

(1.2) *Menschenrecht auf Einreise*

Keine Wiederaufnahmepflicht gibt das Menschenrecht auf Ausreise nach Art. 13 Abs. 2 der Allgemeinen Erklärung der Menschenrechte. Diese Vertragsregel gibt lediglich das generelle Recht auf Ausreise vor, das heißt der Aufenthaltsstaat ist verpflichtet, die Ausreise des Ausländers zu dulden. Ausnahmen sind nur für den Fall vorgesehen, dass aus Gründen der nationalen Sicherheit oder der öffentlichen Ordnung oder Gesundheit eine Ausreise nicht gestattet werden darf. Allerdings gibt es ein grundlegendes Menschenrecht, dass die Rückkehr eines Staatsangehörigen in sein Heimatland verbrieft. Jedem Staatsangehörigen muss die Möglichkeit gegeben werden, dass er in seinen Heimatstaat einreist und sich dort niederlässt. Dieses Recht des Staatsangehörigen ist allgemein anerkannt. Dies zeigen diverse Übereinkommen, welche die Option einer Rückkehr von Staatsangehörigen in ihr Heimatland voraussetzen.

Dem steht nicht entgegen, dass in der Praxis der Staaten auch eigenen Staatsangehörigen nicht immer uneingeschränkt die Gelegenheit zur Einreise

708 NOLL, Return, S.71 f.

709 HAILBRONNER, Rückübernahme, S.74 f.

und Niederlassung im Inland gewährt wird. Als Beispiel ist das britische Staatsangehörigkeitsrecht zu nennen, welches von der Möglichkeit der Einreise auf das Territorium Großbritanniens bei bestimmten Kategorien von Staatsangehörigen absieht, beziehungsweise diese beschränkt. So benötigt ein Bürger des Commonwealth ebenso ein Visum zur Einreise in das Vereinigte Königreich wie ein Ausländer. Trotzdem kann dieser Umstand die erga omnes-Qualität des Menschenrechtes auf Einreise in das eigene Land nicht in Frage stellen.

Das Recht auf Einreise in das eigene Land umfasst nicht den Umstand, wohin der Einzelne einreisen darf und welche Bedingungen an die Einreise in bestimmte Regionen durch das nationale Recht geknüpft sind, sondern nur die grundsätzliche Befugnis einzureisen. Die Mitglieder des Commonwealth dürfen ohne weiteres in ihr jeweiliges Heimatland einreisen. Ihr Menschenrecht wird insoweit nicht eingeschränkt. Das Recht auf Einreise in das Territorium des Vereinigten Königreichs selbst wird durch das hier dargestellte Menschenrecht jedoch nicht geschützt.

Allerdings kann das Menschenrecht auf Einreise in das eigene Heimatland, also das Land, dessen Staatsangehörigkeit der Betroffene besitzt, nur zugunsten der Betroffenen eingesetzt werden. Das Menschenrecht auf Einreise gibt ein Recht, aber keine Pflicht zur Einreise.[710] Wenn also der Staatsangehörige nicht freiwillig in sein Heimatland einreist, kann sich der ausweisende Staat im Hinblick auf eine Wiederaufnahmeverpflichtung des Heimatstaates nicht auf das besagte Menschenrecht berufen. Gerade diese Fälle der zwangsweisen Ausweisung bereiten jedoch in der Rechtspraxis die meisten Probleme und sind im Rahmen der hier behandelten Problematik von Bedeutung.

(1.3) *Sorge für eigene Staatsangehörige*

Eine völkerrechtliche Pflicht zur Aufnahme der eigenen Staatsangehörigen gibt es auch im Falle der unfreiwilligen Ausweisung und Abschiebung des Ausländers durch den Aufenthaltstaat. Sie beruht auf dem rechtlichen Band der Staatsangehörigkeit, welche als gegen- und wechselseitige Beziehung zwischen dem Einzelnen und seinem Staat ausgestaltet ist.[711] In dem Maße, in

710 HAILBRONNER, Rückübernahme, S.11; vgl. auch CHETAIL, Migrations, S.59.

711 HAILBRONNER, Rückübernahme, S.20; ders., ZaöRV 57/1997, 1 (11); WEIS, Nationality S.45.

dem eine Person Rechte und Pflichten gegenüber seinem Heimatstaat hat, muss der Staat seinen Angehörigen Schutz zukommen lassen. Dies ist ein Aspekt der Personalhoheit jeden Staates. Jeder Staat hat die Pflicht, für seine Staatsangehörigen zu sorgen.[712]

Eine Form dieser Sorge ist der diplomatische und konsularische Schutz, der dem Staatsangehörigen durch sein Heimatland im Ausland zuteil wird. Die Personalhoheit des Staates wird insoweit auch durch dritte Staaten respektiert und anerkannt. Ein Staat darf auf seine Staatsangehörigen rechtlich zugreifen, egal auf welchem Territorium sie sich befinden. Verletzt ein fremder Staat die Rechte eines Staates in der Person seiner Staatsangehörigen, also indem er beispielsweise die Menschenrechte dieser Person missachtet, kann der Heimatstaat seinen Staatsangehörigen im Ausland Schutz gewähren. Der Aufenthaltstaat muss dies respektieren, denn das Recht zu diplomatischen Schutz besteht zwischen zwei Staaten und nicht der zu schützenden Person und dem Aufenthaltstaat.

Aus diesem Recht auf Schutz des eigenen Staatsangehörigen durch den Heimatstaat gegen den Aufenthaltstaat ergibt sich im Gegenzug auch die Verpflichtung des Heimatstaates, seine eigenen Staatsangehörigen wieder aufzunehmen, sollten diese des Territoriums des fremden Staates verwiesen werden.[713] Diese Verpflichtung besteht, ebenso wie das Recht auf diplomatischen Schutz nicht gegenüber dem einzelnen Staatsangehörigen, sondern gegenüber dem ausweisenden Land selbst.

Die Verpflichtung, für die eigenen Staatsangehörigen Sorge zu tragen, wird durch die Staatsangehörigkeit begründet und kann nicht ohne Weiteres auf Drittstaaten übertragen werden. Die Verantwortung für die eigenen Staatsangehörigen kann nur dann abgegeben werden, wenn ein anderer Staat diese freiwillig übernimmt, da der Heimatstaat sonst in die absoluten Kompetenzen des anderen Staates eingreifen würde. Wird ein Ausländer durch einen Staat aufgenommen und ihm eine Aufenthaltserlaubnis gewährt, übernimmt der aufnehmende Staat freiwillig einen gewissen Teil der Verantwortung, die sonst der Heimatstaat zu tragen hätte. Allerdings kann sich der Aufenthaltsstaat dieser Verantwortung jederzeit entledigen, indem er den Ausländer ausweist und ihm die Aufenthaltserlaubnis entzieht. Die Sorge für den Betroffenen liegt dann wieder vollumfänglich bei dem Heimatstaat.[714] Dieser kann auf

712 HAILBRONNER, Rückübernahme, S.20.
713 HAILBRONNER, Rückübernahme, S.20, 97, 11.
714 WEIS, Nationality S.45 f.

die Ausweisung und damit die Beendigung der Übernahme der Verantwortung durch den Aufenthaltsstaat auch in keiner Weise Einfluss nehmen, da dieser aufgrund der bereits dargestellten Territorialhoheit die Kompetenz hat, Ausländer seines Territoriums zu verweisen. Aufgrund des Bandes der Staatsangehörigkeit muss nun der Heimatstaat wieder an die Stelle des Aufenthaltstaates treten und seinem Staatsangehörigen die Erlaubnis geben, sich auf seinem Territorium niederzulassen.

(3) Zwischenergebnis

Aus der Kombination der absoluten Ausweisungskompetenz der Staaten und der aus dem Band der Staatsangehörigkeit resultierenden Fürsorgepflicht der Staaten für ihre Angehörigen entsteht die völkerrechtliche Situation, dass ein Staat verpflichtet ist, seine eigenen Staatsangehörigen in sein Territorium einreisen zu lassen und die Erlaubnis zur Niederlassung erteilen muss. Wohin und wie genau der Staat seine Verpflichtung ausformuliert und ob er, wie beispielsweise das Vereinigte Königreich Großbritannien, nur die Einreise in bestimmte Regionen des Staates zulässt, ist hiervon nicht berührt und unerheblich. Rechtsdogmatisch besteht aus völkerrechtlicher Sicht eine Wiederaufnahmeverpflichtung durch den Heimatstaat.

c) Pflicht zur Rückübernahme aus Gewohnheitsrecht

Auch wenn eine rechtsdogmatische Verpflichtung zur Rückübernahme eigener Staatsangehöriger besteht, ist von Interesse, ob die Staaten dies auch im Rahmen des völkerrechtlichen Gewohnheitsrechts anerkannt haben. Wie bereits dargelegt besteht das völkerrechtliche Gewohnheitsrecht aus einer ständigen Übung in der Praxis, welche durch eine entsprechende Rechtsüberzeugung der Staaten getragen wird.[715] Diese Rechtsüberzeugung kann in völkerrechtlichen Verträgen, Resolutionen oder bei Staatskonferenzen zum Ausdruck gebracht werden. Die Vielzahl von geschlossenen Rückübernahmeabkommen spricht bereits eine gewisse Sprache im Hinblick auf die ständige Übung der Staaten. Allerdings gibt es einige Staaten, die insbesondere Dissidenten oder nicht gewollte Minderheiten, welche einmal das Heimatland verlassen haben, nicht zurücknehmen wollen. Probleme bei der Rückführung der

715 Vgl. Art.38 Abs.1 lit.b) der Satzung des IGH.

jeweiligen Staatsangehörigen gibt es insbesondere bei China, Vietnam und Serbien, aber auch bei einigen afrikanischen Ländern.

In Hinblick auf diese Ausnahmen von der Regel, dass Staatsangehörige in ihren Heimatstaat aufgenommen werden, meint *Noll*, dass eine Rechtsüberzeugung im oben genannten Sinne nicht vorhanden ist. Eine allgemeine Rechtsüberzeugung hinsichtlich einer Verpflichtung zur Rückübernahme eigener Staatsangehöriger könne nur angenommen werden, wenn auch wirklich jeder Staat in der Praxis seine eigenen Staatsangehörigen zurücknehme. Da dem jedoch nicht so sei, stelle die Verpflichtung zur Rückübernahme von Staatsangehörigen kein allgemeines völkerrechtliches Gewohnheitsrecht dar, sondern sei lediglich durch einen Teil der Staaten der Welt akzeptiert.[716]

Auch die Staaten, welche die Rückübernahme der eigenen Staatsangehörigen ablehnten, taten dies aber nicht unter der Leugnung einer Rückübernahmepflicht.[717] Vielmehr wiesen diese Staaten als Grund für die Weigerung der Aufnahme auf eine fehlende Staatsangehörigkeit der Betroffenen hin. Grund hierfür war, dass die Betroffenen zumeist ausgebürgert wurden, sobald sie das Land verlassen hatten.[718] Eine ausdrückliche Handlung gegen die Rechtspflicht zur Rückübernahme der eigenen Staatsangehörigen und damit der Ausdruck, sich gegen eine entsprechende Rechtsüberzeugung wenden zu wollen, erfolgten nicht.

Sicherlich erscheint es problematisch, die bloße Tatsache, dass einige Staaten sich nicht ausdrücklich gegen eine Verpflichtung zur Rückübernahme wenden, als Anerkennung dieser Verpflichtung zu verstehen. Allerdings gibt der Umstand, dass jene Staaten es für nötig halten, ihre Staatsangehörigen auszubürgern, um ihnen die Einreise verweigern zu können, doch eine gewisse Indizwirkung. So scheinen sogar diese Staaten davon auszugehen, dass sie grundsätzlich dazu verpflichtet wären, eigene Staatsangehörige aufzunehmen und es deshalb der Ausbürgerung bedarf, um sich von den unerwünschten Angehörigen zu lösen.

Aber auch in dem Fall, dass die Rückübernahme eines Staatsangehörigen aus sonstigen Gründen oder ganz ohne Begründung verweigert wird, kann das nicht zu einer Vernachlässigung der generellen und weit überwiegenden völkerrechtlichen Praxis[719] und Rechtsüberzeugung führen. Handelt ein Staat

716 NOLL, Return, S. 64 ff.

717 CHU, Rückübernahme, S.45.

718 CHU, Rückübernahme, S.44.

719 So richtigerweise CRAWFORD, BYIL 47/1974-75, 341 (355 f.).

völkerrechtswidrig, entfällt dadurch nicht die entsprechende Verpflichtung aus dem Völkerrecht. Die breite Basis der Staatengemeinschaft geht von einer Übernahmeverpflichtung der eigenen Staatsangehörigen durch ihren Heimatstaat aus. Einzelne, davon abweichende Staaten können hieran nichts ändern und stehen einer ausreichenden Praxis im Sinne des völkerrechtlichen Gewohnheitsrechtes nicht im Wege. Die grundsätzliche Rechtsüberzeugung der Staatengemeinschaft geht von der Verpflichtung jedes Staates aus, seinen eigenen Staatsangehörigen Einreise und Aufenthalt zu gewähren.

2. Die Rückübernahme ehemaliger Staatsangehöriger

a) Rückübernahmeabkommen

Wie bereits dargelegt, wurden insbesondere die neuesten Rückübernahmeabkommen mit der Verpflichtung auch zur Rückübernahme ehemaliger Staatsangehöriger ausgestattet. Während bei dem Abschluss der ersten Rückübernahmeabkommen im 19. Jahrhundert die Rückübernahme auch ehemaliger Staatsangehöriger mit erfasst wurde, ließen die Abkommen nach dem Zweiten Weltkrieg eine diesbezügliche Regelung zunächst vermissen.[720]

Da mittlerweile im europäischen Raum ein Großteil der Rückübernahmeabkommen abgeschlossen wurde und wird, richten sich insbesondere die neuesten Abkommen nach dem Musterabkommen der Europäischen Union. So soll verhindert werden, dass die Rückübernahmeabkommen der Mitgliedstaaten den Rückübernahmeabkommen zuwider laufen, welche durch die Europäische Union abgeschlossen wurden und für die Mitgliedstaaten verbindlich sind. Die durch diese vereinheitlichten Abkommen übliche Regelung in Rückübernahmeabkommen weitet die Verpflichtung der Vertragsstaaten auf ehemalige Staatsangehörige aus.[721]

b) Rückübernahme aus Treu und Glauben

Außerhalb von vertraglichen Regelungen wird die Rückübernahme ehemaliger Staatsangehöriger rechtdogmatisch aus den Grundsätzen von Treu und

720 CHU, Rückübernahme, S. 22 ff.
721 CHU, Rückübernahme, S. 28 ff.

Glauben abgeleitet.[722] Solange eine Person Staatsangehöriger eines Landes ist, ist dieses nach oben Gesagtem zur Wiederaufnahme des Betroffenen verpflichtet. Könnte sich der Heimatstaat durch eine Ausbürgerung ohne Weiteres dieser Verpflichtung entziehen, würde dies der Territorialhoheit und damit der absoluten Ausweisungskompetenz des Aufenthaltstaates zuwiderlaufen. Die engste Verknüpfung des dann Staatenlosen besteht immer noch mit dem Staat, dessen Staatsangehöriger er zuletzt war, solange er keine neue Staatsangehörigkeit erworben hat.[723]

Die im nationalen Recht festgelegte und durch den Staat einseitig bestimmte Ausbürgerung kann insofern nur gegenüber dem Betroffenen gelten, aber nicht dazu führen, dass Drittstaaten ohne Weiteres in die Pflicht genommen werden. Eine Ausbürgerung nur mit dem Ziel, einem unbeteiligten Drittstaat die Last eines illoyalen Staatsangehörigen aufzuerlegen, ist rechtsmissbräuchlich und kann keine Rechtspflichten des Drittstaates auslösen.[724] Dies gilt insbesondere in solchen Konstellationen, in denen die alte Staatsangehörigkeit nicht ipso iure wieder auflebt, was – wie gezeigt – in den wenigsten Rechtssystemen vorgesehen ist.

3. Konsequenzen

Die dargestellten völkerrechtlichen Ansichten zu der Rückübernahme eigener und ehemaliger Staatsangehöriger müssen nun auf die rechtliche Situation der Ausbürgerung illoyaler Staatsangehöriger übertragen werden. Es stellt sich die Frage, ob die oben dargestellte Verpflichtung von Heimatstaaten, ihre eigenen und wohl auch ihre ehemaligen Staatsangehörigen wieder aufzunehmen zu Konsequenzen im Bereich der Ausbürgerung illoyaler Staatsangehöriger führt.

Die Rückübernahme eigener oder ehemaliger Staatsangehörige wird durchweg nur für den Fall anerkannt, dass der Staatsangehörige keine neue Staatsangehörigkeit erworben hat und dadurch zu einem anderen Staat ein neues rechtliches Band geknüpft hat. Aufenthaltsstaaten haben aus dem Grunde eine absolute Ausweisungskompetenz inne, weil sie dem fremden

722 HAILBRONNER, Rückübernahme, S.30 ff. und S.40 f.; vgl. auch VERDROSS/ SIMMA, Völkerrecht, S.794.

723 HAILBRONNER, Rückübernahme, S. 34.

724 HAILBRONNER, Rückübernahme, S.42 und 47; GOODWIN-GILL, International Law, S.209 f.; WEIS, Nationality S.57.

Staatsangehörigen nur vorübergehend eine Aufenthaltserlaubnis erteilt haben. Von dieser Verantwortungsübernahme können sich die Aufenthaltsstaaten aber jederzeit und ohne Weiteres befreien, da die endgültige Verantwortung aufgrund der Zugehörigkeit mittels einer Staatsangehörigkeit einem anderen Staat auferlegt ist.

Eine ganz andere Situation ergibt sich jedoch in dem Fall, dass der ehemalige Staatsangehörige durch Einbürgerung die Staatsangehörigkeit eines anderen Landes erwirbt und diese Staatsangehörigkeit durch das nationale Gesetz wieder verliert. Durch den Erwerb einer fremden Staatsangehörigkeit – unter Aufgabe aller anderen Staatsangehörigkeiten – wird ein Schnitt gesetzt, und es tritt ein Bruch zu dem vormaligen Heimatstaat ein. Der Aufenthaltsstaat übernimmt durch die Verleihung der eigenen Staatsangehörigkeit nun die Verantwortung für den Betroffenen zur Gänze. Er kann sich deshalb auch nicht ohne Weiteres wieder von dieser Verantwortung entbinden und eine Rückübernahme des Ausgebürgerten durch den vormaligen Heimatstaat verlangen. Zu keinem anderen Ergebnis kann der Umstand führen, dass in bestimmten Fällen die nationale Rechtsordnung die rückwirkende Aberkennung der Staatsangehörigkeit zulässt, so als ob der Betroffene niemals wirksam Staatsangehöriger des Landes geworden wäre.

In der Bundesrepublik kennt der neu eingeführte § 35 StAG diese Wirkung ex tunc. Betrügt der Einzubürgernde bei wesentlichen Umständen, welche zu seiner Einbürgerung geführt haben, wird ihm die deutsche Staatsangehörigkeit rückwirkend wieder aberkannt. An diese nationale Ausgestaltung des Staatsangehörigkeitsrechts müssen sich jedoch andere Staaten im Rahmen des Völkerrechts nicht festhalten lassen.

Kapitel 6: Rechtspoltische Wertungen und Perspektiven

Die Untersuchungen zeigen, dass der Staatsangehörige seinem Staat zumindest positive Gesetzestreue schuldet, das heißt Akzeptanz der bestehenden und durch die Mehrheit des Staatsvolkes gewollten Rechtsordnung.

Einen Entzug der Staatsangehörigkeit aufgrund illoyalen Verhaltens, sprich solchen Verhaltens, welches sich gegen die grundlegenden Werte und der sie verkörpernden Gesetze eines Staates richtet, kennen viele Rechtssysteme. Dabei kann der Verlust der Staatsangehörigkeit sowohl als Reaktion auf massive Gesetzesuntreue oder auch als präventive Maßnahme eingesetzt werden. Oftmals werden sich der repressive und der präventive Charakter einer Ausbürgerung nicht ohne Weiteres voneinander unterscheiden lassen, denn auf schon begangenes staatsfeindliches Unrecht wird auch deshalb reagiert, um weiteres staatsfeindliches Verhalten zu verhindern.

Das deutsche Staatsangehörigkeitsrecht kennt neben dem Verlust der Staatsangehörigkeit aufgrund der Hinwendung zu einem anderen Staat insbesondere auch die rückwirkende Aberkennung der erschlichenen Einbürgerung gemäß § 35 StAG. Sanktioniert wird damit gesetzeswidriges Verhalten. Die zu der Einführung des § 35 StAG angestellten rechtlichen Überlegungen lassen sich deshalb grundsätzlich auch auf gesetzwidriges Verhalten in Form von verfassungsfeindlichem Handeln angewandt.

Um den Wesensgehalt des Art. 16 Abs. 1 GG im Sinne des Art. 19 Abs. 2 GG zu garantieren, darf die Rechtsfolge der Ausbürgerung nur an schwerste Straftaten gegen die freiheitlich demokratische Grundordnung anknüpfen. Ein bloßer Verstoß gegen Bürgerpflichten, den das belgische Staatsangehörigkeitsrecht als Voraussetzung für die Aberkennung der Staatsangehörigkeit vorsieht, wird ferner dem Bestimmtheitsgrundsatz des deutschen Rechts nicht gerecht. Inhaltlich anzulehnen wären die zu schaffenden Tatbestände an die aufgezeigten, bereits getroffenen Werteentscheidungen des deutschen Rechts im Bereich des illoyalen Verhaltens deutscher, aber auch ausländischer Staatsangehöriger.

I. Änderung des Art. 16 Abs. 1 GG

Würde das deutsche Staatsangehörigkeitsrecht eine Aberkennung der Staatsangehörigkeit aufgrund illoyalen Verhaltens im vorgenannten Sinne normieren, wäre insoweit ein Verstoß gegen höherrangiges Recht zu prüfen. Zunächst käme ein Verstoß gegen Art. 16 Abs. 1 GG in Betracht. Art. 16 Abs. 1 GG sieht das absolute Verbot der Entziehung der Staatsangehörigkeit vor. Eine Ausbürgerung, die an illoyales Verhalten in Form von schwerstkriminellen Handlungen gegen die freiheitlich demokratische Grundordnung anknüpft, stellt jedoch nach der hier vertretenen Zumutbarkeitstheorie einen Verlust im Sinne des Art. 16 Abs. 1 GG dar. Die illoyale Handlung des Staatsangehörigen erfolgt freiwillig, ist also durch ihn beeinflussbar. Das Unterlassen der kriminellen Handlung, das heißt loyales Verhalten, ist ihm auch zumutbar, da verfassungsgemäßer Protest durch das Grundgesetz selbstverständlich geschützt ist.

Art. 16 Abs. 1 GG verbietet jedoch die Rechtsfolge der Staatenlosigkeit, welche bei den meisten Ausbürgerungen aufgrund des grundsätzlich verfolgten Prinzips der Einzelstaatlichkeit im deutschen Staatsangehörigkeitsrecht die Folge wäre. Im Rahmen des § 35 StAG wurde der Wortlaut des Art. 16 Abs. 1 GG durch das Bundesverfassungsgericht teleologisch reduziert beziehungsweise – und m. E. richtigerweise – eine Abwägung zwischen dem Prinzip der Gesetzmäßigkeit der Verwaltung und Art. 16 Abs. 1 GG durchgeführt. Die Besonderheit der erschlichenen Einbürgerung besteht jedoch darin, dass durch die Täuschung oder Drohung nach unserem Rechtsverständnis die Staatsangehörigkeit niemals wirksam erworben wurde. Auch wenn nicht nur die wohlerworbene Staatsangehörigkeit dem Schutz des Grundgesetzes unterfällt, ist doch die erschlichene Rechtsposition weniger schützenswert und muss sich stärkere Einschränkungen gefallen lassen, als die wohlerworbene Staatsangehörigkeit. Die Rechtsposition des Staatsangehörigen, der seine Einbürgerung nicht erschlichen hat, ist wesentlich schützenswerter. Das Band zwischen Staat und Bürger wurde wirksam hergestellt und darf nicht ohne Weiteres hinter anderen Verfassungsprinzipien zurückstehen.

Selbst die durch Täuschung erworbene Staatsangehörigkeit „erstarkt" nach 5 Jahren dergestalt, dass eine Rücknahme der erworbenen Rechtsposition als unverhältnismäßig angesehen werden muss, so dass § 35 StAG nicht mehr greift. Täuscht der illoyal Handelnde also nicht bereits bei seiner Einbürgerung über das Bekenntnis zur freiheitlich demokratischen Grundordnung, sind die vom Bundesverfassungsgericht und Bundesverwaltungsgericht zu der Rücknahme erschlichener Einbürgerungen aufgestellten Regeln auf den illoyalen Staatsagehörigen nicht übertragbar. Auch andere Staaten sehen durchaus die Rücknahme von Einbürgerungen wegen Täuschung vor, nicht aber die Ausbürgerung wegen illoyalen Handelns.

Um einen Verstoß gegen Art. 16 Abs. 1 GG also zu vermeiden, wäre eine Änderung des Wortlautes des Grundgesetzes an dieser Stelle vonnöten und angesichts der bereits bestehenden Regelung des § 35 StAG aus Gründen der Rechtsklarheit schon jetzt wünschenswert. Art. 16 Abs. 1 GG würde dann den Verlust der Staatsangehörigkeit ausnahmsweise auch mit der Folge der Staatenlosigkeit zulassen bei einer durch Täuschung oder Drohung erlangten Staatsangehörigkeit oder bei einem aktiven Kampf gegen die freiheitlich demokratische Grundordnung.

Die Rechtsfolge der Staatenlosigkeit bei schwerster Kriminalität gegen die freiheitlich demokratische Grundordnung würde auch nicht gegen europarechtliche oder völkerrechtliche Vorgaben verstoßen. Der Verlust der Unionsbürgerschaft setzt eine Verhältnismäßigkeitsprüfung voraus, die das deutsche Recht im Rahmen der Grundrechtsprüfung ohnehin vornimmt. Völkerrechtlich darf keine Ausbürgerung aus willkürlichen oder diskriminierenden Gründen stattfinden; auch dies sieht jedoch bereits das deutsche Grundgesetz selbst vor. Die Deutschland zur Vermeidung von Staatenlosigkeit verpflichtenden Verträge sind kündbar, so dass sie den hier vorgenommenen rechtspolitischen Erwägungen nicht hinderlich sind.

II. Generelle Zulassung von Mehrstaatigkeit

Der Problematik der bislang verfassungswidrigen Rechtsfolge des Staatenlosigkeit kann jedoch auch dadurch begegnet werden, dass die Bundesrepublik das grundsätzlich verfolgte Ziel der Vermeidung von Mehrstaatigkeit, auch angesichts der immer größeren tatsächlichen Anzahl von Mehrstaatern, aufgibt und Mehrstaatigkeit im Einbürgerungsverfahren generell zulässt. Das Prinzip der Einzelstaatlichkeit hat m. E. keinen Verfassungsrang. Wie bereits dargestellt hätte die generelle Zulassung von Mehrstaatigkeit jedoch auch unerwünschte Folgen. Auch wenn die oftmals erwähnten Loyalitätsprobleme angesichts des Aussetzens der deutschen Wehrpflicht und entsprechender Übereinkommen zwischen Deutschland und anderen Staaten nicht mehr die gravierendsten Probleme der Mehrstaatler darstellen dürften, macht sich Deutschland durch die Zulassung von Mehrstaatigkeit doch von anderen Staaten abhängig. Darf ein Einzubürgernder seine „alte" Staatsangehörigkeit behalten, hängt es vom Staatsangehörigkeitsrecht seines bisherigen Heimatlandes ab, ob dieses einen Verlust der Staatsangehörigkeit bei dem Erwerb einer neuen Staatsangehörigkeit vorsieht. Auch die angestrebte Option der Ausbürgerung einen solchen Staatsangehörigen ohne die Folge der Staatenlosigkeit hinge dann, unbeeinflussbar durch das deutsche Rechtssystem, vom Staatsangehörigkeitsrecht des vormaligen Heimatstaates ab. Die Möglichkeit der Ausbürgerung illoyaler Staatsangehöriger würde so – für das deutsche Recht vollkommen willkürlich – von dem Fortbestand der anderen Staatsangehörigkeit abhängen.

III. Unterscheidung zwischen derivativem und originärem Erwerb

Andere Rechtssysteme kennen bereits die Ausbürgerung als Reaktion auf staatsfeindliches Verhalten der eigenen Staatsangehörigen. Als prägnantes Beispiel hierfür ist in dieser Arbeit das belgische Staatsangehörigkeitsrecht vorgestellt worden. Auffallend ist, dass insbesondere solche Rechtssysteme, welche den Erwerb der Staatsangehörigkeit grundsätzlich an die Abstammung knüpfen, bei der Ausbürgerung zwischen originären und derivativen Staatsangehörigen unterscheiden. Im deutschen Staatsangehörigkeitsrecht klingt eine solche Unterscheidung ebenfalls als lediglich faktisches Moment bei der Rücknahme der erschlichenen Einbürgerung an, wird aber auch bei der Verfassungsmäßigkeit der Optionsregelung aus § 29 StAG, diskutiert.

Die Idee hinter der Unterscheidung derivativ und originär erworbener Staatsangehörigkeit ist, dass die Abstammung von eigenen Staatsangehörigen immer auch als eine gewisse Garantie für die Vermittlung und Weiterreichung der eigenen Kultur erscheint. Aus diesem Grund kennt vor allem das „alte Europa" das Abstammungsprinzip, während sich typische Einwanderungsländer wie die USA oder Australien vornehmlich auf das Territorialprinzip fokussieren.

Die Homogenität des deutschen Volkes wird durch die Verfassung vorausgesetzt. Auch wenn man nach der hier vertretenen Auffassung das Abstammungsprinzip nicht als verfassungsrechtlich ausschließlichen und unabdingbaren Garant für die Bewahrung dieser Homogenität gelten lassen will, stellt die Abstammung im Unterschied zur Einbürgerung doch einen sachlichen Grund für die Differenzierung zwischen originären und derivativen Staatsangehörigen dar. Die Abstammung garantiert, wenn nicht ausschließlich, so doch in wesentlich höherem Maße die Homogenität des deutschen Volkes als das Bekenntnis zur freiheitlich demokratischen Grundordnung im Rahmen einer Einbürgerung. Da die Differenzierung zwischen originären und derivativen Staatsangehörigen somit auf einem sachlichen Grund beruht, wird auch dem Prinzip der Einheitlichkeit der Staatsangehörigkeit genüge getan.

Die Ausbürgerung allein auf derivative Staatsangehörige zu erstrecken, kann folglich verfassungsrechtlich gerechtfertigt werden und ist vor dem Hintergrund, dass das Abstammungsprinzip das vorherrschende Erwerbsprinzip in Deutschland ist und der Großteil der Deutschen so ihre Staatsangehörigkeit erworben hat, auch nicht ohne Sinn. Staatsangehörige durch Abstammung haben, sofern sie nicht ausnahmsweise Mehrstaater sind, niemals eine andere Staatsangehörigkeit besessen. Sie gehörten stets zum deutschen Staatsvolk und der Staat kann und darf sich der Verantwortung ihnen gegenüber nicht durch Ausbürgerung entledigen. Derivative Staatsangehörige jedoch haben sich bewusst und nachträglich für das deutsche Staatsvolk entschieden. Sie haben sich damit auch für das deutsche Rechtssystem, die freiheitlich demokratische Grundordnung, entschieden. Sie gehören nicht von Beginn ihres Lebens an selbstverständlich und vorhersehbar zum deutschen Staatsvolk, sondern haben diese Zugehörigkeit nachträglich durch Einbürgerung erworben. Auch wenn Deutschland völkerrechtlich betrachtet durch die Einbürgerung die volle Verantwortung für den nun deutschen Staatsangehörigen trägt, bricht dieser doch durch sein Verhalten aus der Homogenität eines Staatsvolkes aus, dem er vordringlich aufgrund seiner Hinwendung zu diesem angehört. Das heißt, gibt der Eingebürgerte die Hinwendung zum die deutschen Staatsangehörigen verbindenden Element der deutschen Rechtsordnung als deutsches Kulturelement auf, indem er sich eben gegen diese Rechtsordnung wendet, verliert er auch seine Zugehörigkeit zu diesem Staatsvolk, mit dem ihn nicht anderes als seine Einbürgerung verbindet.

Die verfassungsrechtlich gerechtfertigte Unterscheidung zwischen derivativen und originären Staatsangehörigen muss jedoch auch kritisch beleuchtet werden, denn sie führt faktisch zu zwei deutschen Staatsangehörigkeiten. Durch eine Schlechterstellung der derivativ erworbenen Staatsangehörigkeit zu der originären wird ein Stufensystem im deutschen Staatsangehörigkeitsrecht geschaffen. Der Eingebürgerte könnte sich seiner deutschen Staatsangehörigkeit niemals so sicher sein, wie der originäre Staatsangehörige. Dies hätte sicherlich auch Auswirkungen auf den Integrationswillen des Eingebürgerten. Eventuell könnte diesem Problem durch eine Befristung des Ausbürgerungsmöglichkeit, beispielsweise auf 10 bis 15 Jahre nach der Einbürgerung, begegnet werden. Dadurch würde aber das Ziel einer Gesetzesänderung hin zur Möglichkeit der Ausbürgerung illoyal handelnder Staatsangehöriger wieder eingegrenzt und somit im Ergebnis wenigstens teilweise verfehlt.

Die rechtspolitische Entscheidung hin zur Normierung der Ausbürgerung von derivativen Staatsangehörigen beinhaltet also auch die Entscheidung für eine Art Zweistufigkeit der Staatsangehörigkeiten, die man – wie die Schweiz – ablehnen, oder – wie Belgien – befürworten kann.

IV. Zweck einer Ausbürgerung

1. Ausweisung

Es bleibt jedoch vor allem zu fragen, was man mit einer Ausbürgerung illoyaler Staatsangehöriger erreichen möchte. Der Zweck einer Ausbürgerung aufgrund staatsfeindlichen Verhaltens besteht zunächst darin, dass ein Staat aufgrund seiner Territorialhoheit ausländische Personen des Staatsgebietes verweisen darf. Gerade im Fall solcher Personen, welche auch in Zukunft weiteres staatsfeindliches Verhalten entfalten könnten, erscheint die Rechtsfolge einer Ausbürgerung und damit der Schutz des Staates und der Bürger durchaus erstrebenswert.

Allerdings zeigen die vorgenommenen Untersuchungen, dass die Expatriierung eines Staatsangehörigen nicht ohne weiteres eine Aufnahmepflicht eines anderen Staates auslöst. Wenig problematisch ist dies in solchen Fällen, in denen der Ausgebürgerte wenigstens eine weitere Staatsangehörigkeit besitzt, also unter die Personalhoheit eines anderen Landes fällt. Auch wenn der nach der Ausbürgerung zunächst Staatenlose eine neue Staatsangehörigkeit erwirbt, kann eine Ausweisung in dieses Land erfolgen. Wird der Ausgebürgerte durch die Ausbürgerung allerdings dauerhaft staatenlos, hat er die engste Bindung weiterhin zu dem Staat, dessen Staatsangehöriger er zuletzt war. Die Ausbürgerung zwecks einer Ausweisung kann damit nur im Falle des

Mehrstaaters Erfolg haben, worauf sich wieder die bereits dargelegte Überlegung anschließt, Mehrstaatigkeit vermehrt zuzulassen.

Das deutsche Staatsangehörigkeitsrecht verfolgt jedoch bislang den Grundsatz der Vermeidung von Mehrstaatigkeit. Daraus folgt, dass die überwiegende Zahl deutscher Staatsangehöriger keine weitere Staatsangehörigkeit besitzt. Ein Entzug der Staatsangehörigkeit führt dann stets zur Staatenlosigkeit der Betroffenen. In diesen Fällen bleibt Deutschland nach völkerrechtlichem Verständnis weiterhin für die Staatenlosen verantwortlich. Das stärkste Band besitzt der ehemalige Staatsangehörige immer noch zu Deutschland, dessen Staatsangehörigkeit er zuletzt als einzige besaß. Deutschland kann sich durch eine Ausbürgerung nicht des ungewünschten Bürgers „entledigen". Eine Ausweisung kommt ohne freiwillige Aufnahme durch einen anderen Staat nicht in Betracht. Der Entzug der Staatsangehörigkeit aufgrund illoyalen Verhaltens führt also regelmäßig nicht zu dem gewünschten Ziel der Ausweisung.

2. Verlust des status activus

a) Durch Ausbürgerung

Ein anderer und entscheidender Zweck der Ausbürgerung ist jedoch der Verlust bürgerlicher Rechte. Der illoyale Staatsangehörige eines demokratischen Staates soll aufgrund des Verlustes der Staatsangehörigkeit fortan nicht mehr die Möglichkeit erhalten, durch Wahlen auf die Geschicke des Staates Einfluss zu nehmen, welchen er durch sein Handeln zu unterwandern versucht. In der deutschen Rechtsordnung ist dabei von Bedeutung, dass bestimmte Grundrechte allein von deutschen Staatsangehörigen geltend gemacht werden können. Dabei werden mit den Art. 8 (Versammlungsfreiheit), 9 (Vereinigungsfreiheit) und 38 (Wahlrecht) GG Freiheiten garantiert, welche Minderheiten und ihre Meinungsäußerungen schützen und die Staatsgewalt beim Volke verankern. Die paradoxe Situation, dass ein Staatssystem einer solchen Person Schutz und Mitbestimmungsrechte einräumt, welche eben dieses Staatssystem gegen den Willen der Mehrheit abschaffen möchte, wird so durch die Ausbürgerung und damit die Aberkennung eben dieser Deutschenrechte aufgelöst.

b) Durch Art. 18 GG

Diese Rechtsfolge kann jedoch ebenso über eine konsequente Anwendung des Art. 18 GG erreicht werden, wonach nicht nur die Deutschengrundrechte, sondern alle im politischen Sinne relevanten Grundrechte verwirkbar sind. Durch die Zuweisung der Verwirkungsentscheidung an das Bundesverfassungsgericht wird außerdem der Tragweite der Entscheidung im angemesseneren Maße Rechnung getragen, als lediglich durch eine Verwaltungsentscheidung. Angeregt werden kann deshalb eine Ausweitung der Anwendung des Art. 18 GG auf illoyale deutsche Staatsangehörige.

Wie bereits zu Beginn der Untersuchung festgestellt, stellt Art. 18 GG jedoch ein eher „stumpfes Schwert" dar, da sich die meisten Antragsberechtigten vor dem Gang zum Bundesverfassungsgericht angesichts der Außenwirkung bei einem unzulässigen oder unbegründeten Antrag aber auch vor dem aufwendigen Verfahren selbst scheuen. Solange also weiterhin Art. 18 GG nur sehr eingeschränkt bis gar nicht durch die öffentliche Hand genutzt wird, stellt das Verwirkungsverfahren wohl keine geeignete Lösung für die Behandlung illoyaler Staatsangehöriger dar.

c) Durch strafrechtliche Nebenfolgen

In Betracht gezogen werden muss jedoch auch der Verlust des status activus aufgrund strafrechtlicher Vorschriften. So sieht § 92 a StGB bereits jetzt als strafrechtliche Nebenfolge für den Friedensverrat, den Hochverrat oder die Gefährdung des demokratischen Rechtstaats (§§ 80 bis 92 b StGB) die Möglichkeit vor, dass das Gericht „die Fähigkeit, öffentliche Ämter zu bekleiden, die Fähigkeit, Rechte aus öffentlichen Wahlen zu erlangen, und das Recht, in öffentlichen Angelegenheiten zu wählen oder zu stimmen, aberkennen" kann. § 92 b StGB verweist auf § 45 Abs. 2 und 5 StGB.

Allerdings wird auch von der Möglichkeit der Aberkennung der Bürgerrechte als strafrechtliche Nebenfolge nur in sehr geringem Umfang Gebrauch gemacht. Im Jahre 2010 wurden die Nebenfolge des § 45 StGB nur dreimal ausgesprochen, davon zweimal wegen einer Straftat im Amt und einmal wegen der Bildung einer terroristischen Vereinigung im Ausland.[725] Insgesamt erfolgten jedoch im Jahre 2010 2.381 Verurteilungen wegen Friedensverrat,

725 Statistisches Bundesamt, Fachserie 10 Reihe 3, Rechtspflege, Strafverfolgung, 2010, S.26.

Hochverrats oder Staatsgefährdung.[726] Eine Ausweitung der Anwendung ist hier allerdings sicherlich einfacher zu bewerkstelligen als das Verfahren des Art. 18 GG.

V. Schlussbetrachtung

Die Schaffung eines gesetzlichen Rahmens zur Ausbürgerung illoyaler Staatsangehöriger ist im deutschen Recht durchaus möglich und würde ein Zeichen gegen den Missbrauch der freiheitlich demokratischen Grundordnung gegen sich selbst setzen. Ob die Ausbürgerung illoyaler Staatsangehöriger jedoch auch im rechtspolitischen Sinne zweckmäßig ist oder das angestrebte Ziel, der Verlust des status activus, auch auf andere und vielleicht sogar einfachere Weise erfolgen kann, muss hinterfragt werden.

In Zeiten fortwährender terroristischer Bedrohungen, eben auch durch eigene Staatsangehörige, auf der einen Seite und der Öffnung Deutschland hin zu einem freizügigen Europa der Unionsbürger wird das deutsche Staatsangehörigkeitsrecht vermutlich bereits in naher Zukunft neuen Entwicklungen unterliegen.

726 Statistisches Bundesamt, Fachserie 10 Reihe 3, Rechtspflege, Strafverfolgung, 2010, S.354 ff.

Thesen

I. Grundlegendes und Problemaufriss: Die Pflicht des Staatsangehörigen zur positiven Gesetzestreue

1. Die Idee der Staatsangehörigkeit und die daraus zwangsläufig folgende Entscheidung, wer die Staatsangehörigkeit eines Staates besitzen soll, sind von besonderer Bedeutung, wenn alle Staatsgewalt vom Volke ausgeht. Dabei kann der Erwerb der Staatsangehörigkeit originär, d.h. durch Geburt im Inland oder durch Abstammung, oder derivativ, d.h. durch Einbürgerung, erfolgen. Unabhängig davon, wie Staatsangehörigkeit in rechtlicher Hinsicht definiert wird, ergeben sich nach allen Ansichten aus ihr Rechte und Pflichten des Bürgers.
2. Die Staatsangehörigkeit ist in ihrer weitreichenden Bedeutung verschiedenen Begrifflichkeiten unterworfen. Im staatsrechtlichen Sinne werden Erwerbs- und Verlusttatbestände geregelt, während völkerrechtlich die Rechtsfolgen aus der staatsrechtlichen Definition den Begriff der Staatsangehörigkeit prägen.
3. Vor dem Hintergrund der vorliegend erwähnten Bedeutung der Staatsangehörigkeit stellt sich die Frage, ob das Negieren des eigenen Staates bzw. der durch ihn verbürgten Grundrechte und –pflichten Konsequenzen für den Staatsangehörigen haben muss. Der Staatsangehörige schuldet seinem Staat zwar nach der richtigen Rechtsprechung des Bundesverfassungsgerichts keine Werteloyalität, wohl aber eine positive Gesetzestreue, da Gesetze der Ausdruck des Willens der Mehrheit in einem demokratischen Rechtsstaat sind. Aber nur die extremsten Ausprägungen von Illoyalität, in der Form von Terrorismus, der Ablehnung des staatlichen Systems als Ganzes oder der durch die Verfassung verbürgten Rechte, sind für die zu untersuchende Frage nach der Möglichkeit der Ausbürgerung eigener Staatsangehöriger relevant.

II. Die deutsche Staatsangehörigkeit: Die Garantien des Art. 16 GG und die (Verlust-)Regelungen des StAG

4. Das Grundgesetz unterscheidet zwischen dem deutschen Staatsangehörigen in Art. 16 GG und dem Statusdeutschen in Art. 116 GG, dessen Rechtsposition sich aus dem Versuch der Wiedergutmachung nationalsozialistischen Unrechts im Rahmen des Staatsangehörigkeitsrechts erklärt.

5. Art. 16 Abs. 1 GG gewährleistet als institutionelle Garantie nicht nur den Bestand der deutschen Staatsangehörigkeit, sondern auch die Kernelemente des Schutzbereichs der Staatsangehörigkeit. Hierzu gehört nach der hier vertretenen Auffassung die Einheitlichkeit der deutschen Staatsangehörigkeit in der Form, dass eine Differenzierung zwischen verschiedenen Verlusttatbeständen einen sachlichen Grund aufweisen muss, wie auch der Rechtsgedanke des Art. 3 Abs. 1 GG zeigt. Das Grundgesetz setzt außerdem die Homogenität des deutschen Volkes voraus. Das bedeutet, dass deutsche Staatsangehörige durch das Element der deutschen Kultur verbunden sind. Der minimale kulturelle Konsens Deutschlands ist die freiheitlich demokratische Grundordnung. Ein Bekenntnis zu dieser wird aber nicht zwangsläufig nur durch das Abstammungsprinzip gewährleistet, wie teilweise diskutiert. Somit ist auch das Nebeneinander von Abstammungs- und des Territorialprinzip mit dem Schutzbereich des Art. 16 Abs. 1 GG vereinbar, auch wenn die daraus resultierenden Fälle von Mehrstaatigkeit nicht wünschenswert sind.
6. Verbotene Entziehung und (bei fehlender Staatenlosigkeit) erlaubter Verlust im Sinne des Art. 16 Abs. 1 GG werden richtigerweise mit Hilfe der Zumutbarkeitstheorie unterschieden, wonach der Verlust vorhersehbar und vermeidbar sein und sich an den Grundrechten des einzelnen Bürgers messen lassen muss. Diese Definition der Entziehung der deutschen Staatsangehörigkeit führt über die Vereinbarkeit mit den Grundrechten des Einzelnen zu dem gewünschten optimalen Schutz des Staatsangehörigen vor willkürlicher, diskriminierender und unrechtmäßiger Ausbürgerung.
7. Der Verlust der deutschen Staatsangehörigkeit bestimmt sich einfachgesetzlich nach §§ 17 ff. StAG und kennt Formen der Illoyalität nur bei der Hinwendung zu einem anderen Staat. Der Verlust der Staatsangehörigkeit bei einem gezielten Agieren eines Staatsangehörigen gegen den Staat und seine Rechtsordnung ist nicht vorgesehen. Nur im Vorfeld des Erwerbs der Staatsangehörigkeit wurde die Rücknahme der betrügerisch erworbenen Einbürgerung nach § 35 StAG – bei der allerdings nach korrekter juristischer Betrachtung niemals eine Staatsangehörigkeit erworben wurde – eingeführt.
8. Das deutsche Recht kennt jedoch Rechtsfolgen für illoyales Verhalten bei Art. 18 GG durch die Aberkennung von Bürgerrechten, im Strafgesetzbuch und bei Ausländern mit der Folge der Ausweisung.

III. Verlustmöglichkeiten der Staatsangehörigkeit in anderen Staaten: Die Unterscheidung zwischen derivativem und originärem Erwerb

9. Kennt das Staatsangehörigkeitsgesetz eines Landes die Rechtsfolge der Ausbürgerung wird in den meisten Staatsangehörigkeitsgesetzen die Möglichkeit der Ausbürgerung auf die derivativ erworbene Staatsangehörigkeit beschränkt. Belgien begründet diese Einschränkung mit der belgischen Kulturgemeinschaft, die mit der Abstammung weitergereicht werde. Führt ein Staat den originären Erwerb der Staatsangehörigkeit dagegen grundsätzlich auf die Geburt im Inland zurück, kann dieses Argument nicht greifen. Die USA kennt demgemäß nur die Ausbürgerung aufgrund unwahrer Angaben im Einbürgerungsverfahren, welche aber zwangsläufig nur derivativ erworbene Staatsangehörigkeiten betreffen kann. Weiterhin wird in einigen Gesetzen eine Ausbürgerung nur möglich, soweit nicht die Rechtsfolge der Staatenlosigkeit eintritt.
10. In § 35 StAG, d.i. die Rücknahme der erschlichenen Einbürgerung, unterscheidet auch das deutsche Staatsangehörigkeitsrecht faktisch zwischen derivativen und originären Staatsangehörigen.

IV. Der zulässige Verlust der Staatsangehörigkeit im Völker- und Europarecht

11. Die Unionsbürgerschaft, als gemittelte Form einer Bürgerschaft, hängt vom Erwerb und Verlust der nationalen Staatsangehörigkeit ab. Der vom EuGH entworfene und zu Recht kritisierte Kernbereich der Unionsbürgerschaft aus Art. 20 AEUV als eigenständiges mobilitätsunabhängiges Recht erfordert eine Verhältnismäßigkeitsprüfung beim Verlust der Unionsbürgerschaft. Der Verlust der Unionsbürgerschaft aus Gründen der Gefährdung der öffentlichen Sicherheit und Ordnung und aus Gründen des Gemeinwohls ist jedoch jederzeit zulässig.
12. Aus völkerrechtlicher Sicht ist eine Ausbürgerung aus gewichtigem Grund auch mit der Folge der Staatenlosigkeit grundsätzlich möglich. Lediglich willkürliche und diskriminierende Ausbürgerungsgründe sind unzulässig. Völkervertraglich ist die Bundesrepublik freilich insoweit gebunden, dass eine Ausbürgerung mit der Folge der Staatenlosigkeit die völkerrechtlichen Pflichten Deutschlands verletzt. Allerdings kann Deutschland die geschlossenen völkerrechtlichen Verträge jederzeit kündigen.
13. Es besteht eine völkerrechtliche Pflicht zur Rücknahme eigener Staatsangehöriger aufgrund der aus der Staatsangehörigkeit resultierenden

Fürsorgepflicht des Staates in Verbindung mit der absoluten Ausweisungskompetenz des Aufenthaltsstaates. Die Rücknahme ehemaliger Staatsangehöriger bestimmt sich nach Abkommen oder gewohnheitsrechtlich aufgrund von Treu und Glauben. Keine Pflicht zur Rückübernahme eigener oder ehemaliger Staatsangehörige besteht jedoch dann, wenn der Staatsangehörige eine neue Staatsangehörigkeit erworben und dadurch zu einem anderen Staat ein neues Band geknüpft hat. Der Staat übernimmt durch die Verleihung der eigenen Staatsangehörigkeit nun die Verantwortung für den Betroffenen und kann sich dieser nicht durch die rückwirkende Aberkennung der Staatsangehörigkeit entziehen. An entsprechende nationalen Ausgestaltungen des Staatsangehörigkeitsrechts – wie beispielsweise bei § 35 StAG – sind andere Staaten völkerrechtlich nicht gebunden.

V. Rechtspolitische Wertungen und Perspektiven

14. Eine Ausbürgerung, die an ein Agieren gegen die freiheitlich demokratische Grundordnung anknüpft, stellt nach der hier vertretenen Zumutbarkeitstheorie einen zulässigen Verlust dar. Art. 16 Abs. 1 GG verbietet jedoch die Rechtsfolge der Staatenlosigkeit. Täuscht der illoyal Handelnde also nicht bereits bei seiner Einbürgerung über sein Bekenntnis zur freiheitlich demokratischen Grundordnung, kommt eine Rücknahme der Einbürgerung nicht in Betracht. Um einen Verstoß gegen Art. 16 Abs. 1 GG zu vermeiden, wäre eine Änderung des Wortlautes des Grundgesetzes vonnöten. Die Rechtsfolge der Staatenlosigkeit würde, wie gezeigt, auch nicht gegen europarechtliche oder völkerrechtliche Vorgaben verstoßen.
15. Die generelle Zulassung von Mehrstaatigkeit stellt keine gleichwertige Alternative zur Änderung des Art. 16 Abs. 1 GG dar. Denn dann hängt es von der Gesetzeslage im bisherigen Heimatland des Betroffenen und nicht vom deutschen Recht ab, ob die angestrebte Option der Ausbürgerung ohne die Folge der Staatenlosigkeit in Frage kommt.
16. Bei einer Differenzierung zwischen derivativen und originären Staatsangehörigen im Rahmen der Ausbürgerung liegt ein sachlicher Grund vor. So garantiert die Abstammung, wenn nicht auch nach der hier vertretenen Ansicht nicht ausschließlich, doch in wesentlich höherem Maße die Homogenität des deutschen Volkes als das Bekenntnis zur freiheitlich demokratischen Grundordnung bei einer Einbürgerung. Daraus

folgt, dass wenn der Eingebürgerte die Hinwendung zum die deutschen Staatsangehörigen verbindenden Element der deutschen Rechtsordnung als deutsches Kulturelement aufgibt, indem er sich eben gegen diese Rechtsordnung wendet, er auch seine Zugehörigkeit zu diesem Staatsvolk verliert, mit dem ihn nicht anderes als seine Einbürgerung verbindet. Die somit verfassungsrechtlich gerechtfertigte Unterscheidung zwischen derivativen und originären Staatsangehörigen muss jedoch auch kritisch betrachtet werden, denn sie führt zu einem Stufensystem im deutschen Staatsangehörigkeitsrecht.

17. Der Zweck einer Ausbürgerung aufgrund staatsfeindlichen Verhaltens besteht zunächst darin, dass ein Staat aufgrund seiner Territorialhoheit ausländische Personen des Staatsgebietes verweisen darf. Allerdings zeigen die vorgenommenen Untersuchungen, dass die Expatriierung eines Staatsangehörigen nur bedingt eine Aufnahmepflicht eines anderen Staates auslöst.
18. Ein anderer und entscheidender Zweck der Ausbürgerung ist jedoch der Verlust bürgerlicher Rechte. Der illoyale Staatsangehörige eines demokratischen Staates soll aufgrund des Verlustes der Staatsangehörigkeit nicht mehr die Möglichkeit erhalten, durch Wahlen auf die Geschicke des Staates Einfluss zu nehmen, welchen er durch sein Handeln zu unterwandern versucht. Diese Rechtsfolge könnte ebenso über eine konsequente Anwendung des Art. 18 GG oder der Aberkennung der Bürgerrechte als strafrechtliche Nebenfolge erreicht werden. Dies sind jedoch in der Praxis wenig verwendete und damit „stumpfe Schwerter“.

Literaturverzeichnis

AERTS, CATHLEEN: Voor he teerst in 60 jaar wordt een Belg vervallen verklaard van den Belgische nationaliteit, T. Vreemd 2010, S. 31 ff.

BECKER, YVONNE: Rückwirkender Wegfall der deutschen Staatsangehörigkeit – Entziehung oder Verlust?, NVwZ 2006, S. 304 ff.

BENDA, ERNST/ KLEIN, ECKART/ KLEIN, OLIVER: Verfassungsprozessrecht, 2. Auflage (Vorauflage), Heidelberg u.a. 2001; zitiert: BENDA/ KLEIN, Verfassungsprozessrecht.

BERGMANN, ALEXANDER/ FERID, MURAD/ HENRICH, DIETER (Hrsg.): Internationales Ehe- und Kindschaftsrecht mit Staatsangehörigkeitsrecht, Stand: Mai 2011, Frankfurt am Main, Berlin; zitiert: Bearbeiter, in: BERGMANN/ FERID, Ehe- und Kindschaftsrecht.

BERNSDORFF, Norbert: Probleme der Ausländerintegration in verfassungsrechtlicher Sicht, Frankfurt am Main u.a. 1986; zitiert: BERNSDORFF, Ausländerintegration.

BLANKE, HERMANN-JOSEF: Der Unionsvertrag von Maastricht – Ein Schritt auf dem Weg zu einem europäischen Bundesstaat?, DÖV 1993, S. 412 ff.

BLECKMANN, ALBERT: Das Nationalstaatsprinzip im Grundgesetz, DÖV 1988, S. 437 ff.

ders.: Anwartschaft auf das deutsche Staatsangehörigkeitsrecht?, NJW 1990, S. 1397 ff.

BLUMEWITZ, DIETER: Territorialitätsprinzip und Mehrstaatigkeit, ZAR 1993, S. 151 ff.

BÖCKENFÖRDE, ERNST-WOLFGANG: Staat, Verfassung, Demokratie, Frankfurt am Main 1991; zitiert: BÖCKENFÖRDE, Staat.

BRAUN, JOHANN: Der moralische Rechtsstaat, Ad Legendum 1/2012, S. 1 ff.

BROWNLIE, IAN: Principles of Public International Law, 6. Auflage, Oxford u.a. 2003; zitiert: BROWNLIE, International Law.

Bundesamt für Migration und Flüchtlinge: Die Einbürgerung von Ausländern in Deutschland, Integrationsreport, Teil 3, Working Paper 17, 2. Auflage, Nürnberg 2008; zitiert: BAMF, Integrationsreport 2008.

Bundesarchiv/ Deutscher Bundestag (Hrsg.): Der Parlamentarische Rat 1948-1949. Akten und Protokolle, Band 9: Plenum, bearbeitet von WOLFRAM WERNER, Boppard am Rhein 1996; zitiert: Sprecher, in: Bundesarchiv, Der Parlamentarische Rat.

Bundesministerium des Inneren: Rundschreiben des Bundesministerium des Inneren vom 27.03.1950, StAZ 1950, S. 122 ff.; zitiert: BMI, Rundschreiben.

dass.: Vorläufige Anwendungshinweise des Bundesministeriums des Inneren zum Aufenthaltsgesetz und zum Freizügigkeitsgesetz/EU, Stand: 22. Dezember 2004; zitiert: BMI, Vorläufige Anwendungshinweise, AufenthG, FreizügG.

dass.: Vorläufige Anwendungshinweise des Bundesinnenministeriums zum Staatsangehörigkeitsgesetz, Stand: 17. April 2009; zitiert: BMI, Vorläufige Anwendungshinweise. StAG.

CHU, TUAN DUC: Zur Rückübernahme von eigenen Staatsangehörigen: dargestellt anhand der deutsch-vietnamesischen Zusammenarbeit, Berlin 2009; zitiert: CHU, Rückübernahme.

CLOSSET, CHARLES-LOUIS/ RENAULD, BERNADETTE: Traité de la nationalité en droit belge, Brüssel 2004; zitiert: CLOSSET/ RENAULD, La nationalité.

CRAWFORD, JAMES: Decisions of British Courts during 1974-1975 involving questions of public and private international law, BYIL 47/1974-75, S. 341 ff.

DAHM, GEORG/ DELBRÜCK, JOST: Völkerrecht, Band I/ 2, Der Staat und andere Völkerrechtssubjekte, Räume unter internationaler Verwaltung, 2. Auflage, Berlin 2002; zitiert: DAHM/ DELBRÜCK, Völkerrechtssubjekte.

DAUSES, MANFRED A. (Hrsg): Handbuch des EU-Wirtschaftsrechts (Loseblatt-Kommentar), Band 1, 31. Ergänzungslieferung, München 2012; zitiert: Bearbeiter. in: DAUSES, Hdb EU.

DESPEUX, GILLES: Doppelte Staatsangehörigkeit in Frankreich, StAZ 2001, S. 129 ff.

DI FABIO, UDO: Das Bundesverfassungsgericht und die internationale Gerichtsbarkeit, in: ZIMMERMANN, ANDREAS (Hrsg.), Deutschland und die internationale Gerichtsbarkeit, Berlin 2004; zitiert: DI FABIO, Bundesverfassungsgericht.

DOLZER, RUDOLF/ GRAßHOF, KARIN/ KAHL, WOLFGANG/ WALDHOFF, CHRISTIAN (Hrsg.): Bonner Kommentar zum Grundgesetz (Loseblatt-Kommentar), Band 4: Art 15 – 19, 162. Ergänzungslieferung, Heidelberg 2013; zitiert: Bearbeiter, in: DOLZER/ GRAßHOF, BK-GG.

DORNIS, CHRISTIAN: Ungelöste Probleme des Staatsangehörigkeitsrechts – Gestufte Staatsangehörigkeit als Modell, ZRP 2001, S. 547 ff.

DREIER, HORST (Hrsg.): Grundgesetz Kommentar, Band 1: Präambel, Artikel 1 – 19, 2. Auflage, Tübingen 2007; zitiert: Bearbeiter, in: DREIER, GG.

DUCHOW, JULIA: Flüchtlingsrecht und Zuwanderungsgesetz unter Berücksichtigung der sog. Qualifikationsrichtlinie, ZAR 2004, S. 339 ff.

EHMANN, EUGEN/ STARK, HEINZ: Deutsches Staatsangehörigkeitsrecht, 8. Auflage, Heidelberg u.a. 2010; zitiert: EHMANN/ STARK, Staatsangehörigkeitsrecht.

ENGST, KATHRIN: Die Rücknahme rechtswidriger Verwaltungsakte am Beispiel der Einbürgerung, JuS 2007, S. 225 ff.

EPINEY, ASTRID: Die Rechtsprechung des EuGH im Jahr 2011, NVwZ 2012, S. 930 ff.

EPPING, VOLKER/ HILLGRUBER, CHRISTIAN (Hrsg.): Beck´scher Online-Kommentar zum Verfassungsrecht, Grundgesetz, Edition 13, München 2012; zitiert: Bearbeiter, in: EPPING/ HILLGRUBER, BeckOK-GG.

ERICHSEN, HANS-UWE/ BRÜGGE, LUDWIG: Die Rücknahme von Verwaltungsakten nach § 48 VwVfG, Jura 1999, S. 155 ff.

FOBLETS, MARIE-CLAIRE: Een nieuw nationaliteitsrecht? De wet van 1 maart 2000 tot wijziging van een aantal bepaling betreffende de Belgische nationaliteit, Rechtskundig Weekblad 2000 – 2001, S. 1145 ff.

dies./ LOONES, SANDER: Het Wetboek van de Belgische nationaliteit andermaal herzien (2006): het parlement ontzien of gezien?, T. Vreemd 2007, S. 23 ff.

FRANZ, FRITZ: Einbürgerungsanspruch für Nichtdeutsche mit Bleiberecht, ZAR 1988, S. 148 ff.

FRENZ, WALTER: Reichweite des unionsrechtlichen Aufenthaltsrechts nach den Urteilen ZAMBRANO und MCCARTHY, ZAR 2011, S. 221 ff.

FRIAUF, KARL-HEINRICH/ HÖFLING, WOLFRAM (Hrsg.): Berliner Kommentar zum Grundgesetz (Loseblatt-Kommentar), Band 2, Art. 16-35, 41. Ergänzungslieferung, Berlin 2013; zitiert: Bearbeiter, in: FRIAUF/ HÖFLING, Berliner Komm-GG.

GAZEAS, NIKOLAOS/ GROSSE-WILDE, THOMAS/ KIEßLING, ALEXANDRA: Die neuen Tatbestände im Staatsschutzstrafrecht – Versuch einer ersten Auslegung der §§ 89a, 89b und 91 StGB, NStZ 2009, S. 593 ff.

GNIELINSKI, THOMAS: Die Reform des deutschen Staatsangehörigkeitsrechts, Frankfurt am Main, 1999; zitiert: GNIELINSKI, Staatsangehörigkeitsrecht.

GÖBEL-ZIMMERMANN, RALPH/ EICHHORN, ALEXANDER: Entwicklungen des Staatsangehörigkeitsrechts seit 2000 – eine kritische Bilanz – Teil 2, ZAR 2010, S. 348 ff.

GÖBEL-ZIMMERMANN, RALPH/ MASUCH, THORSTEN: Die Neuregelung des Staatsangehörigkeitsrechts, DÖV 2000, S. 95 ff.

GOES, NINA ISABEL: Mehrstaatigkeit in Deutschland. Verfassungsrechtliche Kriterien, internationale und europäische Determinanten, Rechtsvergleichung, Baden-Baden 1997; zitiert: GOES, Mehrstaatigkeit.

GOODWIN-GILL, GUY: International Law and the Movement of Persons between States, Oxford 1978; zitiert: GOODWIN-GILL, International Law.

GOSEWINKEL, DIETER: Die Staatsangehörigkeit als Institution des Nationalstaats, in: GRAWERT, ROLF/ SCHLINK, BERNHARD/ WAHL, RAINER/ WIELAND, JOACHIM (Hrsg.), Offene Staatlichkeit. Festschrift für ERNST-WOLFGANG BÖCKENFÖRDE zum 65. Geburtstag, S. 359 ff., Berlin 1995; zitiert: GOSEWINKEL, Staatsangehörigkeit.

GRABITZ, EBERHARD/ HILF, MEINHARD (Hrsg.): Das Recht der europäischen Union (Loseblatt-Kommentar), Band I – III: EUV/ EGV, 50. Ergänzungslieferung, München 2013; zitiert: Bearbeiter, in: GRABITZ/ HILF, EU.

GRAIG, PAUL: The ECJ and Ultra Vires Action: A Conceptual Analysis, CMLR 48 (2011), S. 395 ff.

GRAWERT, ROLF: Staat und Staatsangehörigkeit, Berlin 1973; zitiert: GRAWERT, Staatsangehörigkeit.

ders.: Staat und Staatsbürgerschaft, Der Staat 23 (1984), S. 179 ff.

VON DER GROEBEN, HANS/ SCHWARZE, JÜRGEN (Hrsg.): Kommentar zum Vertrag über die Europäische Union und zur Gründung der Europäischen Gemeinschaft, Band 1: Art. 1-53 EUV – Art. 1-80 EGV, 6. Auflage, Baden-Baden 2003; zitiert: Bearbeiter, in: GROEBEN/ SCHWARZE, EU.

DE GROOT, GERARD-RENE: Staatsangehörigkeitsrecht im Wandel, Köln 1989; zitiert: DE GROOT, Staatsangehörigkeitsrecht.

GUTMANN, ROLF: Vom Ende der Inländerdiskriminierung im Ausländerrecht, InfAuslR 2011, S. 177 ff.

HAILBRONNER, KAY/ RENNER, GÜNTER/ MAAßEN, HANS GEORG (Hrsg.): Staatsangehörigkeitsrecht, Kommentar, 5. Auflage, München 2010; zitiert: Bearbeiter, in: HAILBRONNER/ RENNER, StAG.

HAILBRONNER, KAY: Rückübernahme eigener und fremder Staatsangehöriger – Völkerrechtliche Verpflichtungen der Staaten, Heidelberg 1996; zitiert: HAILBRONNER, Rückübernahme.

ders.: Erhebliche Risiken, Interview, in: Der Spiegel, Ausgabe 17/1996, S. 18; zitiert: HAILBRONNER, Der Spiegel 1996.

ders.: Readmission Agreements and the Obligation on States under Public International Law to Readmit their Own and Foreign Nationals, ZaöRV 57/1997, S. 1 ff.

ders.: Die Reform des deutschen Staatsangehörigkeitsrechts, NVwZ 1999, S. 1273 ff.

ders.: Das neue deutsche Staatsangehörigkeitsrecht, NVwZ 2001, S. 1329 ff.

ders./ THYM, DANIEL: RUIZ ZAMBRANO – Die Entdeckung des Kernbereichs der Unionsbürgerschaft, NJW 2011, S. 2008 ff.

HANNAPPEL, WOLFGANG: Staatsangehörigkeit und Völkerrecht, Frankfurt 1986; zitiert: HANNAPPEL, Staatsangehörigkeit.

HAUTH, ANJA: Einbürgerung nur auf Probe?, FoR 2007, S. 24 ff.

HECKER, HELLMUTH: Russische Föderation: Das neue Staatsangehörigkeitsgesetz, StAZ 2003, S. 245 ff.

HILF, MEINHARD: Die Staatsangehörigkeit der Palästina-Flüchtlinge, StAZ 1973, S. 84 ff.

HILLGRUBER, CHRISTIAN: Der Nationalstaat in der überstaatlichen Verflechtung, in: ISENSEE, JOSEF/ KIRCHHOF, PAUL (Hrsg.), Handbuch des Staatsrechts, Band II, 3. Auflage,§ 32, Heidelberg 2004; zitiert: HILLGRUBER, Hdb. Staatsrecht II, § 32.

HILPOLD, PETER: The Duty to Protect and the Reform of the United Nations – A New Step in the Development of International Law?, Max Planck UNYB 10 (2006), S. 35 ff.

HOBE, STEPHAN: Einführung in das Völkerrecht, 9. Auflage, Tübingen 2008; zitiert: HOBE, Völkerrecht.

ders./ MÜLLER-SARTORI, PATRICK: Rechtsfragen der Einbindung der EG / EU in das Völkerrecht, JuS 2002, S. 8 ff.

HOKEMA, TIDO OLIVER: Mehrfache Staatsangehörigkeit, Frankfurt am Main u.a. 2002; zitiert: HOKEMA, Staatsangehörigkeit.

HOPPE, MICHAEL: Verwurzelung von Ausländern ohne Aufenthaltstitel – wann kann Art. 8 I EMRK zu einem Anspruch auf eine Aufenthaltserlaubnis nach § 25 V AufenthG verhelfen?, ZAR 2006, S. 125 ff.

HUBER, BERTOLD: Die ausländerrechtlichen Folgen des EuGH-Urteils ZAMBRANO, NVwZ 2011, S. 856.

ders. (Hrsg.): Aufenthaltsgesetz, München 2010; zitiert: Bearbeiter, in: HUBER, AufenthG.

HUBER, PETER M./ BUTZJE, KIRSTEN: Das neue Staatsangehörigkeitsrecht und sein verfassungsrechtliches Fundament, NJW 1999, S. 2769 ff.

International Commission on Intervention and State Sovereignity: The Responsibility to Protect, Report, Ottawa 2001; zitiert: ICISS, The Responsibility to Protect.

IPSEN, KNUT (Hrsg.): Völkerrecht, 5. Auflage, München 2004; zitiert: Bearbeiter, in: IPSEN, Völkerrecht.

ISENSEE, JOSEF: Staat und Verfassung, in: ISENSEE, JOSEF/ KIRCHHOF, PAUL (Hrsg.), Handbuch des Staatsrechts, Band II, 3. Auflage, § 15, Heidelberg 2004; zitiert: ISENSEE, Hdb. Staatsrecht II, § 15.

JACH, MICHAEL: Welche Rechte für junge Ausländer? Bonner Koalition gerät in die Zwickmühle, in: Focus, Ausgabe Nr. 52/ 1994; zitiert: JACH, Focus 1994.

JÄHNKE, BURKHARD/ LAUFHÜTTE, HEINRICH WILHELM/ ODERSKY, WALTER (Hrsg.): Strafgesetzbuch, Leipziger Kommentar, Vierter Band: §§ 80 – 145 d, 12. Auflage, Berlin 2012; zitiert: Bearbeiter, in: JÄHNKE/ LAUFHÜTTE, Leipziger Komm-StGB.

JARASS, HANS D./ PIEROTH, BODO: Grundgesetz für die Bundesrepublik Deutschland, 11. Auflage, München 2011, zitiert: JARASS/ PIEROTH, GG.

JAYME, ERIK: Angola: Neues Staatsangehörigkeitsrecht, StAZ 2008, S. 51 ff.

JELLINEK, GEORG/ JELLINEK, WALTER: Allgemeine Staatslehre, 3. Auflage, Berlin 1914; zitiert: JELLINEK, Staatslehre.

KÄMMERER, JÖRN A.: Die Rücknahme erschlichener Einbürgerungen – Tor zur Staatenlosigkeit?, NVwZ 2006, S. 1015 ff.

KEMPEN, BERNHARD/ HILLGRUBER, CHRISTIAN: Völkerrecht, München 2007.

KINDHÄUSER, URS/ NEUMANN, ULFRIED/ PAEFFGEN, HANS-ULLRICH (Hrsg.): Strafgesetzbuch, Band 1, 3. Auflage, Baden-Baden 2010; zitiert: Bearbeiter, in: KINDHÄUSER/ NEUMANN, Nomos Komm-StGB.

KIRCHHOF, PAUL: Die Identität der Verfassung, in: ISENSEE, JOSEF/ KIRCHHOF, PAUL (Hrsg.), Handbuch des Staatsrechts, Band II, 3. Auflage, § 21, Heidelberg 2004; zitiert: KIRCHHOF, Hdb. Staatsrecht II, § 21.

KOTALAKIDIS, NIKOLAOS: Von der nationalen Staatsangehörigkeit zur Unionsbürgerschaft, Baden-Baden 2000; zitiert: KOTALAKIDIS, Unionsbürgerschaft.

KUNKEL, WOLFGANG/ SCHERMAIER, MARTIN: Römische Rechtsgeschichte, 14. Auflage, Köln u.a. 2005.

LÄMMERMANN, FALK: Unionsbürgerschaft und Optionspflicht – ein Widerspruch?, NVwZ 2012, S. 75 ff.

LECHNER, HANS/ ZUCK, RÜDIGER: Bundesverfassungsgerichtsgesetz Kommentar, München 2011; zitiert: LECHNER/ ZUCK, BVerfGG.

LEIBHOLZ, GERHARD/ V. MANGOLDT, HERMANN (Hrsg.): Jahrbuch des öffentlichen Rechts der Gegenwart, Band 1 (1951); zitiert: LEIPHOLZ/ V. MANGOLDT, JöR.

ders./ RUPPRECHT, REINHARD: Bundesverfassungsgerichtsgesetz, Köln 1968; zitiert: LEIBHOLZ/ RUPPRECHT, BVerfGG.

LOHSE, EVA JULIA: Die Rechtsprechung des EuGH zum Aufenthaltsrecht Drittstaatsangehöriger – auf dem Weg zur Achtung der Kompetenzverteilung bei der Gewährleistung bei der Gewährleistung von Grundrechten?, EuGRZ 2012, S. 693 ff.

LÖWER, WOLFGANG: Abstammungsprinzip und Mehrstaatigkeit, ZAR 1993, S. 156 ff.

LÜBBE-WOLFF, GERTRUDE: Entziehung und Verlust der deutschen Staatsangehörigkeit – Art. 16 I GG, Jura 1996, S. 57 ff.

LUCHTERHANDT, Otto: Nationale Minderheiten und Loyalität, Köln 1997; zitiert: LUCHTERHANDT, Loyalität.

MAAßEN, HANS-GEORG: Staatsangehörigkeitsrechtliche Fragen der Terrorismusbekämpfung, ZAR 2011, S. 336 ff.

MAKAROV, ALEXANDER N./ VON MANGOLDT, HANS: Deutsches Staatsangehörigkeitsrecht (Loseblatt-Kommentar), Band 1, Neuwied 1966; zitiert: MAKAROV/ V. MANGOLDT, StAG.

VON MANGOLDT, HANS: Ius sanguinis- und ius soli-Prinzip in der Entwicklung des deutschen Staatsangehörigkeitsrechts, StAZ 1994, S. 33 ff.

ders.: Öffentlich-rechtliche und völkerrechtliche Probleme mehrfacher Staatsangehörigkeit aus deutscher Sicht, JZ 1995, S. 965 ff.

ders./ KLEIN, FRIEDRICH/ STARCK, CHRISTIAN (Hrsg.): Kommentar zum Grundgesetz, Band 1: Präambel, Artikel 1 bis 19, 6. Auflage, München 2010; zitiert: Bearbeiter, in: V. MANGOLDT/ KLEIN, GG.

MASING, JOHANNES: Wandel im Staatsangehörigkeitsrecht vor den Herausforderungen moderner Migration, Tübingen 2001; zitiert: MASING, Staatsangehörigkeitsrecht.

MAUNZ, THEODOR/ DÜRIG, GÜNTER (Hrsg.): Grundgesetz Kommentar (Loseblatt-Kommentar), Band I: Texte-Art. 5, Band III: Art. 16-22, Band IV: Art. 23-55a, 68. Ergänzungslieferung, München 2013; zitiert: Bearbeiter, in: MAUNZ/ DÜRIG, GG.

MAUNZ, THEODOR/ SCHMIDT-BLEIBTREU, BRUNO/ KLEIN, FRANZ/ BETHGE, HERBERT (Hrsg.): Bundesverfassungsgerichtsgesetz Kommentar (Loseblatt-Kommentar), Band 1, 40. Ergänzungslieferung, München 2013; zitiert: Bearbeiter, in MAUNZ/ SCHMIDT-BLEIBTREU, BVerfGG.

MAURER, HARTMUT: Staatsrecht I, Grundlagen, Verfassungsorgane, Staatsfunktionen, 6. Auflage, München 2010; zitiert: MAURER, Staatsrecht I.

MARX, REINHARD: Kommentar zum Staatsangehörigkeitsrecht, Neuwied u.a. 1997; zitiert: MARX, StAG.

ders.: Handbuch zur Asyl- und Flüchtlingsanerkennung, Neuwied u.a. 2003; zitiert: MARX, Hdb Flüchtlingsanerkennung.

ders.: Terrorismusvorbehalte des Zuwanderungsgesetzes, ZAR 2004, S. 275 ff.

ders: Stellungnahme zu den Gesetzesentwürfen des Bundesrates – BT-Drs. 16/5107 – und der Fraktion BÜNDNIS 90/DIE GRÜNEN – BT-Drs. 16/2650 - sowie dem Antrag der Fraktion DIE LINKE – BT-Drs. 16/1779 zum Staatsangehörigkeitsrecht, Drs. 16 (4) 311 A; zitiert: MARX, Stellungnahme.

MAIERHÖFER, CHRISTIAN: Der EGMR als „Modernisierer" des Völkerrechts? Staatenimmunität und ius cogens auf dem Prüfstand, EuGRZ 2002, S. 391 ff.

MEYER, ERNST: Römischer Staat und Staatsgedanke, Zürich u.a. 1975; zitiert: MEYER, Römischer Staatsgedanke.

MOMMSEN, THEODOR: Abriss des Römischen Staatsrechts, Darmstadt 1974; zitiert: MOMMSEN, Römisches Staatsrecht.

VON MÜNCH, INGO: Darf es ein bisschen mehr sein? – Gedanken zur Mehrstaatigkeit, NJW 1994, S. 1199 ff.

ders.: Die deutsche Staatsangehörigkeit. Vergangenheit – Gegenwart – Zukunft, Berlin 2007; zitiert: v. MÜNCH, Staatsangehörigkeit.

ders./ KUNIG, PHILIP (Hrsg.): Grundgesetz Kommentar, Band 1 (Präambel bis Art. 20), 6. Auflage, München 2012; zitiert: Bearbeiter, in: v. MÜNCH/ KUNIG, GG.

NAFZIGER, JAMES A. R.: The General Admission of aliens under the international law, AJIL 77/1983, S. 804 ff.

NETTERSHEIM, WALTRAUD: Rücknahme und Wiederruf von Einbürgerungen, DVBl. 2004, S. 1144 ff.

NETTESHEIM, MARTIN: Der „Kernbereich" der Unionsbürgerschaft – vom Schutz der Mobilität zur Gewährleistung eines Lebensumfelds, JZ 2011, S. 1030 ff.

NOLL, GREGOR: Return of Persons to States of Origin and Third States, in: ALEINIKOFF, T. ALEXANDER/ CHETAIL, VINCENT (Hrsg.), Migration and International Legal Norms, S. 61 ff., The Hague 2003; zitiert: NOLL, Return.

NOMER-ERTAN, FÜSUN/ KOSSENDEY, FRIEDERIKE: Türkei: Neues Staatsangehörigkeitsgesetz, StAZ 2009, S. 346 ff.

PACHE, ECKHARD/ BIELITZ, JOACHIM: Das Verhältnis der EG zu den völkerrechtlichen Verträgen ihrer Mitgliedstaaten, EuR 2006, S. 316 ff.

PAPIER, HANS-JÜRGEN: Umsetzung und Wirkung der Entscheidung des Europäischen Gerichtshof für Menschenrechte aus der Perspektive der nationalen deutschen Gerichte, EuGRZ 2006, S. 1 ff.

PESTALOZZA, CHRISTIAN: Verfassungsprozessrecht, 3. Auflage, München 1991; zitiert: PESTALOZZA, Verfassungsprozessrecht.

PIEROTH, BODO/ SCHLINK, BERNHARD: Staatsrecht II: Grundrechte, 26. Auflage, Heidelberg 2010 (Vorauflage); zitiert: PIEROTH/ SCHLINK, Staatsrecht II.

PINTENS, WALTER: Belgisches Familien- und Erbrecht 2006 – 2007, FamRZ 2007, S. 1491 ff.

PREDEICK, HANS-ULRICH: Staatsangehörigkeitsrecht und Ausländerpolitik, DVBl 1991, S. 623 ff.

RASCHKA, JOHANNES: Aktuelle Rechtsprechung des Europäischen Gerichtshofs zum unionsrechtlichen Freizügigkeitsrecht, ZAR 2012, S. 231 ff.

RAUSCH, ANNE: Responsibility to Protect, Frankfurt am Main u.a., 2011.

RENAULD, BERNADETTE: Le Code de la nationalité belge. Présentation synthétique et développements récents, in: CARLIER, JEAN-YVES/ SAROLÉA,

SYLVIE (Hrsg.), Droits des étrangers et nationalité, Brüssel 2005, S. 9 ff.; zitiert: RENAULD, La nationalité.

dies.: Le Code de la nationalité, Version 2007, Revue du droit des étrangers 2007, S. 3 ff.

dies.: Note: Cour d'appel de Bruxelles, 26 janvier 2009, n° 2007/AR/1456, Revue du droit des étrangers 2009, S. 18 f.

RENNER, GÜNTER: Verhinderung der Mehrstaatigkeit bei Erwerb und Verlust der Staatsangehörigkeit, ZAR 1993, S. 18 ff.

ders.: Ausländerrecht, 9. Auflage, München 2011; zitiert: Bearbeiter, in: RENNER, AuslR.

RENSMANN, THILO: Die Humanisierung des Völkerrechts durch das ius in bello – Von der Martens'schen Klausel zur „Responsibility to Protect" –, ZaöRV 2008, S. 111 ff.

REY, ANDREAS: Rücknehmbarkeit der Einbürgerung?, JuS 1993, S. 263 f.

RITTSTIEG, HELMUT: Doppelte Staatsangehörigkeit im Völkerrecht, NJW 1990, S. 1401 ff.

SACHS, MICHAEL (Hrsg.): Grundgesetz Kommentar, 6. Auflage, München 2011; zitiert: Bearbeiter, in: SACHS, GG.

SAUERWALD, CHRISTINE: Die Unionsbürgerschaft und das Staatsangehörigkeitsrecht in den Mitgliedsstaaten der Europäischen Union, Frankfurt am Main 1996; zitiert: SAUERWALD, Unionsbürgerschaft.

SCHACHTSCHNEIDER, KARL ALBRECHT: Res publica res populi: Grundlegung einer allgemeinen Republiklehre, Berlin 1994; zitiert: SCHACHTSCHNEIDER, Res publica res populi.

SCHÄTZEL, WALTER: Das deutsche Staatsangehörigkeitsrecht, Berlin 1958; zitiert: SCHÄTZEL, Staatsangehörigkeitsrecht.

SCHMAHL, STEFANIE: Rücknahme erschlichener Einbürgerungen trotz drohender Staatenlosigkeit?, ZAR 2007, S. 174 ff.

SCHMIDT-BLEIBTREU, BRUNO/ HOFMANN, HANS/ HOPFAUF, AXEL (Hrsg.): Kommentar zum Grundgesetz, 12. Auflage, Neuwied, Kriftel 2011; zitiert: Bearbeiter, in: SCHMIDT-BLEIBTREU/ HOFMANN, GG.

SCHMITT GLAESER, WALTER: Missbrauch und Verwirkung von Grundrechten im politischen Meinungskampf, Bad Homburg v.d.H. u.a. 1968; zitiert: SCHMITT GLAESER, Missbrauch.

SCHNAPP, FRIEDRICH/ NEUPERT, MICHAEL: Grundfragen des Staatsangehörigkeitsrechts, Jura 2004, S. 167 ff.

SCHOLZ, RUPERT/ UHLE, ARND: Staatsangehörigkeit und Grundgesetz, NJW 1999, S. 1510 ff.

SCHÖNBERGER, CHRISTOPH: Unionsbürger. Europas föderales Bürgerrecht in vergleichender Sicht, Tübingen 2005; zitiert: SCHÖNBERGER, Unionsbürger.

SEIFERT, KARL-HEINZ: Die deutsche Staatsangehörigkeit darf nicht entzogen werden, DÖV 1972, S. 671 ff.

SEMMELMANN, CONSTANZE: Die Grenzen der Unionsbürgerschaft im Urteil Förster, EuR 2009, S. 683 ff.

SHUIBHNE, NIAMH NIC: (Some of) The Kids Are All Right, CMLR 49 (2012), S. 349 ff.

SILAGI, MICHAEL: Einbürgerung und doppelte Staatsangehörigkeit im geltenden Recht, StAZ 1993, S. 309 ff.

SMALUHN, JÜRGEN: Verfassungsrechtliche Aspekte einer Reform des Staatsangehörigkeitsrechts, StAZ 1998, S. 98 ff.

STAHN, CARSTEN: Responsibility to Protect: Political Rhetoric or Emerging Legal Norm?, AJIL 101 (2007), S. 99 ff.

STERN, KLAUS: Die deutsche Staatsangehörigkeit, DVBl 1982, S. 165 ff.

ders.: Das Staatsrecht der Bundesrepublik Deutschland, Band I: Grundbegriffe und Grundlagen des Staatsrechts, Strukturprinzipien der Verfassung, 2. Auflage, München 1984; zitiert: STERN, Staatsrecht.

STORR, CHRISTIAN (Hrsg.):Kommentar zum Zuwanderungsgesetz, 2. Auflage, Stuttgart u.a. 2008; zitiert: Bearbeiter, in: STORR: Zuwanderungsgesetz.

TEWOCHT, HANNAH: Anmerkung zu EuGH, ZAR 2010, S. 143 f. – ROTTMANN, ZAR 2012, S. 144 ff.

dies.: Von „ZAMBRANO“ bis „O. und S.“ – zur (Weiter-)Entwicklung der Kernbereichsrechtsprechung des EuGH, ZEuS 2013, S. 219 ff.

THYM, DANIEL: Menschenrecht auf Legalisierung des Aufenthalts? Rechtsprechung des EGMR zum Schutz des Privat- und Familienlebens nach Art. 8 EMRK und deren Verhältnis zum nationalen Ausländerrecht, EuGRZ 2006, S. 541 ff.

TOMUSCHAT, CHRISTIAN: Internationale Terrorismusbekämpfung als Herausforderung für das Völkerrecht, DÖV 2006, S. 357 ff.

UHLITZ, OTTO: Deutsches Volk oder „Multikulturelle Gesellschaft“?, RuP 1986, S. 143 ff.

UMBACH, DIETER C./ CLEMENS, THOMAS (Hrsg.): Grundgesetz, Band I: Art. 1-37 GG; Heidelberg 2002; zitiert: Bearbeiter, in UMBACH/ CLEMENS, GG.

dies./ DOLLINGER, FRANZ WILHELM (Hrsg.): Bundesverfassungsgerichtsgesetz, 2. Auflage, Heidelberg 2005; zitiert: Bearbeiter, in: UMBACH/ CLEMENS, BVerfGG.

VAN DE PUTTE, MIEKE/ CLEMENT, JAN: Nationaliteit, Antwerpen 2001; zitiert: VAN DE PUTTE/ CLEMENT, Nationaliteit.

VEDDER, CHRISTOPH: Die Außenbeziehungen der EU und die Mitgliedsstaaten: Kompetenzen, gemischte Abkommen, völkerrechtliche Verantwortlichkeit und Wirkungen des Völkerrechts, EuR 2007, S. 57 ff.

VERDROSS, ALFRED/ SIMMA, BRUNO: Universelles Völkerrecht, 3. Auflage, Berlin 1984; zitiert: VERDROSS/ SIMMA, Völkerrecht.

GRAF VITZTHUM, WOLFGANG (Hrsg.): Völkerrecht, 5. Auflage, Berlin, New York 2010; zitiert: Bearbeiter, in: GRAF VITZTHUM, Völkerrecht.

ders.: Die Entdeckung der Heimat zur Unionsbürger – Anmerkung zum Urteil des EuGH vom 8. März 2011, Rs. C-34/09 – Zambrano, EuR 2011, S. 550 ff.

VRINDS, ERIK: Die Reform des niederländischen Staatsangehörigkeitsrechts, StAZ 2004, S. 1 ff.

WAGNER, ERWIN: Einführung in die Grundprinzipien des Staatsangehörigkeitsrechts unter besonderer Berücksichtigung aktueller Probleme, LKV 1995, S. 305 ff.

WALLRABENSTEIN, ASTRID: Stellungnahme im Rahmen der Anhörung des Innenausschusses des Deutschen Bundestages zu „Einbürgerung/Staatsgehörigkeit“, Drs. 16 (4) 311 B; zitiert: WALLRABENSTEIN, Stellungnahme.

WALTER, CHRISTIAN: Defining Terrorism in National and International Law, in: WALTER, CHRISTIAN/ VÖNEKY, SILJA/ RÖBEN, VOLKER/ SCHORKOPF, FRANK (Hrsg.), Terrorism as a challenge for National and International Law: Security versus Liberty?, Berlin u.a. 2004; zitiert: WALTER, Terrorism.

VON WEBER, HELLMUTH: Zum SRP-Urteil des Bundesverfassungsgerichts, JZ 1953, S. 293 ff.

WEIS, PAUL: Nationality and Statelessness in International Law, Germantown, Maryland, USA 1979; zitiert: WEIS, Nationality.

WELTE, HANS-PETER: Familiennachzug zu Deutschen gemäß Unionsrecht?, InfAuslR 2011, S. 265 ff.

WENGLER, WILHELM: Betrachtungen zum Begriff der Staatsangehörigkeit, in: BRÜEL, ERIK/ CONSTANTOPOULOS, DIMITRI/ LAUN, RUDOLF/ SODER, JOSEF/ WEHBERG, HANS (Hrsg.), Internationalrechtliche und staatsrechtliche Abhandlungen, Festschrift für WALTER SCHÄTZEL, Düsseldorf 1960; zitiert: WENGLER, Staatsangehörigkeit.

WINKELMANN, INGO: „Responsibility to Protect": Die Verantwortung der Internationalen Gemeinschaft zur Gewährung von Schutz, in: DUPUY, PIERRE-MARIE/ FASSBENDER, BARDO/ SHAW, MALCOLM N./ SOMMERMANN, Karl-Peter (Hrsg.), Völkerrecht als Wertordnung, Festschrift für CHRISTIAN TOMUSCHAT, Kehl u.a. 2006; zitiert: WINKELMANN, „Responsibility to Protect".

WOLLENSCHLÄGER, FERDINAND: A New Fundamental Freedom beyond Market Integration: Union Citizenship and its Dynamics for Shifting the Economic Paradigm of European Integration, ELJ 17 (2011), S. 1 ff.

ZIEMSKE, BURKHARDT: Mehrstaatigkeit und Prinzipien des Erwerbs der deutschen Staatsangehörigkeit, ZRP 1993, S. 334 ff.

ders.: Verfassungsrechtliche Garantien des Staatsangehörigkeitsrechts, ZRP 1994, S. 229 ff.

ders.: Die deutsche Staatsangehörigkeit nach dem Grundgesetz, Berlin 1995; zitiert: ZIEMSKE, Staatsangehörigkeit.

ZULEEG, MANFRED: Der unvollkommene Nationalstaat als Einwanderungsland, ZRP 1987, S. 188 ff.

Kölner Schriften zu Recht und Staat

Herausgegeben von
Hartmut Schiedermair und Bernhard Kempen

Band 1 Bernhard Kempen: Die deutsch-polnische Grenze nach der Friedensregelung des Zwei-plus-Vier-Vertrages. 1997.

Band 2 Hans-Georg Maaßen: Die Rechtsstellung des Asylbewerbers im Völkerrecht. Überlegungen zu den völkerrechtlichen Rahmenbedingungen einer europäischen Asylrechtsharmonisierung. 1997.

Band 3 Udo Fink: Kollektive Friedenssicherung. Kapitel VII UN-Charta in der Praxis des Sicherheitsrats der Vereinten Nationen. 1999.

Band 4 Stephan Grigolli: Sprachliche Minderheiten in Italien, insbesondere Südtirol, und in Europa. Der Gebrauch der Sprache vor Behörden und Gerichten und die Vergabe öffentlicher Stellen. 1997.

Band 5 Uta Stoy-Schnell: Das Bundesverfassungsgericht und die Corte costituzionale. Ein Vergleich der Verfassungsgerichtsbarkeiten in Deutschland und Italien. 1998.

Band 6 Christian Hillgruber: Die Aufnahme neuer Staaten in die Völkerrechtsgemeinschaft. Das völkerrechtliche Institut der Anerkennung von Neustaaten in der Praxis des 19. und 20. Jahrhunderts. 1998.

Band 7 Jochen Seitz: Planungshoheit und Grundeigentum. Die verfassungsrechtlichen Schranken der städtebaulichen Entwicklungsmaßnahmen. 1999.

Band 8 Jochen Herbst: Rechtskontrolle des UN-Sicherheitsrates. 1999.

Band 9 Kristin Möller: Die Beschaffung naturschutzrechtlicher Ausgleichsflächen im Baurecht. 1999.

Band 10 Klaus Löffelbein: Genehmigungsfreies Bauen und Nachbarrechtsschutz. Die baurechtlichen Anzeige- und Freistellungsverfahren der Länder aus nachbarlicher Sicht. 2000.

Band 11 Patrick Mittmann: Die Rechtsfortbildung durch den Gerichtshof der Europäischen Gemeinschaften und die Rechtsstellung der Mitgliedstaaten der Europäischen Union. 2000.

Band 12 Martin R. Albus: Zur Notwendigkeit eines Internationalen Umweltgerichtshofs. Zugleich eine Analyse der Staatenpraxis zum Internationalen Umwelthaftungsrecht und der Rechtsschutzmöglichkeiten bei grenzüberschreitenden Umweltbeeinträchtigungen. 2000.

Band 13 Irene Baur: Die Haftung der Europäischen Zentralbank. 2001.

Band 14 Tobias R. Ehlen: Zentralisierungsmöglichkeiten der deutschen Börsenaufsicht. 2003.

Band 15 Ulrich Steiner: Wertsicherungsklauseln. Zur Europarechtskonformität des neuen § 2 PaPkG. 2003.

Band 16 Stephanie Vogel: Der Prüfungsumfang des Bundesverfassungsgerichts bei Verfassungsbeschwerden am Beispiel der Kunstfreiheitsrechtsprechung. 2004.

Band 17 Thomas Schmidt: Deutsche Hochschulräte. Begriff, Darstellung und rechtliche Analyse. 2004.

Band 18 Kirsten Schmalenbach: Die Haftung Internationaler Organisationen im Rahmen von Militäreinsätzen und Territorialverwaltungen. 2004.

Band 19 Gunter Warg: Von Verteidigung zu kollektiver Sicherheit. Der Nato-Vertrag *auf Rädern*. 2004.

Band 20 Bernhard Kempen / Yvonne Dorf: Bodenreform 1945–1949. Eine verfassungsrechtliche Neubewertung. 2004.

Band 21 Jeanette Nolte: Die völkerrechtliche Vertragspraxis der EG und die Haftung der Mitgliedstaaten am Beispiel der Fischereipolitik. 2004.

Band 22 Rüdiger Schmid-Kühnhöfer: Die Staatlichkeit von Beihilfen. Mittel- und Transferzurechnung nach Art. 87 Abs. 1 EG-Vertrag. 2004.

Band 23 Florian Schöler: Die Reform des Europäischen Kartellverfahrensrechts durch die Verordnung (EG) Nr. 1/2003. 2004.

Band 24 Christina Maria Pelzer: Die Kompetenzen der EG im Bereich Forschung. Eine Analyse ihrer Reichweite und Grenzen vor dem Hintergrund des Art. 5 Abs. 3 GG. Dargestellt am Beispiel der Gentechnologie. 2004.

Band 25 Nikolaus Vieten: Die verfassungsrechtliche Zulässigkeit der Wiedereinführung einer Vermögensteuer. Zugleich eine Untersuchung des Halbteilungsbeschlusses des Bundesverfassungsgerichts. 2005.

Band 26 Bernhard Kempen (Hrsg.): Die rechtsstaatliche Bewältigung der demokratischen Bodenreform. 2005.

Band 27 Erik Hansalek: Die parlamentarische Kontrolle der Bundesregierung im Bereich der Nachrichtendienste. 2006.

Band 28 Thomas Günther: Zur Zulässigkeit der Errichtung privater Volksschulen als Bekenntnisschulen religiös-ethnischer Minderheiten nach Art. 7 Abs. 5 GG. Am Beispiel einer islamischen Grundschule. 2006.

Band 29 Christian Hoppe: Staatshaftung und Rechtsschutz bei Verletzung grundfreiheitlicher Schutzpflichten. 2006.

Band 30 Julia Schäfer: Die Entscheidung des ECOFIN-Rats über das Vorliegen eines übermäßigen Defizits. Eine Entscheidung zwischen Politik und Recht. 2007.

Band 31 Erika Elisabeth Orth: Ein Grundrecht auf Umweltschutz in Europa? Eine rechtsdogmatische Einordnung des Art. 37 GRC. 2007.

Band 32 Cécile Günther: Die Auslegung des Rechts auf Bildung in der europäischen Grundrechtsordnung. Eine Analyse von Schutzbereich und Reichweite – dargestellt am Beispiel des Art. 14 EU-GRCh (Art. II-74 EuVerf). 2007.

Band 33 Muna A. Yousif: Die extraterritoriale Geltung der Grundrechte bei der Ausübung deutscher Staatsgewalt im Ausland. 2007.

Band 34 Stefanie von Hoff: Die Rolle des US-Supreme Court im Prozess der Verfassungsänderung in den Vereinigten Staaten von Amerika. 2008.

Band 35 Alexander Metz: Das Recht Prominenter am eigenen Bild in Kollision mit Drittinteressen. Insbesondere vor dem Hintergrund des Falles Caroline von Hannover. 2008.

Band 36 Susanne Dyrchs: Das hybride Khmer Rouge-Tribunal. Entstehung, Entwicklung und rechtliche Grundlagen. 2008.

Band 37 Heiko F. Schmitz-Elvenich: Targeted Killing. Die völkerrechtliche Zulässigkeit der gezielten Tötung von Terroristen im Ausland. 2008.

Band 38 Stefania Slavu: Die Osterweiterung der Europäischen Union. Eine Analyse des EU-Beitritts Rumäniens. 2008.

Band 39 Thomas Krings: Der Grundrechtsberechtigte des Grundrechts aus Art. 13 GG. 2009.

Band 40 Zan He: The ICJ´s Practice on Provisional Measures. 2010.

Band 41 Anna Köhler: Private Sicherheits- und Militärunternehmen im bewaffneten Konflikt. Eine völkerrechtliche Bewertung. 2010.

Band 42 Jens Beynio: Die völkerrechtliche Zulässigkeit der Aufrüstung mit Kernwaffen. 2010.

Band 43 Johannes Maria Baumann: Die Rechtsprechung des EuGH zum Vorrang von Gemeinschaftsrecht vor mitgliedstaatlichen Verwaltungsakten und Gerichtsurteilen. 2010.

Band 44 Susanne Koch: Die grenzüberschreitende Wirkung von nationalen Genehmigungen für umweltbeeinträchtigende industrielle Anlagen. 2010.

Band 45 Sebastian Gerlach: Innere Konfliktregelungsmechanismen der Afrikanischen Union vor dem Hintergrund der entsprechenden Bestimmungen der Europäischen Union. 2010.

Band 46 Anne Rausch: *Responsibility to Protect*. Eine juristische Betrachtung. 2011.

Band 47 Bernhard Kempen / Kolja Naumann: Demokratie und Religion. Tagungsband zum Kolloquium der Wissenschaftlichen Arbeitsgruppe für weltkirchliche Aufgaben der Deutschen Bischofskonferenz und der Demokratie Stiftung an der Universität zu Köln am 23.11.2009 in Köln. 2011.

Band 48 Clemens David Comans: Ein „modernes" europäisches Datenschutzrecht. Bestandsaufnahme und Analyse praktischer Probleme des europäischen Datenschutzes unter besonderer Berücksichtigung der Richtlinie zur Vorratsdatenspeicherung. 2012.

Band 49 Christian Peter Kokew: Der Auslandsschutz deutscher Staatsangehöriger bei Entführungen. 2012.

Band 50 Julia Pullen: Die Immunität von Staatsunternehmen im zivilrechtlichen Erkenntnis- und Vollstreckungsverfahren. 2012.

Band 51 Leonard Koops: Seeräubereibekämpfung durch die Bundeswehr im Einklang mit dem Grundgesetz. Verfassungsrechtliche Anforderungen an einen Einsatz der Streitkräfte zur Bekämpfung der Seepiraterie außerhalb deutscher Seegebiete. 2013.

Band 52 Gesine Anna Eva Krohne: Die Ausbürgerung illoyaler Staatsangehöriger. Geltendes Verfassungsrecht, internationaler Rechtsvergleich und rechtspolitische Reformperspektiven. 2013.

www.peterlang.de